MARIVAUX

ET

LE MARIVAUDAGE

L'auteur et les éditeurs déclarent réserver leurs droits de traduction et de reproduction à l'étranger.

Cet ouvrage a été déposé au ministère de l'intérieur (section de la librairie) en janvier 1881.

OUVRAGES DU MÊME AUTEUR

Histoire élémentaire de la littérature française depuis l'origine jusqu'à nos jours, ouvrage recommandé par le Comité scientifique du ministère de l'instruction publique de Russie pour tous les établissements où l'on enseigne l'histoire de la littérature française. *Troisième édition.* Paris, E. Plon et Cie, 1880. Un volume in-12 de 500 pages.

Extraits des meilleurs auteurs français par ordre chronologique, avec 700 questions énigmatiques sur l'histoire de la littérature française. 2 vol. in-12. Saint-Pétersbourg, rue des Officiers, 33.

Rabelais et ses Œuvres, Paris, Didier, Librairie académique, 35, quai des Augustins. 2 vol. in-8º et 2 vol. in-12.

Mention honorable de l'Académie française.

Un peuple retrouvé par la Grammaire, notions élémentaires de linguistique, par Jean Fleury, membre de la Société de linguistique de Paris, in-8º, Paris, Vieweg, 67, rue Richelieu.

Extrait des Mémoires de la Société nationale académique de Cherbourg.

Krylov et ses Fables. Paris, Hachette, un vol. in-12.

Du caractère spécial de la langue et de la littérature françaises, leçon d'ouverture du cours de littérature française, professée à l'Université impériale de Saint-Pétersbourg. Brochure in-8º, 1873.

La Grammaire en action, cours raisonné et pratique de langue française développé sur plus de 150 historiettes et récits servant de textes et d'exercices d'application. Paris, Borrani, 9, rue des Saints-Pères; trois volumes cartonnés.

La Grammaire en action, 5e édition considérablement simplifiée, accompagnée d'une traduction russe, et suivie d'**Exercices** sur toutes les règles. In-12.

Cours d'éducation et d'instruction primaire, 4e année. **Grammaire française**, par madame Pape-Carpantier, inspectrice générale des salles d'asile, fondatrice de l'École nationale qui porte son nom, et M. J. Fleury, lecteur à l'Université impériale de Saint-Pétersbourg. Paris, Hachette, 1 vol. in-18, 1874, cartonné.

Éléments de cosmographie, Géographie de l'Europe, par les mêmes, avec de nombreuses gravures. In-18, 1877.

POUR PARAITRE PROCHAINEMENT

Les Épidémies littéraires, ou **les Modes en littérature.**

MARIVAUX

ET

LE MARIVAUDAGE

SUIVI

D'UNE COMÉDIE,
DE LA SUITE DE *MARIANNE* PAR Mme RICCOBONI
ET DE
DIVERS MORCEAUX DRAMATIQUES QUI N'ONT JAMAIS PARU DANS
LES OEUVRES DE MARIVAUX

PAR

JEAN FLEURY

Lecteur en langue française à l'Université impériale de Saint-Pétersbourg.

PARIS

E. PLON ET Cie, IMPRIMEURS-ÉDITEURS
RUE GARANCIÈRE, 10
—
1881

Tous droits réservés

PRÉFACE

Le nom de Marivaux est connu de tous; ses œuvres le sont beaucoup moins. On lit celles de ses comédies qui se jouent le plus souvent. On lit parfois les premières parties de *Marianne*. Encore est-ce un régal de délicat, et l'on ne va pas plus loin. C'est une jouissance dont on se prive : il y a dans les douze volumes de ces œuvres de véritables trésors de pensées fines et délicates, d'observations profondes, de combinaisons ingénieuses. Marivaux n'est pas seulement, comme on le pense d'ordinaire, le peintre exquis d'un monde qui n'est plus et un savant psychologue. C'est encore un réformateur. Avant Rousseau, il a protesté contre l'inégalité des conditions, il a relevé la femme; avant Turgot, il a formulé la loi du progrès. Quelques-uns voient en grand, Rabelais, par exemple; lui voit en petit : il regarde le monde par le petit bout de la lorgnette; mais il le voit bien et le reproduit avec une grande finesse de pinceau.

On s'en convaincra si l'on prend la peine de lire notre livre. Nous avons passé en revue et analysé tous ses ouvrages, publiés ou inédits, car on peut considérer comme inédit ce qui n'a été imprimé qu'une fois dans des recueils que personne n'ouvre plus. Cette étude autour des œuvres de l'écrivain nous a conduit à éliminer de ces œuvres certains écrits qui n'avaient pas droit d'y figurer, et par contre, à restituer à d'autres une place dont on n'aurait pas dû les exclure.

Ainsi, nous rendons à Marivaux un prologue : *l'Amour et la Vérité*; les principales scènes d'une comédie : *la Femme fidèle*; et une comédie tout entière : *la Provinciale*. On trouvera ces ouvrages à la fin de ce volume.

Les éliminations sont plus considérables. Contentons-nous d'en indiquer deux dont l'histoire est assez piquante. Tous les éditeurs et tous les critiques de notre siècle s'accordent à attribuer à Marivaux les trois dernières parties du *Paysan parvenu*. Il nous a été facile de prouver qu'elles ne sont pas de lui. Tous les éditeurs comblent d'éloges la douzième partie de *Marianne*, et l'attribuent à madame Riccoboni. Nous n'avons pas eu de peine à prouver que ces éloges ne sont pas mérités, et que madame Riccoboni est entièrement étrangère à cette douzième partie.

Pour preuve, nous donnons à la fin de ce volume la *Suite* authentique de *Marianne*, par madame Riccoboni, piquant tour de force où le style de Marivaux est *pastiché* de manière à faire illusion, mais qui n'a rien de commun, ni pour le fond ni pour la forme, avec l'insipide douzième partie qui figure dans toutes les éditions de *Marianne*.

Marivaux est chef d'école; nous avons dû par conséquent tracer une histoire succincte du marivaudage, sous ses deux formes : marivaudage dans la pensée et marivaudage dans l'expression, celui-ci proche parent de la préciosité. Nous avons montré en passant que cette préciosité remonte plus haut que les Précieuses, plus haut que l'euphuisme anglais, le cultisme espagnol, le concettisme italien, et même le raffiné des poëtes de la décadence grecque; que le marivaudage dans les mots est habituel aux paysans et même aux sauvages, et que la culture incomplète de l'esprit y conduit aussi bien que la culture raffinée. On nous reprochera peut-être de nous être arrêté trop tôt dans notre aperçu historique et de n'avoir pas étudié le genre de marivaudage qui s'épanouit dans les œuvres de MM. de Goncourt et Zola. Cette étude est achevée; seulement nous l'avons gardée pour un autre ouvrage que nous espérons faire paraître prochainement. Nous avons craint de grossir ce volume, qu'on trouvera déjà trop gros, nous le craignons, pour apprécier un auteur que Voltaire représentait pesant des riens dans des balances de toiles d'araignée.

Voltaire a beau se moquer, Marivaux est sinon un grand peintre, du moins un peintre délicieux. C'est un véritable charme qu'on éprouve à parcourir le tableau qu'il nous trace de ce monde d'il y a cent cinquante ans, de ce monde spirituel et frivole, heureux de vivre au jour le jour et si peu soucieux du lendemain, et l'on aime à s'y attarder pour échapper aux ennuis du présent et aux inquiétudes de l'avenir. C'est ce sentiment qu'on a tâché d'exprimer dans le sonnet qui suit :

> Monde de Marivaux, délicat et charmant,
> Où la langue est subtile et perlée, où l'on cause,
> Où le bon mot lancé rebondit lestement,
> Où tout est frais et jeune, où toute joue est rose ;
>
> Insoucieux, pourvu que vous sachiez comment
> L'amour furtif se glisse en une âme bien close,
> Jusqu'où peut nous conduire un indiscret serment...
> Sur Dieu pour le surplus votre esprit se repose.
>
> Nous n'en sommes plus là. Chercheurs audacieux,
> Nous sondons l'avenir, nous explorons les cieux,
> Nous réglons les États, nous scrutons la matière ;
>
> Nous sommes glorieux de notre œuvre. Pourtant,
> Gais paresseux, il est quelquefois bien tentant
> D'aller faire avec vous l'école buissonnière.

Saint-Pétersbourg. Décembre 1880.

MARIVAUX
ET LE MARIVAUDAGE

CHAPITRE PREMIER

INTRODUCTION

I. Marivaux et Beaumarchais. — II. Pourquoi on revient à Marivaux. Grandes découvertes dues à l'observation des petites choses. — III. Les époques de foi et les époques d'analyse en littérature. — IV. Monde où Marivaux nous introduit. — V. Les maîtres de Marivaux.

I

Deux écrivains du dix-huitième siècle, l'un du commencement, l'autre de la fin, Marivaux et Beaumarchais, ont eu la singulière fortune, de paraître plus grands à la postérité qu'à leurs contemporains, d'avoir été vivement applaudis au théâtre et lus avec avidité par le public, — et contestés par la critique. On leur accordait volontiers l'esprit, beaucoup d'esprit, mais on leur déniait le goût. Les hommes de la tradition leur opposaient Molière. Ils répondaient que les temps étaient changés, qu'à de nouvelles mœurs, à de nouvelles préoccupations, il fallait un art nouveau et jusqu'à un certain point une nouvelle langue. Ils ne convainquaient personne, les critiques restaient sourds, et réellement on ne saurait trop leur en vouloir. Au point de vue exclusif de l'art, il faut bien convenir que la comédie et la langue de Molière sont supérieures à celles de Beaumarchais et de Marivaux.

Rien de plus différent du reste que ces deux hommes : l'un bruyant, toujours pressé de se mettre en avant, l'autre effarouché du bruit et toujours prêt à se dissimuler ; l'un dépensant, comme on l'a dit, autant d'esprit à faire jouer ses comédies qu'à les composer, l'autre lançant ses pièces sans avertir, quelquefois sous un pseudonyme, et réservant tout son savoir pour ses ouvrages ; tous deux également persuadés de leur mérite, mais l'un le proclamant tout haut pour que nul n'en ignore, l'autre se contentant d'y croire tout bas. Ils ont cela de commun que nul n'a possédé au même degré, de leur temps du moins, l'art du dialogue et des ripostes piquantes ; qu'ils se sont fait chacun une langue à l'effigie de leur époque, l'une délicate, raffinée, contournée, mais discrète, une langue de salon ; — l'autre contournée aussi, mais éclatante, sonore, quasi populaire, une langue de tribune, — et qu'ils ont créé chacun un genre de comédie où ils ont seuls excellé : Marivaux, la comédie psychologique ; Beaumarchais, la comédie révolutionnaire, et que tous deux ont attendu des critiques de l'avenir ce que les critiques de leur temps leur refusaient.

Leur espoir n'a pas été trompé : une réaction s'est faite en leur faveur. Marivaux est celui qui a le plus longtemps attendu. Beaumarchais fut quelque peu dépaysé des allures de la première République. C'était un révolutionnaire pourtant, par les idées et la langue. Les générations qui ont fait ou laissé faire tant de révolutions en ce siècle ont reconnu en lui un des leurs, audacieux, railleur sans pitié, enfiévré comme elles. Il a fallu au contraire un état tout particulier des esprits pour qu'on soit revenu à Marivaux, et cet état ne s'est accusé que depuis une vingtaine d'années.

II

Car ce retour à Marivaux n'est pas une de ces réhabilitations de fantaisie comme la critique s'en permet quelquefois de notre temps. La cause de ce retour est plus profonde. C'est une conséquence du genre de talent de Marivaux. L'auteur de *Marianne* se délecte à démêler les ressorts les plus déliés de nos actions, il examine à la loupe les mouvements du cœur humain, et à ce titre, il est un des nôtres. Quelle est aujourd'hui la méthode de la science dans toutes ses branches? L'observation minutieuse des phénomènes, l'étude microscopique des faits. Qu'il s'agisse d'astronomie, de physique, d'histoire, de langage, c'est toujours le même procédé d'observation et d'investigation. Autrefois on se contentait de regarder en gros, on expliquait la nature par les quatre éléments; on ne voyait dans l'histoire que les masses, dans la physiologie que l'ensemble des faits, et l'on construisait là-dessus des théories. Seulement ces théories s'écroulaient le plus souvent en se heurtant à des phénomènes qui en montraient la vanité. On a changé le point de départ; en partant de l'ensemble, on ne parvenait pas à expliquer tous les détails, on est parti des détails scrupuleusement observés pour s'élever à l'ensemble, et le résultat a été merveilleux. En observant de tout petits angles, on est parvenu à déterminer la distance d'astres à peine visibles; en analysant à la loupe les rayons du spectre lumineux, on est parvenu à reconnaître la composition chimique du soleil et même des étoiles; en étudiant attentivement les organes primordiaux des corps animés, on est arrivé à se rendre compte des phénomènes de la vie et de la mort; en observant des animalcules visibles seulement au microscope, on a découvert la cause des épidémies. En examinant les mots, en déterminant la transformation des sons qui les composent, on a démontré l'identité primitive de langues qui semblent n'avoir rien de commun, et ressuscité des peuples et des civilisations qui n'ont pas laissé de traces dans l'histoire. Énumérer seulement les résultats de cette étude des petites choses en vue des grandes, ce serait faire l'histoire des progrès de toutes les sciences, physiques, historiques, philosophiques, physiologiques, etc.

Ce procédé d'investigation rigoureuse qui nous a si bien servis dans la science, nous l'appliquons volontiers à toutes choses. Nous nous sommes pris à aimer les fines analyses, non-seulement dans la physique, dans la linguistique, mais dans la morale, mais dans l'art, mais dans la littérature. « Nous aimons le délicat, même lorsqu'il va jusqu'au raffiné; et le subtil, même lorsqu'il tombe dans le précieux [1]. » De là le succès de nombre de nos romanciers et auteurs dramatiques à la mode, qu'ils s'appellent *réalistes, naturalistes, fantaisistes;* de là le genre de faveur qui s'attache aux Parnassiens, ces subtils chercheurs de rhythmes. Or, qui a exploré plus minutieusement que Marivaux les infiniment petits sentiers de la passion amoureuse, les imperceptibles chemins qu'elle suit avant de se manifester? Il n'y a pas dans ce domaine un ravin, un buisson, qu'il n'ait exploré, fouillé, battu dans tous les sens, et par conséquent, à quelque poussière de vétusté près; qu'il s'agit de secouer,

---

[1] Sarcey, feuilleton du *Temps*, juillet 1877.

il correspond complétement aux préoccupations du jour et justifie le regain de faveur dont il est l'objet.

III

Ce goût pour l'analyse qui s'est emparé de la génération actuelle n'est pas non plus l'effet d'un caprice ou d'un hasard. Nous voyons constamment dans l'histoire à une époque de dogmatisme succéder une époque de scepticisme et de critique. Nous avons eu, pendant un tiers du siècle, une foi : le romantisme ; c'était notre phase de croyance et d'affirmation littéraire ; la réaction s'est faite, le haut du pavé est aujourd'hui à la critique. Nous ne nous enthousiasmons plus guère, nous examinons. Il en était de même au temps de Marivaux. Le dix-septième siècle était une époque de foi, non-seulement religieuse et monarchique, mais de foi philosophique et littéraire. On croyait tous les problèmes résolus, au moins dans leurs grandes lignes. La forme même de la phrase dont on se servait habituellement accusait le sentiment général ; ample, largement drapée, périodique, elle affectait la tenue magistrale de l'homme sûr de lui-même, qui, dans les choses importantes du moins, n'admet pas de contradiction possible. Cette manière de sentir, de s'exprimer, n'est pas seulement celle de Bossuet, c'est celle de Racine, de Molière et même de madame de La Fayette dans ses délicates analyses de la passion contenue.

La réaction commence à la fin du dix-septième siècle et se poursuit jusque vers la moitié du dix-huitième. A ce moment les croyances, les sentiments, tout se transforme. Bayle s'en prend à la foi dans toutes ses manifestations et remet en doute tout ce que le dix-septième siècle affirmait ; mais, dans son insouciance de la forme, il conserve, avec quelques négligences, la phrase ample du dix-septième siècle. La Bruyère, au contraire, défend ces croyances, mais il rompt avec la phrase drapée et donne à son style quelque chose de vif, d'écourté, qui le fait taxer de corrupteur de la langue. Dufresny, observateur plus superficiel et malheureux dans l'ensemble de ses œuvres, a aussi la phrase courte et sautillante : il court après l'esprit, mais il l'attrape. Le Sage dissimule le sien, il lance un trait piquant à la manière du chat, qui jette la griffe en avant, puis la rétracte et fait patte de velours. Fontenelle ne cache pas son esprit; au contraire, il le met partout, il en abuse, mais il l'applique surtout à la science, qu'il fait descendre de son piédestal; il la montre par les petits côtés, mais il la montre, et c'est quelque chose. Ces écrivains et ceux qui les imitent sont des analyseurs, des critiques; ils ont perdu la foi aveugle, le respect absolu des choses établies, le culte de l'héroïsme chevaleresque, de l'amour humble et dévoué, des hauts sentiments à la Corneille; ils doutent, ils cherchent. La phrase solennelle de l'affirmation ne s'adapte plus à leur pensée; celle qu'ils adoptent est leste, rapide, un peu tourmentée; elle répudie l'expression vague, elle a du faible pour le mot familier et précis; elle était belle, elle devient jolie, accorte, rieuse; elle ne vise plus au beau, mais au fin, au délicat, au distingué. De Poussin et de Le Sueur on passe à Watteau, — en attendant Boucher et le style Pompadour. Arrivé à cette limite, l'excès amènera une réaction.

Cette réaction s'opère vers le milieu du siècle après l'*Esprit des lois*, après les *Discours* de J. J. Rousseau; la foi enthousiaste renaît alors, non pas la foi religieuse, mais la foi politique, réformatrice, humanitaire. Le sentiment reprendra aussi le dessus. On professera le culte de la vertu. On aura

Greuze en peinture; dans le drame et le roman, Sedaine, Marmontel, Florian, et, la mode aidant, la sensibilité descendra sous Louis XVI jusqu'à la sensiblerie; l'émotion vraie ou fausse, la foi remplaçant le doute, ramènera dans le langage la phrase pleine et le style périodique.

IV

Entre la foi dans le présent, qui caractérise la seconde moitié du dix-septième siècle, et la foi en l'avenir, qui caractérise la seconde moitié du dix-huitième, il y a pour les classes riches et supérieures, pour ce qu'on appelait la société, le monde poli, une époque frivole de calme et de laisser-aller où l'on aimait à se sentir vivre sans préoccupation d'aucune sorte. Nos trois grands soucis, l'ambition, l'amour et l'argent, laissaient les esprits fort tranquilles. Avait-on de l'ambition, on tâchait de se procurer quelques amis en cour qui eussent intérêt à vous pousser : la capacité n'était pas nécessaire; il n'y avait guère d'autre voie pour arriver à quelque chose. Au reste, même quand on occupait un emploi, on se désintéressait volontiers des affaires publiques, sur la direction desquelles on ne pouvait rien. Quand les choses allaient mal, on se consolait par un bon mot ou une chanson. On avait éprouvé un moment la fièvre de l'argent lorsque le système de Law avait fait briller le mirage de richesses acquises sans peine; nombre de grands seigneurs chargèrent alors leurs subalternes de spéculer pour eux; mais généralement on laissait ces spéculations aux petites gens. Le suprême bon goût était de dépenser sans compter. Le duc de Richelieu jetait par la fenêtre une bourse qu'il avait donnée à son fils pour s'amuser et que celui-ci lui rapportait intacte. On se laissait voler sans contrôle par les inférieurs, les fournisseurs, les usuriers, sauf à ne payer jamais le principal.

Quant à l'amour, on en était venu à le simplifier aussi. Comme le bon ton exigeait que tout fût traité légèrement, la galanterie était de mise, mais non la passion. La conversation spirituelle, piquante, frivole, étant considérée comme la suprême jouissance, on n'avait pas le droit de s'isoler, de faire de l'égoïsme à deux; des époux qui voulaient vivre pour eux-mêmes étaient frappés de ridicule : quantité de pièces et de romans roulent sur cette situation. Chacun des époux vivait et devait vivre de son côté. Madame avait ses amis et monsieur ses amies. Tant qu'on se plaît, on vit ensemble; quand on s'ennuie l'un de l'autre, on se sépare en riant, et l'on passe à une autre liaison; personne ne s'en scandalise. On n'a plus la même peur de la science qu'au siècle précédent, on laisse volontiers l'antiquité « aux pédants », mais on ne repousse ni la politique ni la philosophie, pourvu qu'elles se traduisent en épigrammes et s'accompagnent de tableaux un peu risqués, témoin l'immense succès des *Lettres persanes*. Une petite pointe d'irréligion, de libéralisme, de socialisme, ne déplaît pas, pourvu que ces doctrines se présentent sous une forme quelque peu paradoxale et soient développées avec esprit. Ce qui domine tout dans cette société frivole, c'est l'horreur de la réflexion, de la pensée du lendemain. Si quelques voix crient à ces aimables étourdis, à ces piquantes étourdies, que tout cela n'est qu'un songe, que cette vie de joie, de plaisir, d'insouciance ne saurait durer, on leur impose silence, on ferme les oreilles, et on s'embarque joyeusement pour Cythère en compagnie de Watteau[1].

---

[1] Voir le tableau du Louvre.

V

C'est au milieu de cette société que Marivaux vit et se développe; c'est ce monde insoucieux et léger qui pose devant lui pour la plupart de ses œuvres. Deux écrivains bien autrement célèbres, Montesquieu et Voltaire, débutaient presque en même temps que lui. Il laissa à l'un la philosophie des lois et la philosophie de l'histoire, à l'autre la tragédie, l'histoire et surtout la polémique antichrétienne. Trop peu instruit pour suivre l'un, trop modéré pour s'associer à l'autre, il se rangea sous la bannière des deux écrivains le plus en vue à ce moment, Fontenelle et La Motte, et combattit avec eux dans le camp des modernes contre les anciens. Il parle peu de Fontenelle dans ses ouvrages; en revanche, il ne croit jamais avoir assez loué La Motte. Son style cependant n'a rien de commun avec le style agréable, mais froid et uni, de l'auteur d'*Inès de Castro;* il relève plutôt de celui de Fontenelle. Il ne tarda pas à se séparer d'eux, du reste, à se faire un style à lui et un genre d'observation qui ne relève de personne.

Il n'y arriva cependant pas du premier coup. Il y a trois périodes dans sa vie littéraire : pendant la première, il cherche sa voie; pendant la seconde, il l'a trouvée; pendant la troisième, il l'a perdue.

CHAPITRE II

OEUVRES DE JEUNESSE

I. Quelques mots de biographie. — II. *Le Père prudent et équitable*. — III. *Les Effets surprenants de la sympathie*. — IV. *La Voiture embourbée*. — V. *Le Don Quichotte moderne*. — VI. *L'Iliade travestie*. — VII. *Le Télémaque travesti*. — VIII. *Annibal*.

I

Pierre Carlet de Chamblain de Marivaux naquit à Paris le 4 février 1688. Sa famille était originaire de Normandie et avait fourni plusieurs magistrats au parlement de cette province. Son père l'emmena d'abord à Riom, puis à Limoges, où il exerça les fonctions de directeur de la Monnaie. Devenu homme, Marivaux vécut toujours à Paris, mais les instincts de la race normande sont très-sensibles dans ses œuvres. Fit-il de bonnes études? Un de ses biographes[1] prétend que oui. Le fait est douteux cependant. Il sut assez bien le latin, à ce qu'il paraît, mais il n'apprit pas le grec, et ses connaissances restèrent sommaires en histoire. Aussi le voyons-nous dès l'abord se jeter dans le parti des modernes contre les anciens, qu'il ne connaissait pas.

II

Il s'essaya fort jeune, nous dit-on. On parlait un jour devant lui de la difficulté de faire une comédie. Marivaux soutint avec la présomption de son âge, — il était encore au collége, — et de son caractère, que ce n'était pas aussi difficile qu'on le prétendait. On le mit au défi d'en faire une. Une huitaine de jours après, il apporta une pièce en un acte et en vers. Cette comédie, nous la connaissons, elle s'appelle : *le Père prudent et équitable, ou Crispin l'heureux fourbe.* C'est une pure comédie de collégien, de celles qu'on s'empresse ordinairement de jeter au feu quand on en a fait d'autres. Marivaux ne brûla pas la sienne, il la fit imprimer, et elle figure dans ses *OEuvres.*

Il s'agit, comme dans nombre de pièces du temps, d'éconduire divers prétendants à la main d'une jeune fille pour la conserver à celui qu'elle aime. C'est Crispin, valet de l'amant aimé, qui se charge de la besogne. Les prétendants sont au nombre de trois : un propriétaire campagnard, un chevalier riche de son épée, et un financier assez mal partagé sous le rapport de l'éducation. A l'un il présente, comme étant la demoiselle à marier, Toinette, sa femme de chambre, qui le scandalise par la hardiesse de ses propos. Puis il se présente lui-même à la jeune fille comme étant le propriétaire campagnard ; il la trouve trop parée et l'avertit que lorsqu'elle sera sa femme, il lui faudra prendre des sabots et des habits de ménage. Au financier, il confie, sous le sceau du secret, que le père et la fille sont épileptiques, puis il se déguise en femme et prétend, — souvenir de *Pourceaugnac,* — être la femme légitime du chevalier, qui n'a pas le droit dès lors d'aspirer à la main de la jeune fille. Mais il a mal pris ses précautions, il est surpris, et forcé d'avouer ses fourberies. Il n'en triomphe pas moins, car l'amoureux a gagné un procès qui le rend plus riche que ses rivaux, et « le père prudent et équitable » n'hésite plus à lui donner sa fille.

Pour réchauffer ce vieux canevas, ce n'eût pas été trop que la gaieté exubérante de Regnard et de Beaumarchais ; mais cette gaieté n'a jamais été au service de Marivaux. Le vers surtout le gêne, le style est pénible, et c'est à peine si du fond gris de l'ensemble, on voit se détacher çà et là quelques traits tant soit peu lumineux. Ici, c'est une plaisanterie grammaticale, comme Victor Hugo en a dans *Bug Jargal :*

> Vous direz au futur : Va, tu seras payé ;
> Pour le présent, *caret.*

Payer est un verbe défectif et n'a pas tous ses temps. Dans un autre endroit, il s'agit d'un financier qui avait abusé du droit que s'étaient arrogé ses pareils de s'approprier le bien d'autrui, si bien que

> ... on voulait lui faire perdre terre,

c'est-à-dire le pendre. Ce sont à peu près les seuls traits qui annoncent le futur Marivaux.

III

Le *Père prudent et équitable* fut imprimé en 1712, en France et à l'étranger. Marivaux avait alors vingt-quatre ans. L'année suivante parurent, sans nom d'auteur, les deux premiers volumes d'un roman qui devait en avoir cinq : *les Effets surprenants de la sympathie.* Cet ouvrage figure dans deux éditions des œuvres de Marivaux. Cependant Lenglet-Dufresnoy, qui dans sa *Bibliothèque des romans* avait inscrit le livre comme étant de Marivaux, eut des scrupules plus tard. Dans une note manuscrite, il fait honneur de cet ouvrage, si honneur il y a, au chevalier de Mailly, mort en 1724, auteur de divers romans de pacotille : *Amours des empereurs romains, Histoire secrète des Vestales,* et même d'ouvrages d'histoire et de piété. Un autre biographe attribue ce roman à l'abbé Bordelon, auteur non moins fécond de livres religieux, romanesques, fantaisistes, historiques, dramatiques, que nul ne songe à exhumer. Formey, qui écrivait à Berlin en 1757, ne laisse à Marivaux qu'une partie de l'ouvrage. Nous croyons que ces écrivains se sont trompés, et que ce roman est bien de Marivaux; nous dirons pourquoi tout à l'heure. Rien sans doute dans cette composition indigeste ne fait pressentir l'auteur de *Marianne,* mais on ne le devinerait pas davantage dans le *Père prudent et équitable,* dont l'authenticité est hors de doute.

Ce roman, quoi qu'on en ait dit, n'est nullement une parodie. Les personnages y sont pris tout à fait au sérieux. L'action se passe à une époque inconnue, dans un pays inconnu, qui par moments, mais par moments seulement, ressemble à la France du dix-huitième siècle. Il y a là une princesse régnante, éprise de divers personnages dont elle n'est pas aimée, qui rappelle la princesse Galatée que d'Urfé fait figurer dans son *Astrée;* mais la princesse de Marivaux n'est qu'une pâle contrefaçon, une ombre de la première. Nulle police dans le pays : on enlève les femmes, on tue, on empoisonne, sans que la justice intervienne jamais. Il y a çà et là des châteaux où trônent d'affreux tyrans, des chaumières où des princesses mènent la vie de paysannes comme au temps où la reine Berthe filait, des forêts où des solitaires se reposent de leurs aventures passées, des pavillons dans les parcs, où s'accomplissent des scènes de violence et d'amour, des prisons où l'on fait boire la ciguë aux condamnés comme à Athènes, des jeunes filles qui courent le monde déguisées en hommes, comme dans les romans de chevalerie. Les communications se font constamment à cheval, et les personnages se perdent et se retrouvent miraculeusement quand l'auteur désire les faire rencontrer, sans qu'il daigne jamais nous dire par quels moyens cette rencontre s'est opérée.

Tous les personnages sont amoureux, et tous tombent amoureux à la première vue. Dès qu'un homme et une femme sont en présence, l'amour se met de la partie, les déclarations pleuvent comme grêle, et ce sont souvent les femmes qui en prennent l'initiative. Les femmes dédaignées se mettent à la poursuite de ceux qui les dédaignent, les hommes repoussés renferment celles qui leur résistent, et recourent plus souvent au poison qu'à l'épée pour se débarrasser de leurs rivaux; il y a des enfants sauvés des flammes dans une cabane, qui se trouvent être des princesses, des traîtres pris aux pièges qu'ils ont tendus, etc., etc. Mais partout le narrateur a l'haleine courte; il n'y a pas de combinaison savante, et les personnages apparaissent, courent et disparaissent sans cesse pour faire place à d'autres, comme dans une lanterne magique.

Il y en a cependant qui persistent dans tout le roman, mais ce ne sont pas les plus intéressants, et l'on n'est pas fâché de les voir s'effacer de temps à autre pour faire place à un long épisode, très-romanesque, mais plus amusant, en somme, que l'histoire principale. Telles sont les aventures de ce Solitaire rencontré dans une forêt, qui nous promène tour à tour en Angleterre, en Barbarie, et dans une île habitée par des sauvages. En Angleterre, il est aimé de deux femmes — tous les personnages en sont là, chaque femme a deux poursuivants, et chaque chevalier deux poursuivantes. — Ici les deux amoureuses sont une jeune fille et sa belle-mère. Il fuit l'une pour courir après l'autre, mais on la lui enlève en chemin; il est pris lui-même par des corsaires, et emmené au Maroc, où il retrouve sa bien-aimée dans un sérail, toujours immaculée. Là encore il se voit assiégé par deux femmes, l'épouse de son maître et une jolie soubrette d'origine française employée comme entremetteuse. C'est l'histoire d'Atalide entre Roxane et Bajazet, mais ici c'est Roxane qui meurt et Bajazet s'échappe. Il arrive dans une île de sauvages gouvernée par une reine, comme dans *Polexandre,* et, comme dans le roman de Gomberville, cette reine s'éprend de lui : il ne l'épouse pas cependant, il se contente d'utiliser l'amour qu'on lui témoigne pour civiliser le pays à la façon de Télémaque civilisant les grossiers habitants de l'Égypte.

Les choses, du reste, se passent en tout bien tout honneur; il n'y a pas dans tout le roman une scène risquée, pas un amour qui ne tende au mariage. Ce caractère suffirait à défaut de tout autre pour mettre hors de cause les romanciers susnommés Mailly et Bordelon, qui sont au contraire très-friands de détails scabreux. Aucun romancier émérite n'a passé par là. Cette série de jeunes femmes s'éprenant à première vue et faisant elles-mêmes les avances, cette réserve pudique qui plane sur l'ouvrage, la naïveté de certains détails, tout nous montre dans l'auteur un jeune homme très-inexpérimenté, très-amoureux, et très-timide avec les femmes. Marivaux en fut un peu là toute sa vie, et à plus forte raison dans sa jeunesse, à l'époque où parurent les *Effets surprenants de la sympathie.*

Les épisodes, avons-nous dit, sont supérieurs au récit principal; mais il en est ainsi dans l'*Astrée* et dans la plupart des romans héroïques du dix-septième siècle, et ce ne serait pas une raison pour les attribuer à des collaborateurs, quand même on ne saurait pas le caractère de Marivaux incompatible avec une collaboration. Le mode de narration est le même d'un bout du livre à l'autre. Le récit ne marche pas, il court, coupé çà et là par des billets aussi soignés de forme qu'insipides par le fond : c'est toujours le système de l'*Astrée*. Le nombre de ces billets diminue à mesure qu'on avance ; le conteur va évidemment se perfectionnant, mais sans changement brusque et sans que rien annonce une autre main. Le style est simple du reste, sans recherche d'aucune sorte, sans marivaudage, à une exception près. La soubrette française dont nous avons parlé a été chargée d'un message d'amour près d'un personnage dont sa maîtresse est éprise :

Je viens vous dire que ma maîtresse veut vous voir... vous seriez bien surpris si je vous disais que je n'ai pas moins d'envie de vous voir qu'elle... Adieu, elle vous attend. Je vais lui dire que vous allez venir. *Mais que me dirai-je, à moi?*

Marivaux, plus tard, aurait employé cette dernière phrase.

On entend dans tout le livre comme un écho des *Nouvelles* de Cervantes. Il y a aussi des réminiscences des romans héroïques français. Mais c'est surtout le dernier ouvrage de l'auteur de *Don Quichotte* qui a déteint sur les *Effets de la sympathie,* et il y a lieu de croire que Marivaux a entrepris son roman sous l'influence de *Persiles et Sigismunde,* dont une traduction française avait paru dans la première moitié du dix-septième siècle.

Une dernière preuve que les *Effets de la sympathie* sont bien de Marivaux, c'est que quelques-unes des aventures de ce roman reparaissent dans la *Voiture embourbée* et dans le *Don Quichotte moderne*. Marivaux pouvait bien se voler lui-même, mais il était incapable de voler les autres. Ajoutons que la *Voiture embourbée* est signée : « par l'auteur des deux premiers volumes des *Effets de la sympathie* », les seuls qui eussent paru à ce moment, et que Marivaux a signé le *Don Quichotte moderne*. Or il y a une telle parité entre ces trois récits qu'il suffit de reconnaître Marivaux comme auteur de l'un pour être sûr qu'il est également l'auteur des autres, bien que sa gloire n'ait rien à y gagner.

IV

Est-ce l'insuccès de ce roman qui dégoûta Marivaux du genre héroïque? La réaction contre l'héroïsme était dans l'air, et le caractère de Marivaux n'avait rien d'exalté. On peut bien admettre cependant que l'indifférence du public à l'endroit de ce premier roman fut pour quelque chose dans la guerre qu'il déclara aux sentiments chevaleresques.

Le premier acte de cette guerre fut la *Voiture embourbée*. L'auteur nous raconte qu'une voiture publique dans laquelle il voyageait avec quelques individus qu'il nous dépeint s'embourba pendant la nuit par la faute du cocher, qui avait trop fêté saint Bacchus; force fut de se réfugier dans une auberge du village où l'on n'avait pour se coucher que des lits réduits à l'état de galette, et pour se réconforter que du vin de Brie et du lard jaune. Une caravane s'en va, des torches de paille à la main, quêter des vivres chez le curé du lieu. Le curé s'effraye d'abord, puis il finit par accorder quelques vivres, moyennant finance. Seulement personne n'a envie de dormir; on propose de conter des histoires, et des histoires que chacun improvisera. Quand un conteur sera à bout d'invention, il passera la parole à son voisin ou à sa voisine, qui continuera l'histoire commencée. — Adopté.

Le narrateur donne l'exemple. Il met en présence deux amoureux déjà mûrs. L'amoureux louvoie autour d'une déclaration, la dame ne se laisse pas approcher. Obligée enfin de comprendre, elle se fâche et, comme Astrée dans le roman d'H. d'Urfé, elle bannit l'audacieux de sa présence. Dans sa douleur, Céladon se jette à l'eau. Notre amoureux s'arrête à un parti moins désespéré, il se fait chevalier errant, il emmène un écuyer, un certain Cliton que nous avons déjà vu dans les *Effets de la sympathie,* et s'en va à la recherche des aventures. La dame, désespérée de son départ, se fait chevalière errante aussi ; elle prend une écuyère, sa femme de chambre, à laquelle elle donne le costume convenable, et se lance à la recherche de son amoureux. Ici le premier conteur s'arrête.

Une des voyageuses se charge de poursuivre l'histoire. Elle nous représente la dame et son écuyère arrivant à la tombée de la nuit à l'entrée d'une caverne, où elles s'engagent bravement comme don Quichotte dans la caverne de Montésinos. Cette caverne est éclairée à la façon des Champs Élysées et contient tout un monde. Le roi de ce séjour souterrain est un magicien qui n'a pas moins de deux cent soixante ans, mais qui en paraît vingt-cinq. Quand il se sent vieillir, il étouffe quelque jeune homme déjà malade, il fait entrer son âme dans ce corps, abandonne le sien et recommence la vie sur de nouveaux frais, entouré de toute une population de jolies femmes de tous les pays, qu'il force à lui obéir. Toutes ne sont pas venues volontairement, il y a contre lui des conspirations. On sait qu'un jour par mois il redevient le vieillard décrépit que comporte son âge. Ce jour-là, si on le trouve touchant la terre, on peut le tuer.

A ce moment la conteuse, qui avait lu évidemment *Don Quichotte* et les *Mille et une Nuits,* passe la parole à une autre.

Celle-ci nous avoue que la dame qui avait vu tant de choses merveilleuses avait tout simplement rêvé, comme en pareil cas le héros de la Manche; elle fait venir des paysans qui offrent aux deux aventurières de les conduire au village voisin. Il est nuit lorsqu'on arrive. Une jeune paysanne qui n'attendait pas son mari de sitôt est surprise causant intimement avec un jeune gars. Quoique la conversation n'ait pas dépassé les limites permises, elle a peur et se sauve derrière un buisson; ce buisson servait par hasard d'abri au chevalier et à son écuyer, auxquels il n'était pas arrivé la plus mince aventure. Au milieu du bruit produit par l'arrivée des paysans, il ramène la jeune femme au domicile conjugal. C'est jour, ou plutôt nuit de fête; une partie des paysans sont déjà à table avec la dame et son écuyère; le chevalier et son écuyer prennent place à côté des autres. On boit, on chante, les mariés se réconcilient, les non mariés se marient... Et l'on vient annoncer aux voyageurs que la voiture est en état.

Il y a un peu de tout dans ce roman : des scènes réalistes, des scènes fantastiques; mais le récit marche au hasard. La partie la moins réussie, c'est la parodie de l'amour chevaleresque. Il paraît que c'est pourtant celle à laquelle Marivaux tenait le plus, puisqu'il en fit le sujet d'un autre roman en deux volumes, qui a paru sous divers titres : *Pharsamon,* les *Folies amoureuses,* le *Don Quichotte moderne,* ce qui a fait croire aux bibliographes, qui ne lisent ordinairement d'un livre que le titre, qu'il s'agissait de trois ouvrages différents.

V

Ce roman n'est point la parodie de celui de Cervantes. C'est une maladroite imitation d'icelui — comme on disait autrefois — et une charge à fond contre l'amour pastoral. Cette caricature avait déjà été faite par Sorel dans un roman en trois volumes : *le Berger extravagant,* et par Thomas Corneille dans une comédie qui porte le même titre, et les deux écrivains avaient tiré du sujet tout le comique qu'il comporte. Les deux œuvres sont passablement fades. Marivaux a trouvé moyen d'être plus fade encore. Voici ce qu'il nous raconte :

Pharsamon a été élevé chez son oncle, un gentilhomme campagnard à son aise. Il est beau garçon, et les jeunes filles du voisinage ne demandent qu'à l'aimer. Mais Pharsamon, qui est un grand liseur de romans, trouve trop vulgaires ces amours sans orages, et un beau jour il monte à cheval et s'en va à la recherche des aventures et d'une Dulcinée, en compagnie de ce même Cliton que nous connaissons déjà. La Dulcinée ne se fait pas attendre, et les aventures non plus. Cette Dulcinée est aussi une grande liseuse de romans. Dans sa famille on la nomme Babet, mais elle se fait appeler Cidalise. On veut lui faire épouser un jeune homme du voisinage, mais elle est bien décidée à ne donner son cœur qu'à un héros de roman. Pharsamon la trouve soupirant dans son parc ; il soupire aussi. Le fiancé, qui survient, trouve ce duo de mauvais goût ; les deux jeunes gens se battent. Pharsamon est blessé et porté dans la maison de sa bien-aimée. On le congédie bientôt après ; mais il revient à la charge et enlève Cidalise, pendant que Cliton, son valet, se charge de Fatime, la femme de chambre.

Voilà nos amoureux en campagne. Mais il faut manger; car on mange dans ce roman-là; on mange même beaucoup, et l'on boit davantage. On va demander l'hospitalité dans une maison où l'on célèbre une noce, une vraie noce de Gamache. Par malheur, Cliton, qui a pénétré dans la cuisine, se fait une querelle avec un cuisinier qu'il a appelé marmiton par mégarde. On s'injurie, on se bat. Pharsamon, qui vient à la rescousse, est roué de coups. Cidalise elle-même, qui a voulu jouer le rôle des Sabines, est renversée d'un coup de poing et s'enfuit on ne sait où. On apprend plus tard qu'elle a été retrouvée, reconduite à sa famille, et que des fumées d'herbes aromatiques ont dissipé les fumées romanesques de son esprit. On applique le même traitement à Pharsamon, qui guérit également et fait un mariage de raison. Ces personnages ne sont généralement que des fantoches; il n'y a d'exception que pour Cliton, imitation faiblement réussie de Sancho Pança.

Ce qu'il y a de plus intéressant dans ce récit, dirigé contre le romanesque, ce sont les épisodes romanesques.

En courant la campagne, le chevalier et son écuyer sont reçus avec beaucoup d'amabilité par deux jeunes gens, qui se trouvent être deux jeunes femmes. Une de ces femmes, Clorine, leur raconte ses aventures.

Son père et sa mère s'étaient mariés sans le consentement de leurs parents, et elle avait été mise en pension chez une paysanne. Une marquise, qui la vit, la prit en amitié et la fit élever chez elle. On eut un jour la fantaisie de jouer une tragédie où Clorine ferait le rôle d'amoureuse. Nombre de jeunes gens se présentèrent pour jouer le rôle de l'amoureux. On décida, pour ne pas faire de jaloux, que le rôle serait adjugé à celui qui le saurait le premier. Il se trouva qu'un des aspirants — il s'appelait Oriante — l'avait déjà joué. On lui donna naturellement la préférence; mais il prit son rôle au sérieux; il devint amoureux pour tout de bon de sa partenaire et la demanda en mariage. Il fallut bien avouer alors que Clorine n'était pas la fille de la marquise. Peu importe à Oriante : son amour ne finira qu'avec sa vie. Mais ni sa mère à lui, ni la marquise, ne veulent consentir à cette union, et Clorine est séquestrée à la campagne dans une maison isolée au milieu des bois. Oriante parvient à la découvrir, il lui propose de l'enlever; les amants sont d'accord, l'enlèvement doit se faire à minuit. Oriante monte à l'échelle de cordes que Clorine a accrochée au balcon; mais il est pris pour un voleur; on lui tire un coup de fusil, et il tombe mort au moment où l'on venait rendre à Clorine sa liberté et lui apporter le consentement que ses parents, heureusement retrouvés, donnaient à ce mariage. Clorine, au désespoir, a pris des habits d'homme et s'est retirée dans ce château avec sa suivante, également déguisée.

Or, Pharsamon ressemble prodigieusement à Oriante, et, en causant avec lui, Clorine, comme Didon, reconnait les vestiges de son ancienne flamme. Elle voudrait retenir Pharsamon, la suivante voudrait retenir Cliton. Mais Pharsamon, plus héroïque qu'Énée, ne laisse pas même entamer son cœur.

Dans une autre course, on rencontre une femme poursuivie par un rustre, et on lui fait raconter son histoire.

Cette histoire n'est guère que celle du Solitaire, que nous connaissons déjà. Enlevée par des corsaires et conduite en Barbarie, elle est aimée du maître à qui on l'a vendue. L'épouse légitime entend une déclaration qu'on lui adresse et se venge de son mari en l'empoisonnant. Mais ce mari a une esclave qui le sauve, et c'est la femme qui meurt empoisonnée. Termiane est ensuite menée chez les sauvages et ne rentre en France qu'après une longue série d'aventures.

Le troisième épisode est le récit que fait Cliton de son enfance. Ce qu'il y a de curieux dans ce récit, ce ne sont pas les incidents, qui sont vulgaires; c'est que c'est là qu'apparait pour la première fois chez Marivaux ce langage contourné, ce marivaudage qui prendra plus tard une si grande extension. L'abbé de la Porte nous apprend [1] que Marivaux corrigea notablement son *Pharsamon* avant de le publier, — car, quoique composé en 1715, il ne vit le jour qu'en 1737. — Il est possible, par conséquent, que le récit de Cliton soit précisément un des passages ajoutés après coup. Quoi qu'il en soit, nous sommes déjà en plein marivaudage. Voici quelques phrases de ce récit :

J'étais dispos et frais comme un œuf nouvellement pondu.
Je suis plus éveillé qu'une horloge.
Mon maître et moi, nous étions plus familiers entre nous que les Épîtres de Cicéron.
Ce temps est passé, il ne reviendra plus, et, ma foi, on se passera bien de lui.
En quelque endroit du monde que vous soyez, ma princesse, je vous trouverai, vous eût-on cachée sous vingt bottes de foin.

Cliton fut surpris volant des pommes :

J'ai lu quelque part, dit-il, que ce sont les pommes qui nous ont tous perdus.

Ce récit de Cliton est fort soigné. Marivaux y attachait du prix :

Une pomme n'est rien, nous dit Cliton; des moineaux ne sont que des moineaux; mais chaque chose, dans la petitesse de son sujet, est susceptible de beautés et d'agréments.

Cliton est un faux paysan. C'est Marivaux qui lui a fait connaître les *Epistolæ ad familiares*, qui lui a appris à traduire à sa façon la phrase de Virgile : *In tenui labor, at tenuis*

---

[1] *OEuvres diverses de Marivaux*, 4 vol. in-12, 1765.

non gloria. C'est l'auteur qui parle par sa bouche. Quelle différence entre ces bavardages et ceux de Sancho Pança, si piquants, sans pourtant être au-dessus d'un paysan naïf et rusé!

VI

Après avoir parodié l'amour héroïque, Marivaux s'en prit à l'héroïsme épique; il entreprit de ridiculiser Homère.

Du moment où l'on se posait en réaction contre ce que le dix-septième siècle avait adoré, on ne pouvait manquer de s'en prendre à Homère. Celui qui s'insurgea le premier fut Perrault. La déclaration de guerre date de 1678; l'attaque était maladroite; la protestation de Boileau ne le fut pas moins. Il semblait, à entendre les deux adversaires, que le poëte, au lieu de se conformer aux croyances religieuses de son temps, avait inventé ses dieux et ses héros, comme La Motte devait plus tard inventer ses fables. On lui reprochait de ne les avoir pas créés plus parfaits, plus conformes à l'idée qu'on se faisait au dix-septième siècle de la morale, de la religion, de la poésie. Fontenelle et La Motte reprirent la thèse de Perrault, et madame Dacier celle de Boileau. La doctrine qui se débattait au fond, c'était la doctrine du progrès de l'humanité. Mais, ni d'un côté ni de l'autre, on ne s'en rendait compte.

La Motte surtout n'y pensait pas; il voulait faire un Homère moderne, un Homère accommodé au goût du jour. Quand il eut abrégé en douze chants assez courts les vingt-quatre chants de l'*Iliade*, il crut réellement avoir rendu un service au poëte en le débarrassant de tout ce qu'il prenait pour des longueurs, des fautes de goût. « Choisis, tout n'est pas précieux », se fait-il dire par Homère lui-même dans une ode qu'il a placée en tête de sa traduction. Et il transforme ce large fleuve débordant à travers les campagnes en un joli petit ruisseau coulant dans un jardin à la française, entre deux talus bien polis et deux rangées d'ifs taillés en boule.

Mais Marivaux va plus loin. Comme tous les néophytes, il exagère. Le culte du « divin Homère », comme il l'appelle toujours ironiquement, l'offusque et l'agace. Il se met à travestir l'*Iliade*, non pas comme l'avait fait Scarron pour l'*Énéide*, dans le dessein de s'amuser et d'amuser les autres par d'inoffensives plaisanteries brodées sur ce thème. Il a pour but, il nous le dit dans sa préface, de renverser la statue d'Homère. Il veut prouver que l'*Iliade* est absurde, composition et détails. Il ne sait pas le grec, n'importe. La Motte, qui ne le sait pas davantage, a fait sa réduction d'Homère sur la traduction de madame Dacier. Marivaux fera sa parodie sur la traduction de La Motte, sans se douter que cette traduction est déjà une parodie :

Il caractérise très-justement l'œuvre de son ami :

La composition de M. de La Motte tient de l'esprit pur. C'est un travail de bon sens et de droite raison : ce sont des idées d'après une réflexion fine et délicate, réflexion qui fatigue plus son esprit que son imagination. L'expression ne laisse pas d'être vive, mais... elle est toute dans l'idée... et elle frappe bien plus ceux qui pensent que ceux qui sentent.

Autrement dit, La Motte a appliqué à l'*Iliade* le procédé qu'on appelle en arithmétique « la réduction à sa plus simple expression ». Il est évident que ni l'écrivain qui a formulé cette appréciation comme un éloge, ni l'écrivain qui l'a méritée, n'entendaient rien à la poésie.

La parodie de Marivaux ne fit pas scandale, comme il s'y attendait; on s'en occupa à peine. Outre qu'elle venait trop tard, elle avait un défaut capital pour un ouvrage de ce genre : il y a de l'esprit quelquefois, de la gaieté jamais.

Glanons çà et là quelques vers.

En racontant comment Chrysès vient réclamer sa fille à
Agamemnon, il ajoute :

> On avoit alors des scrupules
> Qu'on trouve à présent ridicules.

On tenait à l'honneur des filles; maintenant

> On se tait, on pardonne tout,
> Pourvu que l'argent soit au bout.
> Comment feroient mille familles,
> S'il falloit garantir les filles?

Achille dit à Agamemnon qui hésite à rendre Chryséis :

> Mon garçon, marque-nous la somme
> Que tu veux pour être honnête homme.

On parle de se cotiser. Tous refusent :

> Je n'ai pas plus d'un sou sur moi,

dit Ajax. Ulysse assure que son gousset est vide,

> Et qu'il doit même un pot de bière
> Au mari de la vivandière.

Parfois cependant on trouve, par exception, quelques vers assez bien tournés :

> Dans la salle du firmament,
> Les Dieux étoient en ce moment,
> Et là, le ventre à table ronde,
> Parloient des affaires du monde.
> Hébé, la bouteille à la main,
> Disoit : Qui veut un doigt de vin?
> Le vin, quand on en boit chopine,
> Ragaillardit l'humeur divine.

Mais ces passages sont rares. Quand on lit l'*Énéide travestie*, à travers ce tintement de rimes plates qui vous importune, on sent que l'auteur s'amuse, et l'on s'amuse avec lui; mais Marivaux ne s'amuse pas, il accomplit une tâche, et une tâche pénible; on le plaint, mais il faudrait un courage plus qu'héroïque pour avaler ses douze chants

VII

Après Homère, Marivaux s'en prit à l'imitateur français d'Homère ; il voulut parodier les *Aventures de Télémaque*.

Il nous raconte qu'un gentilhomme campagnard, Brideron, curieux de voir du pays, est parti depuis vingt ans pour la Hongrie, avec un régiment allemand qu'il a acheté ; il n'a plus donné de ses nouvelles depuis. On le suppose mort, et, comme il est riche, nombre de hobereaux du voisinage pressent vivement sa femme de se remarier. Elle refuse de croire à la mort de son mari, et elle envoie son fils adolescent à la recherche de l'exilé volontaire, en lui donnant pour Mentor un sien oncle qui a lu *Télémaque*. Après maintes aventures, les voyageurs arrivent, en mauvais équipage, au château d'une dame Mélicerte, qui a été autrefois aimée de Brideron père, et qui se montre tout à fait disposée à reporter sur le fils les sentiments que le père lui avait inspirés.

Tant que l'auteur parle en son nom, on le suit assez volontiers, mais lorsqu'il s'avise de faire une mixture des expressions poétiques de Fénelon et des locutions triviales chères aux parodistes, le récit devient illisible. Minerve punit Marivaux de l'avoir travestie.

Une citation de quelques lignes donnera une idée du procédé.

. . . . . . Le soin de son teint et de sa parure ne l'occupoit plus ; coiffée le plus souvent en mauvais battant l'œil, elle ne dédaignoit plus d'aller affronter la poudre qui s'élevoit des tas de blé remués. Le soleil le plus ardent ne lui faisoit plus peur ; elle couroit les risques du hâle pour aller voir moissonner... Souvent ses yeux suivoient tristement la trace d'un chemin creux, bordé de deux haies, au travers duquel elle avoit vu son volage presser les flancs de son coursier et s'éloigner plus vite qu'un éclair, malgré les boues épaisses dont il étoit pour lors rempli.

Elle étoit dans ce verger, quand un assez triste spectacle la tira de sa rêverie; c'étoit une charrette conduite par un petit garçon qui, pour éviter le chemin creux, l'avoit fait monter sur un terrain semé d'orge, qui appartenoit à Mélicerte...

Elle s'avance et va cacher son trouble par ce discours de méchante humeur : Parlez donc, petit garçon, et vous autres qui ne valez pas mieux. Savez-vous que si j'appelle, je vais faire culbuter votre charrette dans l'ornière? Voyez donc l'impertinence de gâter ainsi une terre ensemencée! J'ai déjà fait donner les étrivières à tous ceux qui en ont fait autant.

Le *Télémaque travesti* ne fut publié qu'en 1736, et les trois premiers livres seulement. Il s'éleva un tel concert de réclamations que Marivaux s'empressa de désavouer son œuvre. La *Bibliothèque des romans* de 1775 en donna cependant un extrait, comme d'un livre rare, en l'accompagnant d'une courte notice. Il n'a été réimprimé depuis que dans l'édition en douze volumes des œuvres de l'auteur.

VIII

Au moment où Marivaux s'évertuait ainsi contre *Télémaque*, Voltaire, plus jeune que lui de six ans, obtenait un succès éclatant au théâtre avec son *OEdipe*. Marivaux résolut de faire aussi sa tragédie.

Il choisit un sujet tout cornélien : *la Mort d'Annibal*. Ce n'est pas que le sujet fût nouveau. Sans fouiller bien loin dans les annales dramatiques, nous trouvons cinq tragédies d'*Annibal* jouées de 1631 à 1697, dont une de Scudéry et une de Thomas Corneille. Marivaux se promit sans doute de renouveler le sujet et de faire mieux que ses devanciers. Ce qui le séduisit au premier abord, ce fut évidemment la grandeur du personnage, qui après avoir mis Rome à deux doigts de sa perte, se voit pourchassé partout par la haine des Romains, et désespérant de ceux qui lui avaient fourni un asile, meurt pour ne pas tomber entre les mains implacables de ceux qu'il avait fait trembler. Il y a là en effet quelques belles scènes à faire, mais elles avaient déjà été faites. Le Nicomède de Corneille, un disciple d'Annibal, brave aussi les réclamations d'un Flaminius et maudit l'ambition des Romains comme Annibal pourra le faire. Marivaux ne pouvait qu'affaiblir ces scènes en les répétant; c'était pourtant les seules que le sujet pût lui offrir. Quant à la scène dans laquelle Flaminius réclame Annibal, Racine l'avait déjà faite dans *Andromaque* et avec des circonstances bien autrement intéressantes. Dans la pièce de Racine, la décision de Pyrrhus dépend des sentiments qu'il inspire à Andromaque. Dans celle de Marivaux, tout dépend de la seule volonté de Prusias, et dès le premier acte on sent que cette volonté ne tiendra pas contre la crainte que les Romains lui inspirent. Annibal à toute force aurait pu être défendu par l'amour; Marivaux y a songé, mais il s'est servi trop timidement de ce ressort. Une tragédie, à cette époque, devait avoir son intrigue d'amour : Voltaire s'était bien cru obligé d'en placer une dans son *OEdipe*. Thomas Corneille s'était tiré d'affaire en donnant à Annibal une fille qui devient reine de Bithynie après la mort de Prusias. Marivaux a voulu rester plus fidèle à l'histoire quant au dénoûment; c'est Annibal qu'il a rendu amoureux malgré ses soixante-quatre ans, et il nous le montre en rivalité d'amour avec l'ambassadeur romain, dont l'âge n'est guère moins respectable. Pour que cet amour pût devenir un ressort, il faudrait qu'il fût ardent, dévoué, aveugle, surtout de la part de la femme, qui entreprendrait de sauver Annibal à tout prix. Ici l'amour est très-calme au contraire. La fille de Prusias, dont les deux personnages sont épris, se trouve dans le cas de Pauline entre Polyeucte et Sévère. Elle a aimé Flaminius autrefois, elle l'aime encore ; cependant la grandeur d'Annibal parle à son cœur, et elle est prête à l'épouser sans répugnance, disons plus, avec plaisir ; mais si cela ne se fait pas, elle n'en éprouvera aucun désespoir. Comment s'intéresser à un amour dont les personnages se désintéressent eux-mêmes? Resterait le style, les beaux vers. Mais les beaux vers sont absents, le style est abstrait et prosaïque. Aussi la pièce n'eut-elle que trois représentations au début, et cependant la tragédie était alors en grande faveur. Elle eut plus de succès lorsqu'on la reprit vingt-sept ans après.

CHAPITRE III

ÉCRITS PÉRIODIQUES

I. Mariage de Marivaux. La jeune fille à sa toilette. — II. Marivaux travaille au *Mercure. Tableau de Paris.* — III. Le roman des deux jeunes filles. (*L'Apprentif coquet.*) — IV. *Le Spectateur français :* Solliciteurs et protecteurs. — V. L'Infante d'Espagne et le savetier. G. Planche et les opinions politiques de Marivaux. — VI. Jugement sur *Romulus*, *Inès de Castro* et les *Lettres persanes.* — VII. Les critiques et les livres. — VIII. Une mendiante intéressante. Une femme qui veut rester fidèle à son mari. — IX. Un amoureux à l'épreuve. — X. Lettre d'un père abandonné de ses enfants. — XI. Apologue. Pour réussir il faut se faire craindre. — XII. *Mémoires d'une coquette restée sage.* — XIII. *L'Indigent philosophe.* — XIV. Le déserteur comédien. — XV. *Le Cabinet du philosophe.* — XVI. Le *je ne sais quoi*, par Marivaux et par Montesquieu. — XVII. Les prédicateurs et les promeneuses. — XVIII. *Voyage dans le monde vrai.* La Treille de sincérité.

I

Marivaux avait trente-deux ans lorsqu'il fit jouer *Annibal*. Depuis huit ans il travaillait avec acharnement, et rien ne lui réussissait. Il changea de manière une fois encore. Jusque-là il avait regardé loin de lui; excepté pour quelques pages de *Pharsamon* et de la *Voiture embourbée*, il avait demandé des inspirations à son imagination; son imagination l'avait mal servi, il en demandera désormais à l'observation, il peindra ce qu'il a vu. C'est exactement l'histoire d'Honoré de Balzac. Balzac resta confondu dans la foule des romanciers médiocres tant qu'il raconta ce qu'il avait imaginé; il eut un public à lui dès qu'il peignit ce qu'il avait observé. Cette résolution se rapporte à peu près à l'année 1720.

Cette année 1720, celles qui précédèrent et qui suivirent, marquent une étape importante dans la vie de Marivaux. En 1718 et 1719, il fournit à un ouvrage périodique des articles qui furent remarqués et qui méritaient de l'être; en 1720, il fit jouer trois pièces, l'une qui tomba le premier jour : *l'Amour et la Vérité;* la seconde qui eut peu de succès : *Annibal,* et une troisième qui fut fort appplaudie : *Arlequin poli par l'Amour.* L'année suivante, 1721, il se maria.

Nous savons peu de chose de son mariage. Ses biographes nous disent qu'il épousa une demoiselle Martin, d'une bonne famille de Sens, qu'il la perdit au bout de deux années de mariage, et que cette perte l'affecta vivement. Il eut d'elle une fille qui se fit religieuse. Elle entra à l'abbaye du Thrésor, et ce fut le duc d'Orléans, fils du régent, — mort en 1752, après avoir passé les dix dernières années de sa vie à l'abbaye de Sainte-Geneviève, — qui paya sa dot. Cet événement eut lieu probablement à l'époque où Marivaux écrivait sa *Marianne,* dont tant de scènes se passent au couvent, c'est-à-dire de 1736 à 1742. Ce qu'il nous dit à cette occasion des religieuses et des couvents nous fait supposer que la détermination de faire sa fille religieuse lui causa bien quelques regrets; mais des spéculations malheureuses faites en son nom par des amis l'avaient ruiné; et il lui fallut se soumettre.

Marivaux a passé sa vie à peindre les femmes; il les a beaucoup vues par conséquent et beaucoup observées, mais il paraît s'en être tenu le plus souvent au rôle d'observateur. Au moins ne lui prête-t-on aucune de ces liaisons qui tiennent une place notable dans la vie de la plupart des écrivains célèbres de son temps. Une anecdote reproduite dans toutes les biographies peut nous donner à la fois une idée de sa manière d'être avec la plus belle moitié du genre humain et de son extrême susceptibilité. C'est lui-même qui parle :

A l'âge de dix-sept ans je m'attachai à une jeune demoiselle, à qui je dois le genre de vie que j'embrassai. Je n'étois pas mal fait alors, j'avois l'humeur douce et les manières tendres. La sagesse que je remarquois dans cette fille m'avoit rendu sensible à sa beauté. Je lui trouvois d'ailleurs tant d'indifférence pour ses charmes que j'aurois cru qu'elle les ignoroit... Jamais je ne me séparois d'elle que ma tendre surprise n'augmentât de voir tant de grâces dans un objet qui ne s'en estimoit pas davantage.....

Un jour qu'à la campagne je venois de la quitter, un gant que j'avois oublié fit que je retournai sur mes pas pour l'aller chercher; j'aperçus la belle de loin, qui se regardoit dans un miroir, et je remarquai, à mon grand étonnement, qu'elle s'y représentoit elle-même dans tous les sens où, durant notre entretien, j'avois vu son visage; et il se trouvoit que ses airs de physionomie que j'avois crus si naïfs n'étoient, à les bien nommer, que des tours de gibecière : je jugeois de loin que sa vanité en adoptoit quelques-uns, qu'elle en réformoit d'autres : c'étoient de petites façons, qu'on auroit pu noter, et qu'une femme auroit pu apprendre comme un air de musique. Je tremblai du péril que j'aurois couru, si j'avois eu le malheur d'essuyer de bonne foi ses friponneries au point où son habileté les portoit; mais je l'avois crue naturelle, et ne l'avois aimée que sur ce pied-là; de sorte que mon amour cessa tout à coup.

Jules Janin se scandalise en lisant ce passage :

Eh! malheureux, s'écrie-t-il, c'était cette aimable fille qui était une dupe de se donner tant de peine pour te retenir dans ses liens.

Un autre critique fait une exclamation plus juste :

O poëte, c'est l'image de votre muse que vous avez vue là!

Ce petit événement influa puissamment sur Marivaux, et nous en retrouverons souvent l'écho dans ses écrits.

II

L'histoire de la jeune fille au miroir figure dans le premier numéro, où, comme on disait alors, dans la première *feuille* d'une publication périodique de causeries morales et littéraires, fondée par Marivaux en 1722.

Marivaux — nous l'avons déjà indiqué — n'en était pas à son coup d'essai en ce genre. Il y avait à Paris depuis 1672 un journal mensuel, qui publiait, outre les nouvelles de la cour et divers renseignements officiels, des articles littéraires, des comptes rendus d'ouvrages, des notes scientifiques et des petits romans. Visé, son fondateur, l'avait appelé le *Mercure galant*, et Boursault l'avait mis en scène dans une de ses comédies. Il passa ensuite dans les mains de Dufresny et de quelques autres sans changer de titre. En 1717, il prit celui de *Nouveau Mercure*, et bientôt après, celui de *Mercure de France*. L'abbé Buchet, qui le réorganisa, fit un appel aux jeunes talents; Marivaux répondit. Protégé par La Motte, il fournit pour sa bienvenue un *Tableau de Paris* sous forme de lettre à une dame. C'est une sorte de suite aux *Amusements sérieux et comiques* de Dufresny, mais Marivaux y est déjà tout entier.

Ce tableau comprend quatre chapitres : le *Peuple*, le *Bourgeois*, les *Femmes de qualité*, les *Beaux Esprits*. Parcourons-les rapidement.

Le peuple de Paris est bienveillant et grossier; il a les violences brutales et les dévouements de l'enfant. On se querelle, on se bat, puis on se tend la main et l'on se rend service, tout cela au même instant. Quand il est bon, le Parisien vous donnera tout son sang; quand il est mauvais, il vous ôtera tout le vôtre. Les époux se battent entre eux et se raccommodent sur-le-champ sans se garder rancune. Le luxe et les beaux habits n'imposent pas au peuple de Paris; au contraire, si une dame du monde se hasarde à la Halle et qu'elle déplaise à une des marchandes, elle passe par les baguettes de toutes. En somme, dit en terminant l'auteur, le peuple de Paris est un gros mâtin, toujours prêt à aboyer, mais qui caresse quand on lui jette un morceau de pain, c'est-à-dire quelque bonne parole, car il est plus sensible qu'intéressé.

Le bourgeois — ceci compose une seconde lettre — ne veut pas être du peuple; il est très-cérémonieux, et il a l'air de se hausser sur les talons pour paraître plus grand. Il n'aime pas à prêter, et quand on lui demande un emprunt, cela l'humilie parce qu'il croit qu'on le prend pour un sot. Il y a du reste une grande différence entre le bourgeois de commerce et le bourgeois de robe. La boutique d'une marchande aimable est un vrai coupe-gorge. Un acheteur qui ne trouvait pas de marchandise à son gré dans un magasin, et qui n'osait pas sortir sans rien acheter, après toutes les amabilités dont il avait été l'objet de la part de la marchande, remit sa bourse à celle-ci en la priant d'y prendre ce qu'elle jugerait à popos pour se dédommager du dérangement qu'il lui avait occasionné. Elle refusa, fit couper à l'acheteur la marchandise qui ne lui convenait pas, se paya un prix indiqué, et elle lui soutint qu'elle lui rendait service en lui vendant cette marchandise. Si la coquetterie se perdait parmi les femmes, on la retrouverait chez les filles des marchands au profit de leur commerce.

Les femmes de qualité sont coquettes autrement que les bourgeoises. Elles le sont plus peut-être, mais elles cherchent à faire croire qu'elles ne le sont pas. Le négligé, par exemple, qu'on voudrait bien faire prendre pour une absence de coquetterie est un véritable raffinement : il équivaut à une sorte de nudité.

Une bourgeoise rougit d'avoir un soupirant; une femme de qualité rougirait de n'en avoir pas plusieurs. Ce serait une marque de peu de mérite. On rougirait moins d'être une femme galante. Il en est pourtant qui dédaignent de se faire une cour, mais ce sont celles qui savent bien qu'on n'ignore pas qu'elles en auraient une si elles le voulaient.

Quant aux dévotes, elles rappellent un peu le soldat qu'on envoie aux Invalides. Le cœur, chez elles, reste tendre jusqu'à la fin, et leurs sentiments ont bien l'air d'être encore de l'amour qui n'a fait que changer de nom.

L'auteur divise ce qu'on appelait alors les beaux esprits — ceux qui étudient ou qui écrivent — en trois grandes catégories : les hommes de génie ou officiers supérieurs, les grands médiocres ou officiers, et les médiocres ou officiers subalternes. Au-dessous d'eux il n'y a plus qu'une foule sans nom. Au point de vue utilitaire, Marivaux n'a qu'une tendresse modérée pour les grands hommes en tout genre. C'est à eux qu'on doit généralement les grands maux et les grandes erreurs, « soit qu'ils s'en rendent coupables eux-mêmes, soit qu'ils fournissent à d'autres l'occasion de les déchaîner ». — On voit qu'il n'était pas pour « les hommes providentiels ». — Il fait du reste rentrer tous les beaux esprits : savants, géomètres, philosophes, poëtes, dans la catégorie des coquettes, et les montre mus presque uniquement par l'amour-propre. Il entre dans le détail des ruses qu'ils emploient pour se faire admirer, et pour empêcher leurs rivaux d'être loués. Quant à ceux qu'ils jugent inférieurs et qu'ils regardent comme tels, ils les louent volontiers, et c'est encore un moyen de se mettre au-dessus d'eux.

III

La forme épistolaire plaît à Marivaux. Il s'en sert encore pour adresser au *Mercure* un commencement de roman. Un hasard lui a permis d'entendre un jour la conversation de deux jeunes filles, l'une gaie, l'autre sentimentale, et il la reproduit[1].

---

[1] *Le Nouveau Mercure*, février, mars, avril, mai 1720.

La première se désole. Celui qu'elle aime veut partir et restera six mois absent. Son amie se moque d'elle et lui raconte sa propre histoire. On avait envie de la faire religieuse, et pour l'accoutumer de bonne heure à cette profession, on l'avait placée comme pensionnaire dans un couvent. Une dame vint un jour la voir avec son fils. Ce jeune homme et elle s'éprirent l'un de l'autre, suivant l'usage. Il revint à diverses reprises et sous divers prétextes, il lui glissa un billet, il lui baisa la main : elle était au comble de la joie. Puis les visites de l'amoureux devinrent plus rares. Grande désolation de la part de la conteuse. Au couvent, on n'a pas des amoureux à discrétion. Par bonheur, un beau matin on la fait sortir de la maison, on la mène dans le monde ; elle a deux adorateurs au lieu d'un, et elle se hâte d'oublier le premier. Celui-ci la voyant si bien pourvue, — car elle s'est arrangée de manière à ne désespérer personne, — revient à celle qu'il a négligée. Elle se moque de lui au premier abord. Mais à quelques jours de là, elle l'aperçoit au spectacle en compagnie d'une dame avec qui il a l'air d'être au mieux. La voilà piquée à son tour, et elle se propose de l'enlever à cette dame. Elle manœuvre de manière à le rencontrer dans l'escalier, et elle le prie de lui rendre un livre qu'elle lui a prêté précédemment et dont elle a absolument besoin. Il vient le lendemain rapporter le livre. Comme il s'agit de le reconquérir, l'entrevue est assez tendre, il lui baise la main, elle se penche à ce moment, et il parvient à lui dérober un baiser...

Il s'est passé plusieurs jours entre le commencement et la fin de cette confidence. L'amie sentimentale avoue qu'un jeune homme qu'elle a vu à une soirée précédente et qui s'est montré fort aimable pour elle, a déjà adouci la douleur qu'elle éprouvait de l'absence de l'autre.

Ces bavardages de jeunes filles sont charmants, et l'auteur

semble avoir réellement écouté aux portes. Mais il s'arrête tout à coup après la cinquième lettre, et l'histoire en reste là.

Les trois premières lettres figurent dans le quatrième volume des *OEuvres diverses de Marivaux*, 1765, sous ce titre : *l'Apprentif coquet*. Il est aussi difficile de comprendre la raison de ce titre que de deviner pourquoi on n'a reproduit que trois lettres sur cinq. L'édition de 1781 contient les cinq lettres, mais sous un autre titre encore. Ce petit roman est probablement le même que dans l'*Esprit de Marivaux* on désigne sous le nom de *Coquet corrigé*. Aucun de ces titres ne convient à ce joli récit.

IV

Les premiers articles fournis au *Mercure* par Marivaux étaient signés : le *Théophraste moderne*. En s'avouant l'auteur des articles, il protesta contre cette qualification qui lui semblait trop ambitieuse ; mais ce n'était là de sa part qu'une formule pour faire connaître son nom au public : il n'eut jamais d'admiration pour les anciens.

Le nom de Marivaux disparaît du *Mercure* pendant une trentaine d'années. Marivaux voulut avoir un journal indépendant où il insérerait tout ce qu'il jugerait à propos, et dont il serait à la fois le propriétaire et le rédacteur unique. Ce qui lui inspira cette idée, ce fut le succès du *Spectateur anglais*. Ce journal paraissait tous les jours sous la forme d'une petite feuille, contenant, non des nouvelles politiques ou des faits divers, mais des réflexions morales, des articles de critique littéraire, des contes, de petits romans, etc. Cette petite feuille se vendait à bas prix et n'exigeait pas un grand fonds de roulement, la vente d'une feuille servant à payer les frais de la suivante. Le *Spectateur* anglais n'eut d'abord que deux rédacteurs, Addison et Steele ; mais le nombre s'en accrut bientôt ; il vécut de longues années, et on le réimprime encore de temps à autre.

Marivaux intitula sa feuille le *Spectateur français*. Comme il n'admettait pas de collaboration, le journal ne devait paraître qu'une fois par semaine. Mais Marivaux n'avait pas le travail facile, il était mauvais administrateur, de sorte que la publication devint bientôt intermittente. Il paraissait plusieurs numéros de suite, puis on était longtemps sans en entendre parler. Quelquefois, l'inspiration ne venant pas, il ne laissait pas d'écrire, et sa feuille n'était qu'un bavardage insipide. La publication cessa après le vingt-cinquième numéro.

Ce fut vraiment dommage, car s'il y a quelques pages insignifiantes, il y en a une quantité de spirituelles, de piquantes, d'émouvantes même quelquefois. Au reste, il en fut fait plusieurs réimpressions dans le temps : une édition incomplète en un volume, une édition plus complète en deux ; les Anglais surtout tinrent l'ouvrage en grande estime.

Nous parcourrons le *Spectateur français* en signalant au passage ce qui nous semblera le plus intéressant.

Dans la première feuille, Marivaux, après avoir raconté l'anecdote de la jeune fille au miroir, nous fait assister à une audience accordée par un grand seigneur à un honnête homme pauvre et timide. La salle était pleine de solliciteurs qui portaient la tête haute : l'homme pauvre les laissa passer avant lui.

« Enfin il s'avança ; mais le grand seigneur sortait déjà de la salle quand il l'aborda. Il le suivit donc du mieux qu'il put, car l'autre marchait à grands pas ; je voyais mon homme essoufflé tâcher de vaincre, à force de poitrine, la difficulté de s'exprimer en marchant trop vite ; mais il avait beau faire, il articulait fort mal...

« J'entends le grand seigneur lui répondre, mais sans regarder et prêt à monter en carrosse ; la moitié de sa réponse se perdit dans le mouvement qu'il fit pour y monter. Un laquais de six pieds vint fermer la portière ; le carrosse avait déjà fait plus de vingt pas que mon homme avait encore le cou tendu pour entendre ce que le seigneur lui avait dit. »

Gustave Planche rapporte qu'on a quelquefois soutenu devant lui que Marivaux « n'était pas demeuré étranger au mouvement de son temps, et qu'il avait servi, dans la mesure de ses forces, la cause de l'émancipation politique du tiers, état [1] ». Il qualifie cette opinion de « singulière ». Quant à lui, il a vu partout dans les œuvres de Marivaux « l'inégalité sociale acceptée comme un fait nécessaire, comme un fait légitime et naturel ». Ce passage est un exemple de la légèreté avec laquelle certains critiques prétendus sérieux prononcent des jugements péremptoires. Nous aurons occasion de prouver que Marivaux non-seulement n'est pas demeuré étranger au mouvement réformateur de son temps, mais qu'il a vaillamment combattu sur la brèche dans une série de publications [2]. En attendant, il ne nous semble pas que le passage précédent soit précisément une approbation de l'inégalité sociale, non plus que l'anecdote suivante que nous trouvons dans une autre feuille [3].

---

[1] *Revue des Deux Mondes*, 1er septembre 1856.
[2] Voir plus loin : COMÉDIES SOCIALES.
[3] Cinquième feuille.

V

L'Infante d'Espagne, destinée à devenir l'épouse du jeune roi Louis XV, arrive à Paris. La foule s'exalte sur parole. Elle acclame le roi, elle loue les ministres. Pourquoi? parce qu'ils sont en place. Un homme d'une grande valeur reste souvent ignoré parce qu'il n'est pas en évidence, de même qu'un tableau de prix sur lequel on n'attire pas l'attention. La foule, dans certains cas, se dit : Ce doit être un grand homme, et elle acclame ; ce doit être beau, et elle admire. Le jour de la fête, l'auteur aperçoit un savetier qui travaille dans sa boutique comme si de rien n'était. — Pourquoi ne prenez-vous pas part à la joie générale? lui demanda-t-il. — C'est bon pour ceux qui n'ont rien à faire. Pour moi, je n'aime pas à voir ces fêtes. Ce luxe dont quelques-uns jouissent tandis que je vis misérablement, ce luxe me fâche, et en revenant de là, je n'ai plus de cœur à l'ouvrage. J'aime mieux ne pas le voir.

VI

Marivaux s'occupe rarement des livres nouveaux. Il y a cependant quelques exceptions. Un article qui figure dans le *Mercure* de 1719, et qu'aucune édition des OEuvres n'a reproduit, contient une appréciation très-élogieuse des tragédies de Crébillon père, et c'est à deux ouvrages de cet écrivain, *Électre* et *Rhadamiste*, qu'il emprunte des exemples des diverses sortes de sublime. Dans le *Spectateur français*, il fait une analyse élogieuse du *Romulus* de La Motte[1], qui eut

---

[1] Troisième feuille.

en effet du succès — vingt et une représentations ; — il y trouve l'élégance de Racine et la sublimité de Corneille. Il s'étend plus longuement encore sur l'*Inès de Castro* du même écrivain [1] ; mais cette fois il avait une excuse : d'abord l'œuvre était moins médiocre, puis on avait publié, de manière à faire croire qu'elle émanait de lui, une critique très-acerbe de cette tragédie. L'éloge qu'il fait des *Lettres persanes* [2] est plus modéré. Il trouve que l'auteur a beaucoup d'esprit, mais il le blâme d'avoir voulu donner du joli et du neuf sur la religion. Il faudrait, en fait de religion, « ménager l'esprit de l'homme, qui tient faiblement à ses devoirs et ne les croit plus nécessaires dès qu'on les lui présente d'une façon peu sérieuse ». Il blâme également la tolérance de Montesquieu à l'endroit du suicide.

Marivaux a plus lu les *Lettres persanes* qu'il ne veut en convenir, et dans le *Spectateur* même on en sent plus d'une fois l'influence. On voit, du reste, d'après l'ensemble de ces jugements, que Marivaux a bien fait de laisser la critique littéraire à d'autres, et de s'en tenir à la morale.

VII

Il a pourtant sa théorie sur le style qu'il expose à l'occasion. Nous aurons à y revenir plus tard. Il se plaint aussi du public qui ne l'encourage pas [3]. On n'achète pas ses feuilles sous prétexte que ce sont de simples feuilles. S'il faisait un gros livre ennuyeux, on le respecterait. On ne le lirait pas davantage, seulement on ferait semblant de le lire. Lire un gros

---

[1] Vingtième feuille.
[2] Huitième feuille.
[3] Sixième feuille.

livre, cela vous donne de la considération; mais une feuille volante, comment peut-il y avoir de l'esprit là dedans? C'est la thèse de Paul-Louis Courier dans le *Pamphlet des pamphlets*. Marivaux prétend de même qu'il y a souvent beaucoup plus à profiter dans un petit livre que dans un gros.

Au surplus, il se console aisément des critiques qu'on peut faire de ses écrits[1]. « On pourrait presque poser en principe, nous dit-il, que les livres les plus critiqués sont les meilleurs. Voyez ce qui se passe entre femmes. Une dame disait un jour devant moi beaucoup de mal d'une autre dame que je ne connaissais pas. Je jugeai que la dame inconnue était plus belle que celle qui la dénigrait, ce qui était vrai. Mais celle-ci, en revanche, me vanta la beauté de l'autre dame; j'en conclus que celle qui parlait croyait n'avoir rien à perdre à une comparaison avec elle. Il en est de même entre les auteurs. On ne dit guère de mal des médiocres, parce qu'ils ne portent ombrage à personne. Ainsi quand on dit beaucoup de mal d'un écrivain qu'on avoue n'être pas sans mérite, cela signifie presque toujours qu'il est supérieur. »

Ce chapitre est le complément de celui des *Beaux Esprits*, inséré dans le *Mercure*.

VIII

Ce sont les femmes qui occupent la place prépondérante dans le *Spectateur*.

Un soir[2] il est rencontré par une jeune fille qui lui demande l'aumône. Son premier mouvement est de penser qu'il est en présence d'une aventurière. Cependant cette jeune fille lui

---

[1] Huitième feuille.
[2] Quatrième feuille.

paraît si distinguée qu'il la tire à part et s'informe de son histoire. Elle lui raconte qu'elle est venue à Paris avec sa mère et ses deux sœurs pour suivre un procès : leurs adversaires, qui craignent de perdre, s'arrangent de manière à obtenir des délais, et quand elles se présentent chez leurs juges pour les presser de s'occuper de leur affaire, les juges sont toujours absents. Sa mère est tombée malade, et leurs ressources sont épuisées. On leur indique bien un moyen de sortir d'embarras : un riche bourgeois lui fait des offres très-avantageuses, mais elle n'acceptera pas, elle aime mieux mendier.

Dans une feuille précédente[1] nous trouvons une lettre d'une jeune femme qui se débat contre l'amour qu'on lui a inspiré : elle demande grâce, elle est mariée, elle aime son mari, elle veut lui rester fidèle, mais elle est au désespoir. Les austérités des anachorètes ne sont rien auprès de ce qu'elle souffre. Cette lettre n'est pas une vaine amplification, c'est un véritable cri du cœur.

Un autre jour[2], il place deux maris en présence. L'un a une femme très-coquette et très-légère, qui ne regarde chacun qu'une minute et veut plaire à tout le genre humain. La femme de l'autre a beaucoup de raison, une grande noblesse de sentiments. Quel est celui des deux maris qui aurait le plus droit d'être jaloux si quelqu'un faisait la cour à sa femme ? Le mari de la seconde.

---

[1] Deuxième feuille.
[2] Dixième feuille.

IX

Puis viennent deux lettres très-éloquentes et très-touchantes écrites par une jeune fille qui s'est laissé séduire[1] : — l'une à l'amant qui l'abandonne, l'autre à son père pour solliciter son pardon.

L'auteur rapporte à ce propos un fait qui se serait passé en Pologne. Deux amants qui s'aimaient follement ne pouvaient se marier, même en secret, car il leur aurait fallu des témoins, et leur situation était telle qu'il leur était impossible de s'en procurer. L'amant pressa celle qu'il aimait de se passer de ces témoins inutiles : n'étaient-ils pas sûrs du cœur l'un de l'autre? La jeune fille était sur le point de céder; elle en parla à sa suivante. Celle-ci lui conseilla, pour éprouver la fidélité de son amant, de feindre de consentir à tout, mais d'envoyer à sa place au rendez-vous nocturne une esclave qui avait à peu près sa voix et sa taille. L'amant y serait trompé, et si son amour tenait encore longtemps après, elle approuverait l'union clandestine. Le conseil fut suivi. L'amant fut au comble de la joie pendant quelque temps ; mais peu à peu son empressement diminua, et six mois après, il était marié à une autre femme. Celle qu'il avait aimée lui fit savoir alors ce qui s'était passé. Il faillit en mourir de dépit.

X

Quelquefois, c'est à l'éditeur que les lettres sont adressées. Tantôt c'est un mari que l'avarice de sa femme désespère[2] ;

---

[1] Onzième feuille.
[2] Douzième feuille.

tantôt une jeune fille que les minutieuses pratiques de dévotion auxquelles sa mère la soumet feront damner [1]; tantôt enfin c'est un père qui a donné tout son bien à ses enfants, et que ses enfants abandonnent parce qu'ils ont honte de lui [2]. Sa plainte est vraiment navrante et va au cœur.

> Cette lettre, dit d'Alembert [3], pleine de la sensibilité la plus touchante et la plus vraie, est peut-être le meilleur ouvrage de Marivaux, quoique, par malheur pour lui, ce soit un des moins connus. L'âme honnête et tendre d'un père affligé s'y montre avec tant d'intérêt et de vertu, l'expression de la douleur est si naturelle et d'une éloquence si simple, qu'on seroit tenté de croire cette lettre d'une main étrangère si l'auteur n'eût pas été le plus incapable des hommes de se servir du travail d'autrui.

On ne saurait mieux dire. D'Alembert aurait pu ajouter que Marivaux réserve son style coquet pour les cas où il n'a affaire qu'à un sentiment léger, mais que sa diction est toujours simple quand il se trouve en présence d'une grande douleur. Un épisode de *Marianne* met de nouveau en scène l'ingratitude d'enfants trop favorisés et gâtés par leurs parents.

Çà et là des historiettes. Un visiteur est venu le voir un jour, et sans en avoir l'air, il a eu l'art de se vanter de toutes les qualités qu'il a ou croit avoir [4]. Il s'est rendu chez un riche bourgeois, il a surpris la dame en négligé complet. Le mari, qui s'est fait voir, était en négligé aussi. Il en conclut que ces gens-là ne s'aiment plus [5]. Il a rencontré aux Tuileries des amants qui se disaient adieu. Ils s'étaient aimés et ne s'aimaient plus, et se l'avouaient froidement. Autrefois, quand on rompait, on y mettait des façons; maintenant, l'homme méprise celle qu'il quitte : c'est la faute des femmes [6].

---

[1] Douzième feuille.
[2] Quatorzième feuille.
[3] *Éloge de Marivaux.*
[4] Quinzième feuille.
[5] Seizième feuille.
[6] Treizième feuille.

XI

Nous rencontrons quelquefois un apologue[1] comme dans le *Spectateur* anglais.

Un homme riche et considéré autrefois s'est retiré du monde et confiné dans une solitude. Le sage Anacharsis, que le hasard envoie dans sa retraite, lui demande la raison de cette misanthropie. — Quand j'entrai dans la vie, lui dit le solitaire, j'étais libre de mes actions et suffisamment riche. J'allai consulter un sage renommé qui parlait comme un oracle, et je lui demandai les moyens de me faire aimer des hommes. — C'est d'être bon, me répondit-il. Je suivis mon penchant, je fus bon avec tous, je rendis service à tous ceux que je connaissais, tout le monde m'aima. Mais j'eus besoin d'un poste, personne ne me recommanda; mes plus intimes recommandèrent un homme qu'ils n'aimaient pas, mais qu'ils craignaient. On m'avait invité à une fête. Ce personnage, qu'on avait invité aussi, regretta qu'on m'eût fait le même honneur, et l'on se dégagea envers moi. Toute ma vie s'est passée ainsi. Comme je ne puis me refaire, j'ai mieux aimé me retirer du monde. Mais j'ai reconnu par expérience que mon prétendu sage m'avait donné un mauvais conseil. Pour réussir dans le monde, ce n'est pas à se faire aimer qu'il faut viser, c'est à se faire craindre.

XII

Les *Mémoires d'une coquette restée sage* n'occupent pas moins de trois feuilles[2].

---

[1] Treizième feuille.
[2] Dix-septième, dix-huitième et dix-neuvième feuille.

Mariée à un homme qu'elle n'aimait pas, mais qu'elle estimait, elle fut courtisée par deux amoureux. L'un était marié. La femme vint la supplier de lui rendre son mari. Touchée de cette démarche et flattée dans son amour-propre, elle promit tout ce qu'on voulut. Le mari accourut là remercier de la manière dont elle avait reçu sa femme ; elle était si bonne, et elle l'aimait tant, sa femme, qu'il ne voulait aimer qu'elle désormais. La dame le félicita de ses bons sentiments, mais elle se sentit blessée et lui en voulut.

L'autre était un fat ; sa déclaration lui déplut, et elle lui répondit d'une façon piquante. Il se rebuta, trop vite peut-être ; il était beau garçon, fort couru. Qui sait ce que la vanité eût pu faire ?

Son mari a un procès, elle va solliciter le juge qui doit décider de l'affaire ; il lui fait entendre que le gain du procès dépend de sa complaisance. Elle le repousse avec dignité, mais au fond de l'âme elle lui pardonne : une plus laide aurait été plus respectée.

A mesure qu'elle avance en âge, sa coquetterie augmente ; comme on vient moins volontiers à elle, il faut bien qu'elle fasse quelques pas en avant, mais enfin son visage finit par être « indisciplinable ». Elle n'aspire plus à paraître belle, mais elle veut au moins qu'on croie qu'elle l'a été. On le lui dit encore, elle a cru longtemps qu'on le pensait ; une lettre qui lui tombe entre les mains lui enlève cette illusion et lui apprend que ces compliments ne sont qu'une simple politesse. Quoiqu'elle sache bien qu'il faut vieillir, elle ne se résigne pas, et elle écrit ces Mémoires, pour ressaisir par le souvenir ses beaux jours qui se sont écoulés.

Marivaux a beau déployer les fines observations et les coquetteries de style, il a beau annoncer des histoires qui rempliront dix-huit ou vingt feuilles, le public ne vient pas, et les histoires restent en suspens. Il y a une interruption entre la feuille 22 et la feuille 23, entre la feuille 23 et la feuille 24, puis, après la feuille 25, la publication s'arrête tout à coup et sans le moindre avertissement.

XIII

Le peu de succès du *Spectateur* ne découragea pourtant pas Marivaux des publications périodiques. Il fit paraître encore, sous la même forme l'*Indigent philosophe* et le *Cabinet du philosophe*.

L'*Indigent philosophe*, qui n'eut que sept numéros, se compose de trois parties distinctes ou plutôt de trois commencements.

Marivaux nous présente d'abord un indigent, un mendiant joyeux et résigné. Il a été riche; il a mangé sa fortune, il la mangerait encore si c'était à refaire. C'est le type du *Bon Vieillard* de Béranger :

> J'eus des châteaux, des amis, des maîtresses;
> Amis, châteaux, maîtresses ne sont plus.

Il mendie sans vergogne, parce qu'après tout sa conscience est nette. Il n'a jamais commis de ces indélicatesses que se reprochera le neveu de Rameau, par exemple. Il fait connaissance au cabaret avec un buveur qui, tout en trinquant, lui raconte son histoire.

XIV

Celui-ci était fils d'un musicien savant et grand buveur, mais il n'avait hérité que d'un des talents de son père : il buvait aussi bien, mieux peut-être. Il avait été soldat; mais comme il lui paraissait très-ennuyeux de faire la volonté des autres, et qu'il lui semblait beaucoup plus agréable de faire la sienne, il avait déserté. En fuyant dans la campagne, il aperçut un curé que son cheval avait jeté dans un fossé d'où il ne pouvait sortir. Il le tire de ce mauvais pas, le curé reconnaissant l'emmène chez lui, et le prend à son service. Seulement le curé était avare, sa servante était acariâtre; on mangeait fort mal au presbytère, et un beau matin il prit envie à l'ex-soldat de déserter une seconde fois; il crut pouvoir emporter quelques œufs avec lui, il y ajouta les poules pour ne pas les séparer de leurs œufs, et le coq pour ne pas le séparer des poules. Il rencontre alors une troupe de comédiens ambulants auxquels il offre ses services. On lui confie l'emploi de moucheur de chandelles, jusqu'à nouvel ordre.

Un jour que la maladie d'un acteur allait faire manquer les représentations, il offre de remplacer le défaillant, on accepte, le public l'applaudit, et le voilà posé. Une provinciale qui avait passé vingt mois à Paris, et dont, par suite, le jugement était prépondérant dans sa petite ville, décida que notre déserteur jouait à merveille, quoiqu'elle ne s'y connût guère, et elle le prit sous sa protection. La lieutenante le lui disputa; les deux dames se querellèrent...

Encore une histoire dont nous ne verrons pas la fin. Le narrateur s'arrête brusquement ici, et l'Indigent philosophe qui nous avait promis son histoire, nous donne en place toute une feuille de réflexions sur l'amour que les Français ont pour la nouveauté et pour ce qui vient de loin — César faisait déjà ce reproche aux Gaulois, — sur les riches chamarrés d'or qui n'ont pas le moyen de faire l'aumône, — sur les grands qui n'ont pas besoin de mérite pour être respectés, et qui en abusent, — sur les auteurs qui font des efforts désespérés pour être humbles dans leurs préfaces, — sur les philosophes qui prétendent tout savoir et qu'une question de paysan déconcerte, — témoin ces philosophes qui dissertaient sur l'âme depuis deux heures, à qui un paysan que cela impatientait demanda s'ils en avaient vu une, etc., etc. Ces réflexions, médiocrement neuves par le fond, sont quelque peu rachetées par la forme, mais l'auteur nous avait promis autre chose. Est-ce l'auteur, est-ce le public qui s'ennuya le premier? Le fait est que la publication s'arrêta tout à coup.

L'*Indigent philosophe* — que l'auteur y ait pensé ou non — nous offre en grand une scène d'ivresse. Aux premiers verres de vin, on babille gaiement, la gaieté s'exalte peu à peu, elle arrive au paroxysme, — c'est le récit du déserteur comédien, — puis on devient sérieux, on moralise, on formule gravement des banalités et l'on s'endort. Les sept *feuilles* du journal nous présentent l'évolution complète.

XV

L'*Indigent philosophe*, né et mort en 1727, ressuscita quelques années plus tard sous ce titre : *le Cabinet du philosophe*, et sous une autre forme, celle de morceaux complètement détachés. L'éditeur nous les donne comme des fragments, parfois inachevés, trouvés dans un tiroir après la mort de l'auteur. Le cadre était plus commode pour Marivaux, à qui « les longs ouvrages faisaient toujours peur », comme à La Fontaine.

L'amour et les femmes figurent à la première comme à la dernière page du recueil. Ce sont d'abord des réflexions sur le langage. Dites à une femme : « Je vous désire beaucoup », vous l'offenserez. Dites-lui : « Je vous aime », elle vous en

tiendra compte. C'est pourtant absolument la même chose.
— Puis viennent de longues et spirituelles variations sur ces deux vers — non encore écrits — du *Devin de village :*

> L'amour croît s'il s'inquiète,
> Il s'endort s'il est content.

C'est la troisième fois que Marivaux revient sur ce thème. Ce qui suit est moins rebattu :

Ceux qui payent pour être aimés aiment plus longtemps que ceux qu'on aime gratis.

XVI

Un chapitre roule sur la beauté et le *je ne sais quoi*. Le dix-huitième siècle aimait ce mot vague, qui pour lui signifiait la grâce dans les arts.

Jules Janin nous dit que Marivaux a écrit sur le *je ne sais quoi* un petit traité qui a été inséré par erreur dans les œuvres de Montesquieu. L'erreur est le fait de Jules Janin. Montesquieu et Marivaux ont parlé du *je ne sais quoi* l'un et l'autre ; mais leurs écrits n'ont de commun que l'idée. Montesquieu a donné à ses réflexions la forme abstraite qu'elles devaient avoir dans un traité sur le *Goût,* destiné à l'*Encyclopédie,* et Marivaux lui a donné la forme pittoresque qui convenait mieux à son talent.

Deux jardins se trouvent en face d'un promeneur. L'un est le jardin de la Beauté, l'autre le jardin du Je ne sais quoi. Le promeneur entre dans le premier : tout y est symétriquement disposé et dans le plus bel ordre. La dame du lieu a elle-même une figure d'une régularité parfaite, un corps d'une tournure, des mains d'une perfection merveilleuses. On reste en extase devant elle ; mais, après l'avoir observée sous toutes ses faces, on s'en lasse... Dans le jardin du Je ne sais quoi, au contraire, rien d'arrangé; tout semble jeté comme au hasard. Le désordre même y règne, mais un désordre du meilleur goût. Quoique la Fable nous conte qu'il n'y a que trois Grâces, il y en avait là une infinité, qui, « en parcourant ces lieux sans s'arrêter jamais, travaillaient, retouchaient partout; mais à peine les apercevait-on qu'elles avaient disparu pour faire place à d'autres... Ce nombre infini de Grâces qui vont, qui viennent, qui sont toutes différentes et pourtant également aimables, les unes plus mâles, les autres plus tendres, c'est le Je ne sais quoi... Dans la nature, dans la peinture, l'architecture, il a mille formes et pas une de fixe; on le sent et on ne le démêle pas, on le voit et on le cherche, etc. »

Marivaux se borne à décrire l'effet que la grâce produit sur nous; Montesquieu en cherche la cause. Il la trouve dans un certain genre de surprise qui nous découvre la beauté là où nous ne l'attendions pas. Les femmes laides ont souvent des grâces que nous découvrons peu à peu. Il est rare que les belles en aient, car elles donnent du premier coup tout ce qu'on en peut attendre. Dans la peinture, Véronèse promet beaucoup et paye tout ce qu'il promet. Raphaël et Corrége promettent peu et payent beaucoup. Cela nous plaît davantage... On n'a jamais de grâce dans l'esprit que « lorsque ce que l'on dit est trouvé et non pas recherché. Les grâces ne s'acquièrent point. Pour en avoir il faut être naïf. Mais comment peut-on travailler à être naïf? »

Marivaux n'aurait jamais posé cette question. Il travaillait sérieusement à être naïf, et il parvient à nous donner, par moments, l'illusion de la naïveté, comme cette belle jeune fille qu'il nous représente tourmentant son visage pour exprimer tels ou tels sentiments, et réussissant si bien qu'il y fut lui-même complétement trompé. La Motte aussi cherche la naïveté quelquefois; mais cette naïveté trahit toujours la peine qu'elle lui a coûté.

XVII

Revenons au *Cabinet du philosophe,* où l'auteur semble avoir voulu réaliser, par la variété du ton et des objets, ce qu'il nous a dit du jardin de la Grâce.

Il s'en prend d'abord aux prédicateurs : ils sont trop occupés de plaire, de faire de beaux discours. Ils cherchent à convaincre, ils ont tort. En fait de religion, quand on s'adresse à la logique, on éveille la contradiction. C'est au cœur qu'il faut faire appel; c'est le cœur qu'il faut gagner.

Une petite comédie allégorique que nous retrouverons plus tard, le *Chemin de la fortune,* interrompt ces réflexions; puis l'auteur revient à son sujet favori, les femmes.

Il nous montre deux coquettes se promenant aux Tuileries. Chacune d'elles n'a qu'un but : assister à l'humiliation de sa compagne; elles rient haut, elles poussent parfois un petit cri comme si elles s'étaient fait mal, afin d'attirer l'attention. Quatre hommes passent; trois regardent l'une d'elles. Sa compagne s'explique ce succès par l'effronterie de son amie et s'arrange de manière à attirer à son tour, par quelque petit manége, l'effronterie comprise, au moins trois des regards sur quatre. Ce sont là d'innocentes manies, du reste, qu'il faut bien pardonner aux femmes, puisque leur sort est d'être constamment sacrifiées, dans le mariage et dans l'amour, et d'être également victimes de leur mari ou de leur amant.

XVIII

Les dernières feuilles du *Cabinet du philosophe* sont remplies par un *Voyage dans le nouveau monde*, ou le *Monde vrai*, le monde où chacun, malgré soi, est forcé de dire ce qu'il pense au lieu de ce qu'il voudrait dire.

C'est la fiction qui sert de cadre à la *Satire Ménippée*. Dufresny l'a employée dans le conte qu'il a intitulé le *Puits de la vérité* [1]. Dès qu'on a mangé du raisin d'une certaine treille, la *treille de sincérité*, on dit la vérité qu'on veut taire, au lieu du mensonge qu'on allait proférer. Désaugiers plus tard a mis ce conte en chanson :

> Au moment de donner la vie
> A l'héritier de son époux,
> Une jeune femme eut envie
> De ce raisin si beau, si doux.
> Et le pauvre homme ayant pour elle
> Cueilli le fruit, qu'elle happa :
> « Que mon cousin, lui dit la belle,
> Sera content d'être papa! »

Madame de Girardin a repris l'idée et en a fait un roman : le *Lorgnon*, qui est devenu une petite comédie sous la main de Scribe. La comédie perdue de Marivaux : *l'Amour et la Vérité*, roulait aussi sur cette fiction, comme nous le verrons plus loin.

Trahi à la fois par un ami et par une amie, à peu près comme Octave dans la *Confession d'un enfant du siècle*, le philosophe est devenu un misanthrope et s'est mis à voyager. Un personnage rencontré par lui dans ses pérégrinations lui

---

[1] *OEuvres de Dufresny*, t. IV

apprend qu'il possède un moyen surnaturel de démêler, sous les paroles que l'on débite, les sentiments que l'on cache. Il lui fait faire un voyage sur mer, après quoi on le débarque dans un pays qu'on lui dit être la reproduction fidèle de celui qu'il vient de quitter, avec cette exception que dans ce nouveau pays, il comprendra la pensée complète de ceux qui lui parleront, en dépit des formes polies employées par eux pour la cacher.

Ils parcourent ce pays merveilleux. Le misanthrope se croirait rentré en France, au milieu de ceux qu'il a quittés, si son compagnon ne lui assurait qu'ils foulent une terre étrangère. Un ami l'invite à sa maison de campagne pour lui faire voir sa fiancée, qui est fort belle et dont il est très-fier ; mais il s'aperçoit que cette fiancée coquette avec le nouveau venu et cherche à se faire adresser une déclaration. L'ami, qui avait témoigné le désir de le garder longtemps, s'arrange de manière à le faire partir, tout en l'engageant à rester. Le misanthrope arrive à ce qui lui semble être sa propre maison, et qui, suivant son compagnon, n'en est que le simulacre. Sa femme de charge, qui s'était dite malade, et à ce titre s'était fait allouer un supplément de gages, était en train de se divertir avec son amant à l'aide de cet argent. Le cocher, qui s'était fait aussi donner une gratification, afin d'aller voir son père à la campagne, n'était pas parti et mangeait avec ses amis l'argent de son voyage. Un sien parent vient lui parler de la maladie d'un oncle à héritage. « Cette maladie, lui dit-il, n'a rien d'inquiétant, et l'on peut prendre son temps pour la visite à faire. » La vérité est que cet oncle n'avait plus que quelques jours à vivre ; qu'il désirait ardemment voir son neveu pour lui laisser son bien, et que si ce neveu n'arrivait pas, il était capable de le déshériter au profit du parent sus-désigné. Celui-ci avait donc tout intérêt à empêcher cette entrevue; la vérité lui échappe, et le voyageur arrive à temps chez son oncle, qui l'accusait déjà d'ingratitude. Devenu riche par cet héritage, il voit arriver chez lui un haut personnage qui lui avait refusé sa fille autrefois, mais qui venait la lui offrir. Un autre personnage, également haut placé, qui a intérêt à ce qu'il n'épouse pas cette jeune fille, cherche à lui glisser tout doucement une autre fiancée. Le plaisant du récit est que tous ces gens-là commencent par jouer la comédie, et qu'au bout d'un moment ils se trahissent malgré eux. Il faut convenir cependant que si, dans cette fiction, les détails sont piquants, il y a quelque gaucherie dans le cadre où ils sont placés.

Des trois publications périodiques de Marivaux, le *Cabinet du philosophe* est la meilleure. Elle ne contient que onze feuilles; mais presque tous les morceaux sont piquants, et le recueil finit aussi heureusement qu'il a commencé. Il parut en 1734.

CHAPITRE IV

COMÉDIES

COMÉDIES ROMANESQUES. COMÉDIES SOCIALES

I. Classification des comédies. — II. Théâtres et acteurs, madame Balletti, mademoiselle Lecouvreur. — III. *Arlequin poli par l'Amour.*
IV. Comédies romanesques. V. *Le Prince travesti.* — VI. *La Fausse Suivante,* Marivaux et Beaumarchais. — VII. *Le Triomphe de l'amour.*
Comédies sociales. VIII. *Arlequin sauvage.* — *Timon le Misanthrope,* de Delisle. — IX. *Arlequin-Deucalion,* de Piron. — X. *L'Ile des Esclaves.* — XI. *L'Ile de la Raison, ou les Petits Hommes.* Un prologue de Dufresny, l'*Ile de la Folie.* — XII. *La Nouvelle Colonie, ou la Ligue des femmes.* — XIII. Marivaux réformateur libéral. — XIV. *L'Éducation d'un prince.*

I

Les comédies de Marivaux ont entre elles une assez grande ressemblance. Il est possible cependant, il est surtout plus commode pour les étudier, de les distribuer sous quelques titres généraux, tout en convenant que ces divisions ne sont pas absolues et qu'il suffirait souvent d'un peu de bonne volonté pour faire rentrer ces œuvres d'une classe dans une autre. Ce que nous demandons la permission de pratiquer, ce n'est pas ce que, dans la botanique, par exemple, on appelle la méthode naturelle, c'est la méthode artificielle.

Voici comment nous nous proposons de distribuer les comédies de Marivaux.

COMÉDIES ROMANESQUES. Il y en a trois : *le Prince travesti,*

1723 ; — *la Fausse Suivante, ou le Fourbe puni,* 1724 ; — *le Triomphe de l'Amour,* 1732.

COMÉDIES SOCIALES. Trois également : *l'Ile des Esclaves,* 1725 ; — *l'Ile de la Raison,* 1727 ; — *la Colonie,* 1729.

A ces comédies on peut ajouter les ALLÉGORIES, au nombre de cinq : *le Triomphe de Plutus,* 1728 ; — *la Réunion des Amours,* 1731 ; — *le Chemin de la Fortune,* 1734 ; — *la Dispute,* 1744 ; — *Félicie,* 1750.

FANTAISIES, au nombre de quatre : *le Dénoûment imprévu,* 1724 ; — *la Méprise,* 1734 ; — *la Joie imprévue,* 1738 ; — *les Acteurs de bonne foi,* 1755.

COMÉDIES DE CARACTÈRE. Il y en a cinq, qu'avec un peu de bonne volonté, on peut placer sous ce titre : *l'Héritier du village,* 1725 ; — *l'École des mères,* 1732 ; — *la Mère confidente,* 1733 ; — *les Sincères,* 1739 ; — *la Provinciale,* 1761.

SURPRISES DE L'AMOUR, au nombre de sept : *la première Surprise de l'amour,* 1722 ; — *la seconde Surprise de l'amour,* 1727 ; — *la Double Inconstance,* 1723 ; — *le Jeu de l'amour et du hasard,* 1730 ; — *les Serments indiscrets,* 1732 ; — *l'Heureux Stratagème,* 1733 ; — *les Fausses Confidences,* 1737.

PRÉJUGÉS VAINCUS, au nombre de quatre : *le Petit-Maître corrigé,* 1734 ; — *le Legs,* 1736 ; — *l'Épreuve,* 1740 ; — *le Préjugé vaincu,* 1746.

Il faut ajouter à ces pièces deux comédies fantastiques : *l'Amour et la Vérité,* dont on n'a que le prologue, et *Arlequin poli par l'Amour,* qui ouvre la série des comédies.

Dix-neuf n'ont qu'un acte, treize en ont trois, une seule en a cinq : *les Serments indiscrets.*

Si l'on ajoute à ces comédies la *Femme fidèle* et l'*Amante frivole* qui sont perdues, et les deux pièces en vers, *le Père prudent* et *Annibal,* on arrive au chiffre de trente-sept pour les œuvres dramatiques de Marivaux.

II

En 1720, il y avait à Paris, en dehors de l'Opéra, trois théâtres, très-différemment placés dans l'échelle artistique, où l'on jouait des pièces : le Théâtre-Français, où l'on avait représenté *Annibal* et où Voltaire, Crébillon père, Dufresny, mort récemment, Destouches, etc., faisaient jouer leurs œuvres. Il y avait tout en bas le théâtre de la Foire, où Lesage et Piron, pour ne nommer que les plus connus, ne dédaignaient pas de donner de petites pochades avec couplets, et entre les deux, le Théâtre-Italien.

Les Italiens, dans l'origine, jouaient des pièces mi-italiennes, mi-françaises, souvent improvisées sur un canevas. Le public s'était ennuyé de ces représentations, et les acteurs italiens étaient partis. Le régent les rappela en 1715, et depuis lors ils jouèrent des pièces françaises, non plus improvisées sur la scène, mais entièrement écrites comme celles du Théâtre-Français. Seulement ils conservèrent les noms qu'ils portaient dans la *commedia dell' arte,* dans la comédie improvisée ; Arlequin, entre autres, garda son costume bariolé ; les suivantes continuèrent à s'appeler Colombine ou Violette ; les dames, Flaminia ; les ingénues, Silvia, etc. Ces noms figurent dans toutes les pièces jouées au Théâtre-Italien, bien que les personnages soient complétement différents par les aventures. Le nom indique un type. Il en est du reste à peu près de même au Théâtre-Français de cette époque. Les mères s'appellent Argante ; les veuves, Araminte ;

les ingénues, Angélique, ou Lucile ; les amoureux, Dorante, Éraste, Ergaste ; les vieillards, Géronte ; les valets, Crispin, Frontin, Trivelin ; les paysans, Blaise, etc. Dans l'origine, les écrivains s'attachaient à conserver le type convenu. Chez Marivaux, par exemple, Arlequin est généralement naïf et balourd, etc. Plus tard, la tradition se perdit.

On était beaucoup moins scrupuleux sur les conventions classiques au Théâtre-Italien qu'au Théâtre-Français. On y admettait parfaitement une action durant plus de vingt-quatre heures ; on tolérait les changements de lieu d'un acte à l'autre et souvent dans le même acte : on ne se choquait pas de voir un valet comique intervenir par moments dans une action sérieuse ; en général on permettait à l'écrivain d'enfreindre tout ce qu'on appelait les règles, à la seule condition d'amuser. Dans les pièces qu'il donna aux Italiens, Marivaux usa parfois de ces licences, mais il n'en abusa pas, et toutes ces comédies ont pu passer à peu près sans modification du Théâtre-Italien au Théâtre-Français.

C'est aux Italiens qu'il dut ses premiers succès ; aussi garda-t-il toujours une certaine prédilection pour leur théâtre. Il trouva là d'ailleurs une actrice — madame Balletti — qui s'appropria son genre d'esprit et le fit goûter au public. On raconte cependant qu'elle n'y parvint pas du premier coup.

Les auteurs n'avaient pas alors nécessairement les rapports suivis qu'ils ont aujourd'hui avec leurs interprètes. Ils envoyaient souvent leur manuscrit aux comédiens, et ceux-ci jouaient d'après leur propre sentiment. Madame Balletti était satisfaite de la manière dont elle avait joué Silvia dans *Arlequin poli par l'Amour,* mais elle était moins contente d'elle-même dans la (première) *Surprise de l'amour,* et elle se plaignait que l'auteur ne se fût pas fait connaître et lui refusât ses conseils. Un ami commun conduisit Marivaux chez elle, sans le nommer. On parla de la pièce. Marivaux prit la brochure et se mit à lire le rôle de Silvia comme il l'avait compris. — Vous êtes le diable, lui dit madame Balletti, ou vous êtes l'auteur. — Je ne suis pas le diable, répondit en riant Marivaux, et depuis lors ils devinrent amis, et Marivaux lui fit répéter les rôles nombreux qu'il lui confia. La liaison toutefois ne dépassa pas les limites de l'amitié. Un recueil du temps[1] nous fournit un document qui peut passer pour une preuve. C'est un compliment adressé à Silvia — sur sa demande — pour le jour de sa fête. Ce compliment en prose et en vers — en mauvais vers — est un peu banal. Marivaux dit qu'il ne fera point le portrait de Silvia parce qu'il craindrait pour sa liberté. Ce n'est pas qu'il y tienne beaucoup à cette liberté. « Et plût au ciel l'avoir perdue, si vous étiez bien aise de l'avoir trouvée :

> Mais qu'à vos cruautés j'aille exposer mon cœur,
> Je suis, en vérité, votre humble serviteur. »

Madame ou plutôt mademoiselle Balletti — car on qualifiait encore ainsi les bourgeoises, même mariées — passait en effet pour cruelle. Elle cessa une fois pourtant de l'être, si nous en croyons mademoiselle Aïssé, et mal lui en prit[2].

La pauvre Silvia a pensé mourir, — écrit mademoiselle Aïssé à madame Calandrini, novembre 1726. — On prétend qu'elle a un petit amant, qu'elle aime beaucoup; que son mari, de jalousie, l'a battue outrément, et qu'elle a fait une fausse couche de deux enfants à trois mois : elle a été très-mal. Mademoiselle Flaminia (sa belle-sœur) avait eu la méchanceté d'instruire le mari des galanteries de sa femme.

Marivaux attendit la guérison de mademoiselle Balletti pour donner une autre pièce aux Italiens; il se tourna vers les Français, mais ne trouva pas une aussi heureuse inter-

---

[1] *Pièces intéressantes et peu connues pour servir à l'histoire et à la littérature* (par DE LA PLACE), t. IV.
[2] *Lettres de mademoiselle Aïssé*, éd. J. RAVENEL, p. 93.

prête. Mademoiselle Lecouvreur, qui jouait d'inspiration, rendait très-bien les premiers jours les rôles que lui confiait Marivaux, mais elle en venait peu à peu à minauder et à mettre de l'affectation dans son jeu, et c'était un contre-sens. Les amoureuses de Marivaux sont essentiellement naïves, elles ne s'avouent pas ordinairement qu'elles aiment, il faut qu'elles le fassent deviner aux spectateurs sans avoir l'air de s'en douter. Là est la difficulté. Marivaux conseillait à ses interprètes de jouer comme ils auraient parlé dans un salon, mais alors ils ne produisaient aucun effet. Au théâtre, il faut souligner un peu pour que le public comprenne, mais il faut se garder de souligner trop. Le problème est de trouver la mesure. Marivaux finit par s'en rapporter aux comédiens, et il eut raison. Il acquit du reste personnellement la preuve — et cela d'une façon peu agréable — que tout autre chose est de lire dans un salon ou de parler devant un grand public. Il lisait supérieurement ses comédies en petit comité. Un jour il entreprit de lire dans une séance solennelle de l'Académie française des *Réflexions sur l'esprit humain à l'occasion de Corneille et de Racine;* la salle se vida peu à peu, et il n'acheva pas sa lecture. Il paraît même que dans sa mauvaise humeur il déchira ses feuillets, car le *Mercure* (avril 1755) ne publia que le commencement de ce travail.

III

Revenons au Théâtre-Italien et à *Arlequin poli par l'Amour.*

Cette pièce est au fond, comme le titre l'indique, une première édition de *Mauprat,* de la *Belle et la Bête,* etc.; mais tout se passe ici dans le domaine de la féerie. C'est une fée qui s'est éprise d'Arlequin, qui cherche à lui donner de l'esprit, et qui en définitive travaille pour une autre. La nature a fait Arlequin si beau garçon qu'elle s'est trouvée épuisée quand il a fallu lui donner une âme. La fée l'a fait transporter dans son île, et au lever du rideau, nous la voyons épiant son réveil. Arlequin bâille et se rendort. Un moment après, il se réveille et dit qu'il a faim. La fée lui demande s'il n'est pas surpris de se trouver dans un palais et de la voir auprès de lui. — Mais oui. — Y a-t-il ici quelque chose qui vous déplaise? — Je n'en sais rien. — Voulez-vous prendre votre leçon pour l'amour de moi? — Non. Il admire une bague qui est au doigt de la fée. — Voulez-vous que je vous la donne? — Oui-da. On lui chante un chanson tendre et on lui demande ce qu'il a ressenti en l'écoutant. — Un grand appétit. On danse pour l'amuser. Il s'endort. Cette stupidité ne rebute pas la fée. Elle serait flattée de donner de l'esprit à celui qu'elle aime et ne l'en aimerait que davantage en voyant en lui son œuvre. Mais Arlequin ne s'aperçoit même pas des bontés qu'on a pour lui.

Cette scène a une contre-partie. La bergère Silvia est aimée d'un berger qu'elle estime, mais qu'elle n'aime pas. — Plus je vous vois, plus je vous aime, dit le berger. — Plus je vous vois, moins je vous aime, dit la bergère. Je voudrais pourtant bien vous aimer. Arlequin survient alors, il regarde Silvia; Silvia regarde Arlequin, et les voilà charmés l'un de l'autre. Arlequin est embarrassé, Silvia est honteuse : il la trouve jolie, elle le trouve joli; elle laisse tomber son mouchoir en s'éloignant, il le ramasse et le couvre de baisers.

Double consultation. Arlequin demande à la fée ce qu'on éprouve quand on aime. Elle le lui dit, et il saute de joie, car c'est précisément ce qu'il éprouve pour Silvia. Silvia, de son côté, demande à son berger si une jeune fille qui aime peut le dire à celui qu'elle aime. — Non, mais elle peut le laisser deviner. — Faisons un marché, dit-elle à Arlequin lorsqu'elle se retrouve avec lui : quand vous me demanderez si j'ai beaucoup d'amitié pour vous, je vous répondrai que non, mais ce ne sera pas vrai ; et quand vous voudrez me baiser la main, je ne voudrai pas, et pourtant j'en aurai envie.

La fée, mécontente de la tournure que prennent les choses, ordonne à Silvia, comme Néron à Junie dans *Britannicus*, de dire et de faire comprendre à Arlequin qu'elle ne l'aime pas et qu'elle se dispose à épouser son berger. Silvia, comme Junie, essaye d'obéir, mais elle ne réussit pas mieux qu'elle. Voyant Arlequin pleurer, elle n'y tient plus et avoue qu'on lui fait dire des mensonges. Les deux amants se désolent. Trivelin vient à leur aide. On parvient à enlever à la fée la baguette où réside sa puissance, on lui ordonne par la vertu de cette baguette de rester immobile, et les amants se marient à ses yeux sans qu'elle puisse y mettre obstacle.

Ce dénoûment pèche parce qu'il ne sort pas de l'action : l'action est enfantine, les scènes ne sont qu'esquissées. La prétendue naïveté des personnages n'est pas de très-bon aloi, mais il y a de jolis détails, de jolis mots. C'est un tableau de Watteau ; rien n'y manque, ni Arlequin, ni Trivelin, ni le paysage enchanté, ni les couleurs tendres. Mais c'est du Watteau mignardisé. Marivaux fera beaucoup mieux. Cependant on trouve déjà ici le germe de ses plus charmantes qualités.

Une parodie de *Zaïre* est intitulée : *le Sultan poli par l'amour*. Ce titre, inspiré de Marivaux, est le mot le plus spirituel de la pièce.

IV

Marivaux a fait trois *comédies romanesques.*

Ce genre était fort à la mode au commencement du dix-septième siècle. Molière y substitua peu à peu la comédie de caractère, mais un assez grand nombre de ses pièces, parmi les premières surtout, appartiennent à ce genre. L'*Étourdi,* le *Dépit amoureux,* — tel qu'il est imprimé et non tel qu'on le joue — *Don Garcie de Navarre,* la *Princesse d'Élide, Don Juan* même, les *Fourberies de Scapin,* sont purement romanesques par le fond. L'*Avare* l'est aussi par le cadre. Les comédies des deux Corneille, de Rotrou, et celles de tous les auteurs de troisième ordre, sont dans ce cas, même quand le titre annonce une comédie de caractère, comme la *Mère coquette* de Quinault. Quelques-uns de ces sujets venaient de l'Italie, mais la plupart avaient une origine espagnole. L'Espagne était alors la grande inspiratrice. Scarron, entre autres, n'a pas écrit un conte ou une comédie qui ne vienne de là. Marivaux a-t-il emprunté ses comédies romanesques à l'Espagne? *A priori,* on est tenté de répondre non. Il ne savait pas l'espagnol, il lisait peu, il était très-maladroit à s'approprier le bien d'autrui, et il tenait beaucoup à son originalité. Mais, d'un autre côté, ces comédies ont, par le fond, une tournure castillane très-prononcée. La première se passe en Espagne, la seconde pourrait s'y passer, et dans la troisième, l'histoire ancienne est traitée avec un sans façon qui rappelle Lope de Vega reprenant après Corneille le sujet d'*Horace* ou interprétant la Bible.

V

Quoi qu'il en soit, le *Prince travesti ou l'Illustre Aventurier* nous conduit à Barcelone à une époque incertaine, et les deux principaux personnages sont deux princes déguisés, courant les aventures. L'un d'eux, comme le don Sanche de Corneille, a fait gagner une bataille à la princesse régnante; elle s'est éprise de lui, et quand on vient la demander en mariage, c'est lui qu'elle charge de faire la réponse à l'ambassadeur, à peu près comme chez Corneille. Une autre partie de l'intrigue se retrouve dans *Bajazet* et dans la nouvelle de Segrais sur le même sujet. La princesse, n'osant se déclarer, charge de la commission une jeune femme, Hortense, qui est sa parente, et celle-ci agit pour son propre compte, comme Atalide. Le dénoûment est hâté aussi par une lettre compromettante qui s'égare en chemin, mais ce dénoûment n'a rien de tragique et s'opère à l'aide d'un double mariage; seulement ce n'est pas celui que la princesse avait rêvé.

« L'illustre aventurier » n'aurait pas mieux aimé que de lui donner son cœur; par malheur, il en avait déjà disposé en chemin en faveur d'une jeune dame sauvée par lui des brigands, et près de laquelle il avait passé quelques jours. Elle était alors en puissance de mari, mais elle est devenue veuve, et c'est celle-là même que la princesse a chargée de ses intérêts de cœur. Hortense cherche à jouer son rôle en conscience, par honnêteté d'abord, puis par crainte de la princesse, qui est passablement violente et de plus souveraine absolue; mais la situation est embarrassante, car elle aime Lélio sans se l'avouer clairement à elle-même. La princesse, pour l'éprouver, remet à Arlequin, valet de Lélio, une lettre qu'il devra donner à Hortense comme venant de son maître. Hortense répond par une lettre qu'elle charge Arlequin de remettre à Lélio, et qui revient à la princesse. La Roxane espagnole est furieuse d'abord, mais elle s'apaise à meilleur compte que la Roxane byzantine. L'ambassadeur de Castille fait si bien qu'elle marie Atalide à Bajazet — je veux dire Hortense à Lélio, — lequel Lélio n'est autre que le roi d'Aragon, — et elle se console de ce mariage en épousant le roi de Castille, qui s'était présenté à elle sous le nom de son ambassadeur afin d'étudier son caractère plus à l'aise.

Marivaux a prêté son esprit à tous les personnages : les plus favorisés, cependant, sont Hortense et Arlequin; leurs rôles sont petillants.

Il faut entendre Hortense raconter l'histoire de son premier mari.

Avant que le comte m'épousât, il n'y avoit amour ancien ou moderne qui pût figurer auprès du sien... pleurs de joie au moindre regard favorable, torrent de pleurs au moindre coup d'œil un peu froid... enfin si l'on avoit partagé sa passion entre un million de cœurs, la part de chacun eût été raisonnable. J'étois enchantée. — Je ne craignois qu'une chose, c'est qu'il ne mourût d'amour avant le jour de notre union. Quand nous fûmes mariés, j'eus peur qu'il n'expirât de joie. Hélas! madame, il ne mourut ni avant, ni après, il soutint fort bien sa joie. Le premier mois elle fut violente, le second elle devint plus calme, à l'aide d'une de mes femmes qu'il trouva jolie; le troisième elle baissa à vue d'œil, et le quatrième il n'y en avoit plus.

Arlequin est fort dévoué à son maître, mais il aime l'argent. Un traître veut l'engager, moyennant finance, à lui rapporter ce que dit son maître. Arlequin empoche l'argent, mais refuse d'espionner. On lâche sur lui une certaine Lisette qui lui promet de l'aimer s'il veut faire ce qu'on lui demande. Arlequin est fort perplexe, il se décide à aller trouver son maître et s'informe si ça ne le contrariera pas d'être espionné. C'est aussi une finesse de son invention qui fait dévier la lettre d'Hortense de sa destination. Marivaux a tiré dans plusieurs pièces un parti très-amusant de la balourdise traditionnelle de ce personnage.

Le *Prince travesti* eut dix-huit représentations, ce qui était alors un grand succès. Marivaux, presque à son début, avait déjà des ennemis, et comme on craignait une cabale, la pièce ne fut pas annoncée d'avance. Desboulmiers [1] prétend que Marivaux mit plus tard cette pièce en cinq actes. C'est en trois actes qu'elle est imprimée dans ses œuvres et dans la *Fin du répertoire du Théâtre-Français* [2].

VI

L'intérêt est plus vif et le dénoûment plus imprévu dans la *Fausse Suivante* que dans le *Prince travesti*, mais la comédie est moins bien faite ; les personnages ne vont pas logiquement à leur but et ont une grande tendance à s'amuser en chemin.

Ici encore il y a un personnage travesti. Une jeune fille s'est déguisée en homme afin de lier connaissance avec un certain Lélio qu'elle a intérêt à connaître. Au premier abord, on pourrait croire à une nouvelle édition des aventures d'Aurore de Guzman, qui, après avoir figuré dans la *Diana* de Montemayor, ont fourni à Tirso de Molina sa comédie de *Don Gil de las calzas verdes*, et à Le Sage un des épisodes les plus intéressants de *Gil Blas*. Mais la ressemblance s'arrête au seuil de la comédie. La jeune fille se déguise ici, non pas pour se faire aimer d'un futur, mais pour le démasquer, car elle est presque sûre d'avoir affaire à un intrigant.

---

[1] *Histoire du théâtre italien.*
[2] Tome XLV.

Elle parvient à se lier intimement avec lui en qualité de camarade au moment où il fait la cour à une tendre comtesse, qu'il doit épouser. Un dédit considérable a été convenu pour le cas où l'un des deux fiancés romprait l'engagement. Lélio a grande envie de le rompre, car on lui propose une jeune fille trois fois plus riche que la comtesse, mais il voudrait bien ne pas payer le dédit; il s'agit, sans en avoir l'air, d'amener la comtesse à se dédire. Il engage son ami à faire la cour à la dame et à tâcher de se faire aimer, tandis que lui, tout en continuant à se montrer empressé auprès d'elle, s'arrange de manière à se faire haïr. Tout va à souhait d'abord, la comtesse s'enflamme pour l'un et se prend de dégoût pour l'autre. Mais les serviteurs ont eu vent que le prétendu chevalier est une femme. Lélio, pour s'en assurer, la provoque en duel : elle accepte. Lélio, étonné, lui fait des excuses. Elle avoue alors son sexe et se donne pour la soubrette de la jeune héritière qu'on veut faire épouser à Lélio, et, sous un prétexte, se fait remettre le fameux dédit : elle le rend à la comtesse et lui dévoile à quel fourbe elle a eu affaire. La comtesse la remercie, un peu fâchée cependant que le chevalier soit du même sexe qu'elle.

J. Janin dit qu'il y a dans cette pièce des plaisanteries fort libres et fort plaisantes. Le premier adjectif ne s'applique qu'à un très-petit nombre de passages, mais le second s'applique à toute la pièce. Les scènes les plus jolies sont celles qui se passent entre la jeune fille déguisée et la comtesse, et entre la jeune fille et Lélio. Les deux valets, l'un futé, l'autre balourd, sont aussi fort amusants. Il y a dans la première scène une tirade de Trivelin racontant son histoire dont Beaumarchais s'est souvenu en écrivant le rôle de Figaro. Il y a cette différence entre les deux personnages, que Figaro, en somme, est honnête, tandis que Trivelin a eu maille à partir avec la justice; mais les idées, les mouvements mêmes de la phrase sont identiques.

Nous mettons les deux tirades en face l'une de l'autre.

Depuis quinze ans que je roule dans le monde, tu sais combien je me suis tourmenté. J'avais entendu dire que les scrupules nuisaient à la fortune, je fis trêve avec les miens, pour n'avoir rien à me reprocher. Était-il question d'avoir de l'honneur? J'en avais. Fallait-il être fourbe? J'en soupirais, mais j'allais mon train. Que te dirai-je enfin? tantôt maître, tantôt valet, toujours prudent, toujours industrieux, ami des fripons par intérêt, ami des honnêtes gens par goût, traité poliment sous une figure, menacé des étrivières sous une autre, changeant à propos d'habits, de caractère, de mœurs, risquant beaucoup, réussissant peu, libertin dans le fond, réglé dans la forme; démasqué par les uns, soupçonné par les autres, à la fin équivoque à tout le monde : j'ai tâté de tout, je dois partout; mes créanciers sont de deux espèces : les uns ne savent pas que je leur dois, les autres le savent et le sauront longtemps; j'ai logé partout : sur le pavé, chez l'aubergiste, au cabaret, chez le bourgeois, chez l'homme de qualité, chez la justice qui m'a souvent recueilli dans mes malheurs... Enfin, après quinze ans de soins, de travaux et de peines, ce malheureux paquet est tout ce qui me reste.

Perdu dans la foule obscure, il m'a fallu plus de science et de calcul pour subsister seulement, qu'on n'en a mis depuis cent ans à gouverner toutes les Espagnes. Je veux courir une carrière honnête, partout je suis repoussé... [Je ne sais pas même] quel est ce moi dont je m'occupe : un assemblage informe de parties inconnues, puis un chétif être imbécile, un petit animal folâtre, un jeune homme ardent au plaisir, ayant tous les goûts pour jouir, faisant tous les métiers pour vivre, maître ici, valet là, selon qu'il plaît à la fortune, ambitieux par vanité, laborieux par nécessité, mais paresseux... avec délices ; orateur selon le danger, poëte par délassement, musicien par occasion, amoureux par folles bouffées, j'ai tout vu, tout fait, tout usé. (*Mariage de Figaro*, V, v.)

Fatigué d'écrire, ennuyé de moi, dégoûté des autres, abîmé de dettes et léger d'argent, j'ai quitté Madrid, mon bagage en sautoir... accueilli dans une ville, emprisonné dans une autre, partout supérieur aux événements, loué par ceux-ci, blâmé par ceux-là, aidant au bon temps, supportant le mauvais, me moquant des sots, bravant la misère et faisant la barbe à tout le monde. (*Barbier de Séville*, I, II.)

Beaumarchais l'emporte par l'entrain, le brio, la fièvre;

rivelin n'est qu'un valet rusé et fripon, Figaro est un révolutionnaire; les philosophes ont passé par là, J. J. Rousseau surtout. Trivelin appartient à un monde où les conditions sont réglées, où l'inférieur n'espère se faire une place que par la ruse, l'intrigue, la friponnerie adroite et mesquine. Figaro sait qu'en criant bien haut, il se fera faire place dans la société; Trivelin sait que s'il criait haut, il se ferait mettre non pas même à la Bastille, cette prison des nobles et des lettrés, mais dans quelque geôle obscure d'où il risquerait de ne plus sortir. Il en est de même pour le ton. Marivaux appartient à l'époque des élégances, de la bonne compagnie; Beaumarchais prévoit le jour où le tiers état s'adjugera le premier rang. Chacun d'eux, du reste, suit son instinct, son éducation. Marivaux pique discrètement; Beaumarchais flagelle.

VII

Le *Triomphe de l'amour*, joué le 12 mars 1732 aux Italiens, n'eut point de succès. Le public, paraît-il, fut pris, à propos de cette pièce, d'un scrupule historique tout au moins étrange. On fut choqué, dit Desboulmiers[1], de voir une princesse de Sparte se déguiser pour se mettre à la recherche d'un jeune homme dont elle ne sait point être aimée, et tromper un philosophe par une fourberie digne de Scapin. C'est là une susceptibilité que Marivaux était très-excusable de n'avoir pas prévue en présence de toutes les invraisemblances historiques qui s'étalaient dans la plupart des tragédies du temps sans que le public y prît garde. Regnard avait bien mis dans *Démocrite* un roi à Athènes plu-

---

[1] *Histoire du théâtre italien.*

sieurs siècles après qu'il n'y en avait plus, et cela n'aurait pas empêché sa comédie de réussir si elle eût été plus amusante. Il est impossible sans doute, historiquement, qu'une des reines de la petite république de Sparte ait joué le rôle qu'on lui prête dans cette comédie; mais l'idée que la plupart des spectateurs se faisaient d'une reine de Sparte était tout aussi fausse pour le moins que le rôle qui est attribué à Léonide par Marivaux. Une princesse de Sparte s'offrait à leur esprit comme la fille d'un roi de France ou d'Espagne, et ils se révoltaient à l'idée d'un personnage de cette importance courant les aventures. Avec le temps, cependant, ils se familiarisèrent, à ce qu'il paraît, avec l'idée que l'histoire n'avait rien à faire ici, qu'il s'agissait d'une ville quelconque et d'un royaume de fantaisie.

L'auteur, qui n'est pas prodigue de préfaces, en a mis une devant cette pièce. Il avait compté, dit-il, sur un succès éclatant ou sur une chute complète. Aucune des deux prévisions ne se réalisa. Mal reçue le premier jour, sa comédie fut applaudie les jours suivants, mais sans enthousiasme. Le principal défaut du *Triomphe de l'amour*, c'est le ton presque constamment sérieux du dialogue. Il y a bien deux rôles comiques, un jardinier et un valet, mais ils ne font que passer. Puis il y a de la monotonie à employer, pour charmer le frère et la sœur, le même moyen, celui d'un portrait peint de souvenir. Il est vrai que la présentation de chacun des portraits est accompagnée de circonstances différentes, mais cela ne suffit pas à dissimuler la pauvreté de l'invention.

L'idée de cette comédie est fort audacieuse. Une jeune fille, Léonide, imagine de s'introduire sous habit masculin dans la demeure où le vieux philosophe Herménocrate vit avec sa sœur et le jeune rejeton d'un trône usurpé, une sorte de Joas de vingt ans, — et de se faire aimer à la fois:

comme homme, par une sage et discrète personne, Léontine, sœur du philosophe, qui avait depuis longtemps coiffé sainte Catherine, comme on dirait aujourd'hui, et qui en avait pris son parti; — comme femme, par le vieux philosophe lui-même, — et par-dessus le marché, bien que ce point soit l'essentiel, par le jeune Joas, qui s'appelle ici Agis. Naturellement elle réussit, puisque la pièce s'appelle le *Triomphe de l'amour*. La sœur consent à se laisser enlever pour se marier à la ville voisine; le frère consent, pour le même motif, à quitter son ermitage. Notez que les deux personnages résistent jusqu'à la fin, qu'ils sont héroïques tous deux, et qu'il n'y a pas ombre de caricature dans leur fait. On sourit en les voyant se laisser envahir peu à peu par l'amour, mais ils ne sont pas ridicules. Il faut avouer aussi que c'est une bien adroite et bien dangereuse sirène que cette fille d'un usurpateur qui s'est mis en tête de légitimer sa couronne par ce moyen, et une coquette bien versée dans les ruses du métier! Phocion, — c'est le nom qu'elle a pris, — dit à Léontine qu'il a été tellement charmé d'elle en la voyant se promener dans le bois, qu'il a fait son portrait, et ce portrait, il le lui montre. Elle n'en croit rien d'abord, puis elle est étonnée, flattée, et finalement charmée au point d'en perdre la raison. La conquête du frère est plus difficile. La princesse lui confie qu'elle s'est déguisée en homme pour s'approcher de lui, parce qu'il ne l'aurait pas reçue sous les habits de son sexe; elle l'a aimé sur sa réputation d'abord, sur sa vue ensuite. Au moment où il se trouble, Arlequin apporte comme pièce de conviction contre l'intrus, qu'il n'aime pas, un portrait du philosophe, qu'il a découvert chez Phocion. Le philosophe n'y tient plus et consent à poser pour quelques retouches à faire. Le frère et la sœur, décidés, chacun de leur côté, à se marier clandestinement, se rencontrent pour prendre congé l'un de l'autre. Cette scène des adieux, qui est aussi celle des aveux, est la plus amusante de la comédie, et graduée avec un naturel et un art merveilleux.

VIII

Les comédies sociales, chez Marivaux, alternent avec les comédies romanesques.

Marivaux ne fut pas le premier à faire des comédies sociales sous la régence. Il suivit la voie que d'autres avaient ouverte, avec moins d'esprit que lui, mais avec plus d'audace. L'année même où parurent les *Lettres persanes*, et trente ans avant J. J. Rousseau, on représenta sur le Théâtre-Italien deux comédies où l'on prêchait l'égalité des hommes et la supériorité du sauvage sur le civilisé : *Arlequin sauvage* et *Timon le Misanthrope*.

Ces deux pièces étaient l'œuvre d'un gentilhomme périgourdin, Delisle, venu à Paris pour étudier les lois, mais qui étudia peu et se vit couper les vivres par son père. Forcé d'écrire pour avoir à dîner, il donna à ses œuvres plus d'amertume que d'aménité, et les anima d'une certaine verve rude et révolutionnaire. Au début, il avait tenté de solliciter un emploi, mais il n'avait pu se soumettre aux humiliations imposées aux solliciteurs (voir plus haut); il finit par renoncer à toute tentative de ce genre, et mourut dans l'indigence.

Quand on vient de lire Marivaux et qu'on arrive à Delisle, on est tout dépaysé. On croit passer du salon à la taverne. Delisle est énergique, mais il est brutal. Ici plus de recherche d'esprit, plus de phrases contournées. L'auteur dit à chacun son fait hardiment et sans ambage. Un peu plus d'art ne lui nuirait pas assurément, mais à notre point de vue seulement, car les contemporains ne réclamèrent pas, et ne lui marchandèrent pas les applaudissements. *Arlequin sauvage* fut un des grands succès de l'époque. Un jour que Voltaire, longtemps après, exposait le sujet de son *Alzire :* — J'entends, lui dit quelqu'un, c'est *Arlequin sauvage.* Le mot blessa Voltaire, et cependant la pièce de Delisle, à son heure, eut plus de vogue qu'aucune des tragédies de Voltaire. A la fin du siècle, La Harpe, devenu dévot et ultra-conservateur, n'a pas assez d'anathèmes pour cette pièce « révolutionnaire », à laquelle il attribue presque autant d'importance qu'au *Mariage de Figaro.* Il insiste sur l'invraisemblance du sujet et sur la rusticité du style. Il a raison, mais c'est ce qui préoccupait le moins l'auteur. La société se montrait peu hospitalière pour lui, et il lui disait tout haut ce qu'il pensait d'elle. Il ne cherchait pas à plaire aux délicats, il lui suffisait de plaire à la foule.

Arlequin, dans sa pièce, est un sauvage tout fraîchement débarqué du Canada et parlant français aussi facilement que s'il avait fait son éducation à la halle. Il parle rudement, mais sa critique porte. C'est par moments un socialiste moderne... à l'envie près. Il se moque des beaux habits des riches, de leurs voitures, des services qu'on leur rend. Il trouve les riches bien insolents de commander, et les pauvres bien lâches d'obéir. Il juge que les civilisés doivent être bien méchants, puisqu'il leur a fallu des lois pour les empêcher de faire le mal. S'ils n'étaient pas nés coquins, ils feraient le bien naturellement sans qu'il fût nécessaire de le leur prescrire, etc., etc.

La pièce n'est guère qu'une série de scènes détachées. Arlequin aperçoit deux dames : Flaminia et Violette, sa suivante. Violette lui plaît; il le lui dit; il veut l'épouser sur l'heure et s'irrite fort contre les lois compliquées qui président au mariage. Un marchand vient lui offrir ses marchandises et le supplie de les prendre. Arlequin refuse d'abord, par réserve; le marchand insiste. Arlequin les prend; mais quand on lui demande de l'argent, il se fâche; le marchand se fâche à son tour et le menace. Arlequin lui saute aux cheveux. Les cheveux lui restent dans les mains. Le marchand abandonne sa perruque et s'enfuit.

On veut arrêter Arlequin pour avoir volé et battu le marchand. Lélio, qui l'a amené en France, le fait remettre en liberté et lui explique l'usage de l'argent, comment les pauvres s'en procurent en travaillant et les riches sans travailler. Arlequin ne comprend pas. Il ne comprend pas davantage que Mario et Lélio veulent se battre pour une femme dont ils sont épris, et il les engage de s'en remettre au jugement de la femme elle-même. On essaye avec aussi peu de succès de lui faire comprendre ce que c'est que la justice, la chicane, le mariage. De plus en plus scandalisé et ahuri, il déclare qu'il veut retourner dans son pays. Voltaire, dans le *Huron,* a repris en partie le thème d'*Arlequin sauvage*.

Timon le Misanthrope, joué l'année suivante (1722), est aussi une protestation contre l'organisation sociale, mais le cadre est moins heureux. Une comédie qui peut être considérée comme l'esquisse de celle-ci avait déjà été jouée en 1684 en un acte; l'acteur Brécourt, qui en était l'auteur, mit tant de chaleur à rendre le rôle principal qu'il se rompit une veine et en mourut. Delisle reprit la pièce et la développa en trois actes.

Elle manque un peu de netteté; on sent que plusieurs mains ont passé par là. La scène la plus audacieuse est celle où Mercure, déguisé en femme, conseille à Arlequin de voler son maître. Timon est riche, il refuse de partager avec Arlequin, Arlequin a le droit de lui prendre ce qui est nécessaire

pour subvenir à ses besoins. Timon n'a droit qu'à ce qu'il
dépense ; le reste appartient à la société. Il peut, s'il le veut,
gaspiller son argent, mais il n'a pas le droit de le garder, de
l'entasser, de le laisser improductif. S'il s'obstine, on a droit
de le voler. C'est la théorie des socialistes niveleurs dans
toute sa crudité, et certains assassins l'invoquaient devant la
cour d'assises tout dernièrement. Arlequin se laisse persuader :
il vole son maitre. Flatteurs, parasites, dames aimables
accourent aussitôt. Mais Arlequin est volé à son tour, et l'on
n'a plus pour lui que des outrages. Mercure intervient à la
fin de la pièce, déclarant que les dieux ont voulu simplement
donner une leçon à Timon. On lui rendra ses richesses à
condition qu'il saura en user.

IX

Aucun auteur dramatique du temps n'alla aussi loin que
Delisle dans ses audacieuses revendications. Mais la plupart,
dans les limites de leur tempérament, se mirent à prêcher
l'égalité des hommes entre eux.

Piron, par exemple, esprit étroit et timide avec des prétentions à l'audace, routinier avec des prétentions à l'originalité, qui ne comprit jamais rien ni à Montesquieu ni à
Voltaire, fit jouer aussi en 1720 une pièce où il insiste sur
l'égalité naturelle des hommes et donne le pas au travailleur
pauvre sur le riche oisif. Cette pièce a pour titre : *Arlequin-
Deucalion*, monologue en trois actes, et fut jouée sur un
théâtre forain. La Comédie française, en vertu de ses priviléges, avait interdit audit théâtre de faire paraître sur la scène
plus d'un acteur parlant. Piron eut l'idée de prendre pour
héros Deucalion, sauvé seul du déluge. Il y a beaucoup

d'esprit dans cette fantaisie, qui est une exception dans le théâtre forain de Piron, comme la *Métromanie* est une exception dans son théâtre régulier.

A la fin de la pièce, Deucalion fait naître des hommes en jetant des pierres par-dessus son épaule, puis il leur adresse une courte allocution. Il a devant lui un laboureur, un artisan, un militaire, un robin ou homme de justice, et un prêtre.

Il s'adresse d'abord au laboureur comme le plus utile :

> Laboureur, lui dit-il, (tes frères,) en profitant de ta peine, te mépriseront; moque-toi d'eux, tu es mon aîné et le premier de tous ces drôles-là.

Il s'adresse ensuite à l'artisan :

> Marche après ton aîné, il sera nécessaire, tu ne seras qu'utile.

Arrive l'homme d'épée, qui tranche du capitan. Arlequin lui jette d'un revers de main son chapeau à terre :

> Chapeau bas devant ton père, quand tes aînés sont à leur devoir! Un peu de modestie, mon gentilhomme!

Deucalion est plus sévère pour l'homme de justice. Piron avait commencé par être clerc chez un procureur, et cette époque lui avait laissé de peu agréables souvenirs. Deucalion est moins aimable encore pour les prêtres, « qui se perpétuent sans avoir jamais chez eux une femme en couche, menacent les hommes du courroux des dieux et joignent leurs crimes à ceux des autres ».

Piron, on le voit, est beaucoup moins agressif que Delisle. Il avait moins à se plaindre du sort, et d'ailleurs il était optimiste par caractère et bon enfant au fond, malgré ses épigrammes contre ses confrères. Marivaux est plus dur, avec des formes plus polies.

X

Son *Ile des Esclaves* fut représentée pour la première fois le 5 mars 1725, et jouée vingt et une fois de suite, avant et après Pâques, nous dit Desboulmiers.

Les esclaves de l'Attique, maltraités par leurs maîtres, ont émigré en masse dans une île isolée où ils se sont organisés en société. Dans l'origine, tout maître qui abordait dans l'île était impitoyablement massacré. Plus tard, cette loi a été adoucie ; tout esclave qui aborde dans l'île devient libre, tout maître devient esclave, et si l'esclave et le maître arrivent ensemble, le maître est obligé de changer de condition avec le serviteur. Il est bien entendu que les personnages que nous allons voir n'ont rien d'athénien : ce sont des hommes et des femmes du dix-huitième siècle.

Deux couples abordent dans l'île : Iphicrate et Arlequin, son esclave, Euphrosine et Cléanthis, sa suivante. On oblige les maîtres à changer de nom, de costume et d'emploi avec leurs serviteurs. Naturellement ils se récrient, la grande dame surtout. De plus, Arlequin doit faire la cour à la grande dame, et Iphicrate doit faire la cour à la suivante. Il résulte de ces situations nombre de scènes piquantes. Un des plus agréables passages de la pièce est celui où le valet fait le tableau de la vie de son maître, et la suivante celui de la vie de sa maîtresse.

Madame se lève, dit Cléanthis; a-t-elle bien dormi? le sommeil l'a-t-il rendue belle? se sent-elle du vif, du sémillant dans les yeux? vite, sous les armes! qu'on m'habille. Madame verra du monde aujourd'hui ; elle ira aux spectacles, aux promenades, aux assemblées ; son visage peut se manifester, peut soutenir le grand jour : il fera plaisir à voir ; il n'y a qu'à le promener hardiment, il est en état, il n'y a rien à craindre.

Nous sommes, on le voit en plein marivaudage. Cléanthis continue :

> Madame, au contraire, a-t-elle mal reposé? ah! qu'on m'apporte mon miroir. Comme me voilà mal faite! que je suis mal bâtie! Cependant on se mire, on éprouve son visage de toutes les façons, rien ne réussit : des yeux battus, un teint fatigué, voilà qui est fini, il faut envelopper ce visage-là ; nous n'aurons que du négligé. Madame ne verra personne aujourd'hui, pas même le jour, si elle peut : du moins fera-t-il sombre dans sa chambre. Cependant il vient compagnie. On entre, que va-t-on penser du visage de madame? on croira qu'elle enlaidit : donnera-t-elle ce plaisir-là à ses bonnes amies? Non, il y a remède à tout, vous allez voir. Comment vous portez-vous, madame? — Très-mal, madame, j'ai perdu le sommeil ; il y a huit jours que je n'ai fermé l'œil. Je n'ose pas me montrer, je fais peur...

La fameuse phrase de Figaro :

> Aux vertus qu'on exige d'un domestique, Votre Excellence connaît-elle beaucoup de maîtres qui fussent dignes d'être valets?

est développée dans cette tirade de Cléanthis contre Iphicrate et Euphrosine :

> Voilà de nos gens qui nous méprisent dans le monde, qui font les fiers, qui nous maltraitent, qui nous regardent comme des vers de terre, et qui sont heureux, dans l'occasion, de nous trouver cent fois plus honnêtes qu'eux. Fi! que cela est vilain de n'avoir pour tout mérite que de l'or, de l'argent et des dignités!... Où en seriez-vous aujourd'hui, si nous n'avions point d'autre mérite que cela pour vous? Voyons, ne seriez-vous pas bien attrapés? Il s'agit de vous pardonner, et pour avoir cette bonté-là, que faut-il être, s'il vous plaît? Riche? non ; noble? non ; grand seigneur? point du tout. Vous étiez tout cela, en valiez-vous mieux? Et que faut-il être donc? Ah! nous y voici, il faut avoir le cœur bon, de la vertu et de la raison... Voilà avec quoi on donne les beaux exemples que vous demandez. Et à qui les demandez-vous? A de pauvres gens, que vous avez toujours offensés, maltraités, accablés, tout riches que vous êtes, et qui ont aujourd'hui pitié de vous, tout pauvres qu'ils sont. Estimez-vous à cette heure, faites les superbes, vous avez bonne grâce! Allez, vous devriez rougir de honte.

Les serviteurs se sont amusés à singer leurs maîtres dans leurs amours. Mais ils n'ont pris que les travers de leurs supérieurs, ils ont conservé un cœur que rien n'a corrompu. Après cette tirade adressée à sa maîtresse et aux gens du monde, Cléanthis s'attendrit, Arlequin autrefois battu, maltraité, méprisé, prend son maître sous sa protection et le recommande aux autorités de l'île. Trivelin, le maître de police du pays, dit aux seigneurs :

> Vous avez été leurs maîtres et vous avez mal agi ; ils sont devenus les vôtres, et ils vous pardonnent : faites vos réflexions là-dessus.

Ils reconnaissent leurs torts, on leur rend la liberté à tous et on les renvoie à Athènes. L'auteur n'est pas obligé de nous dire ce que firent les maîtres quand ils eurent recouvré leur autorité.

XI

L'*Ile de la Raison ou les Petits Hommes* (1727) prêche les mêmes doctrines, avec plus de développement, mais dans un cadre moins heureux. La pièce fut très-maltraitée par le public à la première représentation.

Elle a en effet trois défauts essentiels : l'exposition n'est pas suffisamment claire ; la pièce est trop longue, trois actes ! et la situation reste la même depuis le commencement jusqu'à la fin. Le troisième défaut, le plus grave, c'est que l'auteur ne s'était pas bien rendu compte de l'optique théâtrale. Dans son idée, ses personnages sont des nains qui grandissent peu à peu et atteignent la taille d'homme à mesure que la raison leur vient. D'abord, le public n'est pas suffisamment averti du prodige qui va s'opérer ; puis il est difficile au spectateur, fût-il dûment informé, de s'imaginer que tel individu dont la taille ne varie pas à ses yeux est un nain au commencement de la pièce, et se trouve un homme ordinaire à la fin. L'auteur, dans sa préface, cite certaines illusions auxquelles le spectateur se prête très-volontiers. Le spectateur admet parfaitement, par exemple, qu'une fée, qu'il voit, reste invisible pour les personnages en scène, etc. Mais de ce qu'une convention a été acceptée sous l'influence de la tradition, il ne s'ensuit pas qu'une autre convention puisse être acceptée d'emblée, sans préparation et lorsqu'elle n'a pas la tradition pour elle. La pièce ne fut jouée que quatre fois.

Elle abonde cependant en jolis détails et surtout en mots spirituels, mais c'est moins une pièce qu'une dissertation philosophique. La scène se passe à l'île de la Raison. Tous les habitants sont raisonnables, et quand il aborde chez eux des individus qui ne le sont pas, ils perdent de leur taille en proportion de leur degré de folie. Huit Français débarquent dans cette île : un courtisan, son secrétaire gascon, du nom de Frontignac, une comtesse et sa femme de chambre Spinette, un poëte, un philosophe, un médecin et un paysan. En leur qualité de Français, ces personnages sont devenus nains en abordant, mais ils le sont à divers degrés. Blaise, le paysan, est celui dont la taille a le moins souffert, celui par conséquent qui est le plus raisonnable.

Blaise convient franchement qu'il a souvent outre-passé les règles de la tempérance et qu'il lui est arrivé souvent de tromper les acheteurs auxquels il vendait ses produits. A mesure qu'il avoue ses fautes et prend la résolution de s'en corriger, il grandit aux yeux de ses compagnons. Une fois guéri, il endoctrine le Gascon. Celui-ci reconnaît sincèrement qu'il a été menteur, vantard et flatteur; il reprend aussi sa taille. Le Gascon à son tour confésse et guérit la femme de chambre. Quant au médecin, il est devenu presque imperceptible et se désole. — Avez-vous une femme? lui demande-t-on. — J'en avais une, que je regrette sincèrement : elle est morte à vingt-cinq ans. — Avez-vous des enfants? — J'en avais trois; ils sont morts de la petite vérole. — C'est ainsi que vous guérissez vos malades! Êtes-vous riche? — Sans doute. — Alors pourquoi restez-vous médecin? Si vous étiez pauvre, on vous excuserait peut-être. Mais puisque vous êtes riche, vous ne reprendrez la taille humaine que si vous promettez de laisser les gens mourir tout seuls. Il s'engage à le faire et redevient un homme.

Ces questions sont adressées aux Français par le sage Blectrude, conseiller du gouverneur de l'île. Il explique aux nouveaux venus que dans l'île de la Raison, ce sont les femmes qui font la cour aux hommes. Il n'est pas raisonnable que l'attaque vienne du côté du sexe fort et que la résistance soit imposée au sexe faible. Survient la comtesse, qui pleure de se voir si petite, tandis que plusieurs autres ont retrouvé leur taille. Apprenez-moi donc mes fautes, dit-elle à Spinette.

Vous êtes jeune, belle et fille de condition. Citez-moi une tête de jeune fille qui ait tenu contre ces trois qualités-là.

Et là-dessus Spinette rappelle à sa maîtresse ses longues études de coquetterie devant sa toilette.

Un regard vous a coûté plus de trois heures à attraper, parce que vous teniez à y mettre un quart de fierté et trois quarts de douceur... Et l'ajustement?... et les rubans? L'un vous rendoit le visage dur, l'autre vous affadissoit le teint, etc., etc. Et tous ces frais, pour qui les faisiez-vous? Pour plaire à quelqu'un que vous aimiez? Pas du tout. Votre seul but étoit de vous faire admirer.

Voilà pour la coquetterie. Mais l'orgueil? orgueil de naissance, orgueil de beauté, orgueil de richesse... Et le degré de politesse que l'on doit à chacun? quelle étude pour le graduer!

Blaise, qui se trouve présent à cette sortie, prétend que les grandes dames ont un visage qui se démonte comme une horloge, des yeux qui vont à la chasse des jeunes gens, etc. La comtesse finit par reconnaître ses torts. Elle se décide même à faire une déclaration au fils du gouverneur de l'île et reprend la taille qu'elle avait avant son naufrage.

Restent encore trois naufragés. La conversion la plus rude est celle du courtisan. Il commande à Frontignac de lui faire connaître ses défauts, Frontignac hésite. Il prend des précautions. Pour se faire écouter d'un enfant, se dit-il, on lui donne un hochet; il faut agir de même avec les grands seigneurs. Il a beau faire : aux premiers mots, le maître chasse l'insolent; il se décide à le rappeler cependant, furieux de rester un nain quand ses compagnons sont redevenus des hommes. Ce jeu se renouvelle plusieurs fois. Le Gascon montre son maître empruntant à droite et à gauche et ne remboursant jamais, jetant à tout venant ses protestations d'amitié, par indifférence parfois, le plus souvent pour endormir un rival et l'égorger plus à son aise. — Mais, malheureux! tu me louais pour tous ces actes-là. — Il vous fallait absolument des louanges, je vous en donnais; j'étais payé pour ça.

Le courtisan finit, comme la comtesse, par confesser ses torts, et par tendre la main au paysan et au Gascon, qui les lui ont fait connaître. Le poëte et le philosophe refusent seuls d'avouer qu'ils se sont trompés, et restent incurables. Spinette se décide, comme la comtesse, à faire une déclaration; elle est bien reçue, et tout finit par des mariages.

Dans la première scène de la pièce, le gouverneur de l'île et sa fille échangent quelques observations au sujet des petits êtres qu'un naufrage a jetés dans leur île et qu'ils traitent à peu près comme les habitants de Brobdingnac traitent Gulliver; mais ces explications n'attirent pas suffisamment l'attention. Marivaux a cru remédier à cette insuffisance en plaçant un prologue en tête de sa comédie. Mais ce prologue aussi est obscur. Dans un livre, ces sous-entendus ont du piquant; au théâtre, il faut tout dire.

Marivaux ne sait pas imiter, nous avons déjà eu occasion de le reconnaître. Or, en écrivant le prologue des *Petits Hommes*, il était hanté par celui que Dufresny a mis en tête du *Double Veuvage*. Il faut dire que ce prologue de quelques pages est un des petits chefs-d'œuvre de Dufresny, la plus jolie chose peut-être qui soit sortie de sa plume. Dans les deux prologues, il y a un marquis et un chevalier qui dissertent sur la pièce. Chez Marivaux, c'est le chevalier qui est vicieux et le marquis qui est éventé ; c'est l'inverse chez Dufresny, mais les deux dialogues sont identiques pour les idées et ne diffèrent que par la forme.

Chez Dufresny, au lever du rideau, le chevalier court au marquis et l'embrasse ; il a appris que le fils du marquis est mort, et il veut absolument qu'on lui raconte les détails de cette mort. Le père, que ces souvenirs attristent, commence pourtant son récit ; mais dès les premiers mots le chevalier l'interrompt pour lui demander s'il sait ce que c'est que la pièce nouvelle. Quant à lui, le titre lui déplaît, la comédie doit être mauvaise. — Écoute-la d'abord, tu jugeras après. — Écouter ! cela fatigue. Il veut pouvoir causer, badiner, prendre du tabac à droite et à gauche, sortir au milieu d'une scène, rentrer à la fin d'une autre, et toutes les fois qu'il rentre, il prétend trouver quelque pointe d'esprit qui le réjouisse. — Mais il n'y a de bonnes plaisanteries que celles qui naissent du sujet. — Du sujet ! il n'y a que cela qui m'ennuie, le sujet !... Et puis, il aime le gros sel ; s'il n'y en a pas, il s'en ira. D'ailleurs, la comédie n'est qu'en trois actes ; il lui en faut cinq absolument. Il demande cependant quelques détails sur la pièce. Chemin faisant, il attrape deux ou trois termes techniques : la protase, l'épitase, la péripétie ; il les répète de temps en temps pendant que son ami prend la peine de lui donner les explications demandées. Le chevalier, qui n'en a pas écouté un traître mot, l'interrompt brusquement en lui disant qu'il en sait assez et qu'il va raconter le sujet de la pièce à ses amis qui attendent son avis pour siffler ou applaudir. Ce prologue est pétillant d'esprit : il n'y a pas un mot qui ne porte.

Les personnages de Marivaux pâlissent à côté de ceux-là, il faut en convenir. Le marquis s'informe si la pièce est tirée de Gulliver; si elle était tirée de Gulliver, il s'en irait. Puis le titre lui déplaît : *les Petits Hommes!* Voilà de quoi dégoûter les femmes. Une comtesse qui entre a aussi des préjugés contre la pièce. L'*Ile de la Raison*, ce ne peut pas être le séjour de la joie. Des choses de ce genre-là peuvent plaire aux Anglais, mais les Français ont d'autres goûts. Le chevalier soutient que les Français sont sérieux au besoin; ils sont surtout tolérants. La preuve, c'est que non-seulement ils tolèrent, mais qu'ils applaudissent les railleries qu'on fait d'eux au profit d'autres peuples.

Ici, ajoute le chevalier, tu verras tout un peuple rire et battre des mains à un spectacle où l'on se moque de lui en le mettant bien au-dessous d'une autre nation qu'on lui compare. L'étranger qu'on y glorifie n'y rit pas d'aussi bon cœur que lui. Cela est charmant.

Ce passage fait allusion à une comédie de Boissy : *le Français à Londres,* représentée la même année. Là aussi nous trouvons un marquis et un chevalier. Le marquis est un étourdi, qui ne comprend que ce qui se fait en France, qui trouve que les Anglais chez eux ont un air étranger et qui ne sera satisfait que lorsqu'ils se seront approprié la légèreté et les airs impertinents des marquis français. Les mœurs plus graves, les allures plus réfléchies des Anglais sont opposées à la légèreté française, et le marquis, qui s'est épris d'une Anglaise, est éconduit à la fin de la pièce. Le marquis de Boissy n'a pas tout à fait le brio de celui de Marivaux dans le *Petit-Maître corrigé*, par exemple; mais si son langage est moins perlé, son extravagance ne laisse pas d'être amusante.

L'*Ile de la Raison*, le *Français à Londres* et quelques autres pièces furent parodiés, d'une manière assez anodine, dans l'*Ile de la Folie* de Dominique et Romagnesi, les grands fournisseurs du Théâtre-Italien.

Dans cette pièce, jouée en 1734, on se moque des hommes qui grandissent ou se rapetissent suivant leur dose de sagesse, des femmes faisant la cour aux hommes, etc. On déclare l'*Ile de la Raison* ennuyeuse, mais l'*Ile de la Folie* n'est pas non plus d'une gaieté étourdissante. Là, les femmes sont obligées de se choisir un mari tous les jours. Gulliver, — celui de Swift, — avait été élu par une de ces insulaires, mais un Français survient; c'est lui qui est choisi, et Gulliver est ajourné au lendemain. Un personnage explique les lois de l'équilibre. Une coquette, par exemple, se trouve entre deux amoureux : un vieux qui a de l'argent, un jeune qui n'a que de la beauté; elle les prend tous les deux. Un procureur occupe à la fois pour deux adversaires qui se font un procès; pour ne pas faire pencher la balance au détriment de l'un, il fait durer indéfiniment le procès, etc. Quant à la comédie de Boissy, on n'en dit qu'un mot. Gulliver déclare qu'il ne veut pas voyager avec un Français : il a vu dernièrement un Français à Londres qui est bien mauvais. Cette pochade eut du succès. Il faut avouer qu'en fait de parodie nos pères se contentaient de peu.

XII

La *Nouvelle Colonie ou la Ligue des femmes* fut mal accueillie lorsqu'on la joua en 1729. L'auteur la retira le lendemain et ne la fit pas imprimer. Elle était en trois actes; il la modifia, la réduisit à un acte, et c'est sous cette dernière forme qu'elle parut dans le *Mercure* (décembre 1750). On trouve dans Desboulmiers [1] une analyse de la première version; nous analyserons la seconde.

L'auteur nous conduit dans une île fantastique de la Grèce ancienne. La population a chargé un noble, Timagène, et un bourgeois, M. Sorbin, de faire les lois de la colonie. Arthémise, aimée de Timagène, et madame Sorbin, réclament le droit de légiférer aussi. Madame Sorbin assemble les femmes et leur fait un éloquent discours pour se plaindre de l'abaissement où leur sexe est réduit. Les hommes prennent pour eux tous les droits, toutes les libertés; c'est une injustice criante. La femme est l'égale de l'homme, les deux sexes doivent s'entendre et commander chacun à leur tour sans que l'un d'eux puisse s'attribuer la prépondérance. (*Les femmes applaudissent.*) Si elles sont inférieures aux hommes par la force et l'intelligence, cela tient à la manière dont on les a élevées. Une éducation plus complète leur permettra de prendre le rang qui leur est dû. (*Nouveaux applaudissements.*)

Madame Sorbin, qui est sur le retour, fait ensuite une motion analogue à celle du renard qui avait la queue coupée. Elle est d'avis que les femmes doivent s'efforcer d'être laides; si elles sont jolies, on leur fera la cour, et, comme elles sont

---

[1] *Histoire du théâtre italien.*

bonnes, elles retomberont sous le joug. Cette motion soulève bien quelques protestations, mais elle est adoptée.

Marivaux croyait plaisanter et proposer l'impossible. Pareille motion a été faite cependant et adoptée dans ces derniers temps. Les jeunes Russes qui faisaient partie de la secte des nihilistes se sont astreintes à porter des cheveux courts et négligés, à prendre des lunettes bleues et à se donner des allures masculines, jusqu'au jour où le gouvernement interdit ces signes de ralliement. Il faut dire que la plupart de celles qui avaient adopté ce costume avaient été préparées par la nature à se bien acquitter de ce rôle.

Les hommes de la *Colonie*, mis en demeure de défendre leurs priviléges, ne répondent que des pauvretés. Mais alors quelqu'un imagine de dire que les Sauvages viennent attaquer le pays; les femmes se déclarent incapables de commander l'armée offensive et retournent à leurs ménages.

Marivaux donne tort aux femmes par le dénoûment; mais d'après l'ensemble de la pièce, il est évident qu'il a entendu parler pour elles. Leurs réclamations sont exprimées en style grave, et les interruptions qu'on leur jette n'ont d'autre but que de leur fournir l'occasion d'une brillante réplique. Marivaux ne connaissait probablement pas l'*Assemblée des femmes* d'Aristophane, le P. Brumoy n'ayant publié son *Théâtre des Grecs* que l'année suivante; il ne pouvait donc puiser dans cette pièce, mais le sujet prêtait naturellement à la plaisanterie; s'il l'a pris au sérieux, c'est qu'il voulait réellement défendre une thèse. Marivaux raille souvent les femmes, mais il les aime; il ne néglige aucune occasion de prendre leur parti, de les relever en face des hommes. C'est sous l'impression de ce sentiment que, dans l'*Ile de la Raison*, il montre les hommes obligés d'attendre les déclarations des femmes. C'est pour cela aussi qu'après avoir vu sa

Colonie mal accueillie au théâtre, il la refit vingt ans après pour la lecture seulement. Ses réclamations étaient prématurées, et sa voix était trop faible. Ce ne fut pas trop d'un quart de siècle et de l'éloquence brûlante de Rousseau pour déterminer un commencement de progrès dans cette direction, et, à l'heure qu'il est, les femmes attendent encore une grande partie de ce que Marivaux a réclamé pour elles.

XIII

Ces trois pièces, consacrées aux questions sociales, ne sont pas les seules où Marivaux ait exprimé ses protestations contre les priviléges consacrés. On trouve dans la *Double Inconstance* (1723) différentes sorties contre la noblesse, la royauté, les inégalités sociales :

Laissez là vos chevaux, dit Arlequin, à tant d'honnêtes laboureurs qui n'en ont pas. Cela nous fera du pain. Vous marcherez et vous n'aurez pas les gouttes [la goutte].

Ici on fait tout l'honneur aux gens riches, et à celui qui n'est qu'honnête homme, rien. J'aime mieux être pris pour un honnête homme que pour un grand seigneur.

Si j'étais noble, dit plus loin Arlequin, le diable m'emporte si je voudrais gager d'être toujours brave homme. Je ferais parfois comme le gentilhomme de chez nous, qui n'épargne pas les coups de bâton, à cause qu'on n'oserait les lui rendre.

M. Hipolyte Lucas[1] cite aussi ce dialogue du *Dénoûment imprévu* :

DORANTE. — Je ne suis pas gentilhomme.

BLAISE. — Parguié, je vous trouve pourtant très-genti, moi.

DORANTE. — Tu ne m'entends pas. Je veux dire qu'il n'y a pas de noblesse dans ma famille.

[1] *Histoire du théâtre français*, in-12.

Blaise. — Eh bien, boutez-y-en. Cela est-il si char, pour s'en faire faute?
Dorante. — Ce n'est point cela. Il faut être d'un sang noble.
Blaise. — D'un sang noble! Queu guiable d'invention d'avoir fait comme ça du sang de deux façons, pendant qu'il provient du même ruisseau!

L'*Héritier de village,* le *Paysan parvenu,* etc., nous fourniraient nombre de phrases analogues. On voit maintenant ce que vaut l'assertion péremptoire de Planche, que Marivaux resta étranger au mouvement de son temps.

XIV

Il serait injuste d'oublier dans le même ordre d'idées le *Dialogue sur l'Éducation d'un prince,* que l'auteur fit insérer dans le *Mercure* de 1754.

Le précepteur d'un prince rappelle à son royal élève que le moment où ils devront se séparer approche. L'élève répond que cette séparation lui sera pénible. Son gouverneur l'a bien contrarié quelquefois, mais il ne lui en veut pas pour cela. Le gouverneur trouve ce sentiment étrange. Si un homme est tombé à l'eau et que celui qui expose sa vie pour le sauver lui fasse un peu mal en le retirant de l'eau, sera-ce assez de lui dire : Vous m'avez fait un peu mal, mais je vous pardonne? Je vous ai sauvé du plus terrible danger que puissent courir les jeunes princes, de la flatterie; est-ce assez de me dire que vous me pardonnez? Le prince reconnaît qu'il s'est mal exprimé. Ce n'est pas à un pardon que son gouverneur a droit, c'est à sa reconnaissance. Il résulte cependant des paroles du prince que, par cela qu'il est prince et appelé à régner, il se croit d'un sang supérieur à celui des autres hommes. Le gouverneur lui raconte alors l'histoire d'un roi qui, un jour qu'il était né un héritier à son fils, fit placer dans le même berceau, côte à côte avec l'enfant royal, le fils d'un esclave né le même jour, puis dit à son fils de choisir. Le jeune père se désole, car il ne trouve entre les deux enfants aucune différence qui puisse l'éclairer. Le vieux roi mit fin à l'anxiété de son fils; mais celui-ci voulut que les deux enfants fussent élevés ensemble, en souvenir de la leçon que son père lui avait donnée. Le gouverneur ajoute que l'histoire est pleine d'individus de bas étage qui se sont élevés à un rang supérieur, et réciproquement. Les deux interlocuteurs concluent que la nature a fait tous les hommes égaux, et que ce sont les qualités déployées par eux dans la vie qui mettent entre eux de la différence.

On voit que Marivaux a non-seulement pris part au mouvement réformateur de son temps, mais qu'à certains égards, il a même été plus loin que ses contemporains.

CHAPITRE V

COMÉDIES (Suite)

ALLÉGORIES, FANTAISIES, COMÉDIES DE CARACTÈRE

ALLÉGORIES. I. *Le Triomphe de Plutus.* — II. *La Réunion des Amours.* Un dialogue de Parny. — III. *Le Chemin de la Fortune.* — IV. *La Dispute.*
FANTAISIES. I *Le Dénoûment imprévu.* — II. *La Méprise.* — III *La Joie imprévue.*
COMÉDIES DE CARACTÈRE. I. *L'Héritier de village.* — *L'Usurier gentilhomme*, de Legrand. — II. *L'École des mères*, Agnès, de Molière. — III. *La Mère confidente.* — IV. *Les Sincères.*

I. ALLÉGORIES.

Les *comédies allégoriques* se rapprochent des *comédies sociales* en ce qu'elles sont fondées sur une idée, et non sur une situation ou sur un sentiment.

I

La première en date, le *Triomphe de Plutus*, fut représentée en 1728, aux Italiens, avec un certain succès : — douze représentations. Marivaux ne l'avoua que lorsqu'il la vit décidément acceptée par le public.

Ce petit acte est la mise en scène, sous forme allégorique, de l'éternelle querelle entre l'esprit et l'argent, le savoir et la richesse, dans la question d'amour. Apollon et Plutus sont descendus de l'Olympe pour faire la cour à une mortelle.

Apollon a pour lui la beauté, l'esprit, l'éloquence, mais Plutus a les écus. Il est laid, il est vulgaire, il est sot; mais il sait donner si à propos au valet, à la soubrette, au père et à la fille, qu'Apollon se voit éconduit, tandis que son grossier rival triomphe. Il y avait un pari engagé, Apollon le perd.

II.

La scène de la « Réunion des Amours » est dans l'Olympe, et tous les personnages sont des dieux. Il s'agit de décider entre l'Amour et Cupidon; entre l'Amour respectueux, tel que nous le voyons dans l'*Astrée* et les romans de mademoiselle de Scudéry, et l'Amour petit-maître, tel qu'il nous apparait dans les romans de Crébillon fils.

Cupidon se moque beaucoup de son camarade :

De votre temps, lui dit-il, les amants ne savoient que languir et que conter leurs peines aux échos d'alentour... Oh! parbleu, ce n'est plus de même. On va droit à la cause du mal. Allons, dit-on, je vous aime. Voyez ce que vous pouvez faire pour moi; car le temps est cher, il faut expédier les hommes... Vous ne faisiez que des sots et des imbéciles; moi, je ne fais que des gens de courage. Leurs regards sont des désirs. Au lieu de soupirer, ils attaquent. Ils ne demandent pas d'amour, ils le supposent. Ils ne disent pas : Faites-moi la grâce, ils la prennent... En un mot, je n'ai point d'esclaves. Je n'ai que des soldats.

— Oui, avec vous, lui dit Mercure, il n'y a plus de tranquillité dans le mariage; vous ne sauriez laisser la tête des pauvres maris en repos.

Les autres dieux adressent également des reproches à Cupidon, qui ne fait qu'en rire.

Apollon reçoit aussi sa douche, en passant, à propos des louanges données aux grands personnages dans les vers, et surtout les épîtres dédicatoires :

On est toujours mal loué par lui quand on mérite de l'être, dit la Vérité. Quand j'ouvre un livre et que je vois le nom d'une vertueuse personne à la tête, je m'en réjouis; mais j'en ouvre un autre, il s'adresse à une autre personne admirable; j'en ouvre cent, j'en ouvre mille, tous sont dédiés à des prodiges de vertu et de mérite. Et où se tiennent donc tous ces prodiges-là?

La Vertu ordonne aux deux Amours de lui faire chacun une déclaration. Celle de l'Amour la laisse froide; celle de Cupidon l'attendrit, et elle s'enfuit de peur de succomber.

Minerve, chargée de décider, ne se prononce ni pour l'Amour transi, ni pour l'Amour libertin : elle leur ordonne de se réunir et de se tempérer l'un par l'autre :

Rendez l'amour plus vif, plus passionné, dit-elle à Cupidon; qu'il vous rende plus tendre et plus raisonnable, et vous serez sans reproche.

Il y a de jolis mots et de jolies scènes dans cette comédie; mais l'ensemble est un peu froid, et elle n'alla jusqu'à neuf représentations, disent les historiens du théâtre, que grâce au jeu de mesdemoiselles Gaussin et Dangeville, dans les rôles des deux Amours.

L'Amour petit-maître, le Cupidon de Marivaux, continuait à dominer à la fin du dix-huitième siècle, si nous en croyons le dialogue suivant, qui figure dans les œuvres de Parny :

— Quel est ton nom, bizarre enfant?
— L'Amour.
— Toi, l'Amour?
— Oui, c'est ainsi qu'on m'appelle.
— Qui t'a donné cette forme nouvelle?
— Le temps, la mode, et la ville, et la cour.
— Quel front cynique! Et quel air d'impudence!
— On le préfère aux grâces de l'enfance.
— Où sont tes traits, ton arc et ton flambeau?
— Je n'en ai plus : je triomphe sans armes.
— Triste victoire! Et l'utile bandeau
Que tes beaux yeux mouillaient souvent de larmes?
— Il est tombé.
— Pauvre Amour, je te plains.
Mais qu'aperçois-je? un masque dans tes mains,

Des pieds de chèvre et le poil d'un satyre ?
Quel changement !
— Je lui dois mon empire.
— Tu règnes donc ?
— Je suis encore un dieu.
— Non pas pour moi.
— Pour tout Paris.
— Adieu.

III

Marivaux avait donné la *Réunion des Amours* aux Français. Essaya-t-il de faire jouer le *Chemin de la Fortune ?* On ne sait. Ce petit acte figure tout à côté du chapitre sur le « Je ne sais quoi » dans le *Cabinet du philosophe* (1734), et rien n'indique qu'il ait jamais paru sur un théâtre.

La scène représente le splendide palais de la déesse. Tout le monde voudrait bien y entrer ; mais on n'y arrive qu'en sautant un fossé, et, pour le franchir, il faut faire l'abandon de tous ses bons sentiments. Ces sentiments, reniés par ceux qui ont sauté, sont représentés par une série de tombeaux ornés d'inscriptions : Ci-gît la Fidélité d'un ami, — la Parole d'un Normand, — la Morale d'un philosophe, — le Désintéressement d'un druide (prêtre), — l'Innocence d'une jeune fille, — le Soin que sa mère avait de la garder, et en même temps la Peine qu'elles avaient à vivre. Un chevalier en assez mauvais équipage, Lucidor, et un paysan, la Verdure, voudraient bien sauter, mais le Scrupule les arrête. La Verdure est presque décidé cependant. Une dame s'avance : c'est la Cupidité ; elle les engage à sauter le fossé, et se moque d'eux parce qu'ils espèrent arriver au palais de la Fortune par le chemin de l'Honneur, qui tourne le dos au susdit palais.

La déesse apparaît sur son trône et donne audience à

ceux qui se présentent. Une pauvre jeune femme s'avance. Elle pourrait avoir à foison des adorateurs; ce qu'elle demande, c'est un mari capable de lui faire une position convenable. La Fortune lui répond qu'elle court après l'impossible et la congédie. La Verdure s'approche. C'est un enfant trouvé; la Fortune aime ces êtres-là et lui fait bon accueil. Il raconte qu'on a voulu lui faire épouser, moyennant finance, une jeune fille compromise, il a refusé; la Fortune le chasse. Vient ensuite M. Rondelet, un garçon de joyeuse humeur, qui chante, se met à l'aise et tutoie la Fortune. Il saute le fossé sans scrupule ni hésitation et devient le favori de la déesse. Un bel esprit survient à son tour; il offre des vers, de la prose, des dédicaces. La Fortune s'endort en l'écoutant, et quand elle se réveille, elle le congédie. On l'accueillerait peut-être s'il savait faire des chansons et des vers ordrriers. Le chevalier Lucidor revient; c'est un honnête homme. — Qu'il saute, dit la Fortune; il refuse. Elle n'admet que ceux qui n'ont pas de scrupules. Elle lève la séance et s'en va à l'Opéra-Comique.

Est-ce une épigramme contre ce théâtre où trônaient Le Sage et Piron? Est-ce une avance pour engager ce théâtre à prendre la pièce? C'eût été une mauvaise spéculation. Elle est spirituelle et piquante par le dialogue, mais beaucoup trop fine pour un théâtre populaire.

IV

Dix années séparent la *Dispute* du *Chemin de la Fortune*.
Le public semblait prendre goût à certaines petites pièces sentimentales et un peu mignardes inspirées du pseudo-*Anacréon*. *L'Oracle,* les *Grâces,* de Saint-Foix, avaient obtenu

un grand succès, bien que le sujet fût des plus minces. Marivaux crut le moment favorable pour un nouvel essai dans un genre qui lui avait valu son premier triomphe : *Arlequin poli par l'amour*. Mais il n'avait plus Silvia Balletti pour faire valoir ces jolies naïvetés, ces grâces un peu mignardes qu'elle exprimait si bien. Il donna sa *Dispute* au Théâtre-Français, une scène où il avait été rarement heureux, et il n'eut pas lieu de s'en féliciter.

La *Dispute* est, pour le fond, le même sujet que la *Double Inconstance*, mais il est traité d'une manière toute différente et transporté dans l'abstrait. Il s'agit de décider lequel des deux sexes a donné le premier l'exemple de l'inconstance en amour. Les documents manquant, on a eu l'idée de recourir à l'expérience. Cette expérience a duré de longues années; mais au lever du rideau, elle touche à son terme : il ne s'agit plus que de constater les résultats.

On se rappelle cette expérience, racontée par Hérodote (livre II), d'un roi d'Égypte pour reconnaître la langue la plus ancienne du globe. Il fit prendre deux enfants en bas âge, on les tint dans une maison au milieu d'un bois, on les éleva de manière qu'ils ne pussent entendre aucune parole humaine, et l'on épia le premier mot qui sortirait de leur bouche. Ce mot fut *becos*, qui signifie du pain en phrygien, nous dit le père de l'histoire, et l'on en conclut que le phrygien est la langue primitive de l'humanité.

Marivaux avait-il lu cette historiette? Quoi qu'il en soit, c'est à un moyen du même genre que ses parieurs ont recours. Ils ont fait élever dans une sorte de château au fond d'une forêt trois couples d'enfants, sans aucune communication entre eux. Au lever du rideau on va mettre en présence les trois jeunes garçons et les trois jeunes filles.

Églé paraît d'abord; elle aperçoit un ruisseau qui réfléchit son image; elle s'admire et passerait volontiers sa vie à se contempler. Azor entre à son tour : il est surpris en la voyant, puis charmé; il se rapproche d'elle, et tous deux s'admirent réciproquement, se touchent, se louent sur leur beauté. Azor baise la main d'Églé, et elle s'en trouve heureuse; on leur dit qu'ils sont faits l'un pour l'autre et destinés à vivre ensemble : ils sont au comble de la joie. Seulement, ils doivent se quitter quelquefois pour avoir plus de plaisir à se revoir. Ils protestent contre cette séparation. Pour la rendre plus supportable, on donnera à chacun un portrait, mais un seul, au choix. Azor prend celui d'Églé, mais c'est son propre portrait qu'Églé réclame aussi, puisqu'elle ne peut en avoir deux. On lui donne un miroir.

Azor s'en va. Une seconde jeune fille entre, c'est Adine. Elle vient de quitter son ami Mesrin qu'elle a vu ce jour-là pour la première fois, comme Églé, Azor. Les deux jeunes filles s'étonnent de ne pas produire l'une sur l'autre l'effet qu'elles ont produit sur les deux jeunes gens. Chacune d'elles se croit la plus belle; elles se le disent, et finissent par se quereller. Adine fait à Mesrin un portrait hideux d'Églé.

Les deux jeunes gens se rencontrent à leur tour et deviennent bons camarades. Églé rentre alors; Azor lui baise la main, Mesrin en fait autant; Azor en est fâché, mais Églé sourit et rappelle à Azor qu'on leur a ordonné de se séparer de temps en temps. Azor n'a nulle envie de s'en aller; il obéit cependant, mais il veut emmener Mesrin. Celui-ci refuse d'abord, Églé l'approuve, mais Azor insiste, et il sort avec lui. Églé est mécontente, on lui demande ce qu'elle éprouve : elle est fâchée contre Azor. — Qu'avez-vous contre lui? — Il veut toujours être là. — Il y a une autre raison. — Il ne veut pas qu'on me baise la main. — Qui, *on?* — Son camarade. — Vous le trouvez aimable? — Il est plus doux qu'Azor; Azor l'a querellé et emmené. Azor veut ma beauté pour lui seul, et moi je prétends qu'elle doit être pour tous. — Azor n'a pas tort. Ce qui est vrai, c'est que vous aimez mieux son camarade que lui. — Il vaut mieux qu'Azor. — Non pas; son mérite près de vous, c'est d'être le nouveau venu : vous pensez qu'il vous *aimera*, tandis qu'Azor vous aime déjà. Il faut fuir Mesrin. — Mesrin entre. C'est Églé qu'il cherche; il s'attache à elle, précisément parce qu'on veut l'en éloigner. — Vous m'aimez? lui demande Églé. — Comme *un perdu*. — Mais vous aimiez Adine? — Je l'aimais, il est vrai, mais je ne sais comment cela s'est fait, c'est vous que j'aime. — Eh bien, je vous aime aussi.

Ce qui précède n'est, bien entendu, que l'abrégé, la quintessence de la conversation.

Azor arrive tout triste. Églé lui avoue que maintenant c'est Mesrin qu'elle aime. Il montre d'abord quelque étonnement, puis il va chercher Adine, qu'il aime et dont il est aimé.

Les deux sexes ont été également inconstants et tous deux à la fois. Mais vient un troisième couple sur qui toutes les coquetteries sont impuissantes : Meulis et Dina restent invariablement unis l'un à l'autre. Pari nul.

Il y a dans la *Dispute* une foule d'intentions et de mots charmants, mais tout cela est infiniment ténu et d'une délicatesse trop minutieuse. Il y a de l'art, mais un art qui rappelle celui de la porcelaine de Saxe.

II. Fantaisies.

Parmi les comédies de Marivaux, quelques-unes reposent sur une situation, un accident, et non sur une idée; nous les classons sous le nom de Fantaisies.

I

Le *Dénoûment imprévu* est la première pièce que Marivaux ait donnée aux Français après *Annibal*. Elle n'eut que six représentations, et il n'y a pas trop lieu de s'en étonner, parce que le sujet est incertain et que le spectateur ne sait trop à qui s'intéresser. Il n'est permis qu'à Corneille de nous imposer de ces surprises et de nous faire admirer, au dernier acte, un personnage qu'on nous a présenté, au premier, comme un affreux tyran. Le *Dénoûment imprévu* fut beaucoup mieux accueilli en Allemagne qu'en France, à ce que nous apprend Lessing [1].

Mademoiselle Argante est fiancée à Dorante. Dorante est un jeune avocat, souvent malheureux au palais et non moins malheureux en amour. Sa fiancée l'estime de toute son âme, mais elle ne l'aime que lorsqu'il est loin. Quand il est près d'elle, il l'ennuie. Elle l'épousera cependant de préférence au propriétaire campagnard qu'on lui propose et qu'elle n'a jamais vu. Pour éloigner celui-ci, elle fait comme Agathe dans les *Folies amoureuses*, elle feint d'être folle — et sous ce prétexte, elle malmène rudement son père d'abord, puis son futur, le propriétaire campagnard. Mais celui-ci ne se démonte pas, il ne se trouble pas ; il montre au contraire tant d'esprit et d'amabilité que mademoiselle Argante sent disparaître toutes ses préventions : elle s'éprend de lui et c'est lui, qu'elle épousera.

L'idée est ingénieuse, mais il y a de la gaucherie dans

[1] *Dramaturgie de Hambourg*, p. 340.

l'exécution. Le personnage de Blaise, le paysan qui a a prétention de gouverner son maître, est copié sur le jardinier que Dufresny a placé dans l'*Esprit de contradiction*.

II

La *Méprise*, jouée aux Italiens en 1734, rappelle aussi Regnard et ses *Ménechmes*, mais pour l'idée seulement. Ici les ménechmes sont deux sœurs, toutes deux blondes, toutes deux spirituelles et charmantes. La scène se passe dans un jardin public où les deux jeunes filles se promènent masquées, mais séparément, si bien que l'amoureux croit continuer avec l'une la conversation commencée avec l'autre : de là, des malentendus, des reproches, des brouilleries, des raccommodements, des lettres échangées, jusqu'au moment où, comme chez Regnard et comme chez Plaute, les deux ménechmes apparaissent à la fois. La pièce débute à la façon du *Menteur* et conserve jusqu'à la fin des allures espagnoles. Marivaux a jeté dans le dialogue toutes les perles de son écrin, toutes les finesses du marivaudage, surtout dans la conversation des serviteurs. Nous y reviendrons.

III

Le sujet de la *Joie imprévue* est plus léger encore. Le début rappelle une des plus jolies scènes des *Mémoires du comte de Grammont*. Damon, comme le chevalier de Grammont, a perdu au jeu la plus grande partie de l'argent qu'on lui avait confié, non pour s'équiper en militaire, mais pour s'acheter une charge. S'il n'a pas perdu davantage, c'est que son adversaire ne veut jouer qu'argent comptant, et que l'argent de Damon est chez un notaire; il va le chercher, dans l'espoir d'une revanche; il perd tout encore. Seulement son partenaire, qui s'est caché sous un domino, n'est pas le chevalier fripon, mais son propre père. Telle est la joie imprévue annoncée dans le titre. Le père ne s'en tient pas là, il achète une charge à son fils et le marie à son gré à une charmante petite personne que nous avons vue fort éprise de lui, et résistant intrépidement à toutes les taquineries qu'on fait pleuvoir sur elle. Les parents font toujours de ces vilenies à leurs pauvres enfants, comme dit Grammont en racontant sa mésaventure dans ses *Mémoires*. Cette pièce est inférieure à la *Méprise*.

Passons à des œuvres plus importantes.

III. COMÉDIES DE CARACTÈRE.

Marivaux n'a pas composé de comédies de caractère dans le genre de l'*Avare*, ni même dans celui du *Glorieux* ou de la *Métromanie*. Ce n'est donc que faute d'une appellation plus précise que nous plaçons quelques-unes de ses pièces sous ce titre.

I

L'*Héritier de village* est la plus courte, mais c'est aussi la plus gaie. Picard en a tiré profit pour sa comédie des *Marionnettes*.

Blaise le paysan arrive de la ville joyeux et fier; il a pris la voiture publique et se fait porter son bagage par Arlequin, qu'il a rencontré. Il peut se permettre cela et bien d'autres

choses encore. Il vient de faire un héritage, et quel héritage!
cent mille francs! Il ne peut plus se conduire en villageois.
Sa femme et lui doivent prendre les belles manières. D'abord,
il est de mauvais goût d'aimer sa femme, et de bon ton d'avoir
une maîtresse, — laide, désagréable, mais qu'on paye très-
cher, c'est le plaisir. — Mais si tu as une maîtresse, lui dit
sa femme, je pourrai avoir un amoureux? — Trente plutôt,
si tu veux, et je ne verrai rien... je t'en aimerai même mieux
trente qu'un tout seul... Il sait aussi qu'il est de bon goût
de ne pas payer ses dettes. Un voisin vient lui réclamer cinquante francs qu'il lui a prêtés. — Je ne peux pas vous les
rendre comme ça, dit-il, je me déshonorerais. Il faut que
vous reveniez plusieurs fois. C'est ainsi que cela se pratique
dans le beau monde. Prêter, à la bonne heure, c'est gentilhomme, mais s'acquitter, fi donc! — Eh bien! prêtez-moi
cinquante francs. — Avec plaisir; les voilà. — Merci, dit
l'emprunteur, je déchire votre billet. Nous sommes quittes...
Blaise se récrie : C'est malhonnête, ce que vous faites là.
Vous allez me mettre à dos tous les gens riches.

En revanche, les gentilshommes pauvres accourent : la
dame du village, qui est passablement endettée, et un sien
cousin, officier gascon, qui est riche de sa verve gasconne.
Ils se sont dit que les écus de maître Blaise seraient bien
placés dans leurs mains, et ils viennent proposer d'épouser,
l'un le fils, l'autre la fille du riche villageois. Les parents
consentent, les jeunes gens aussi. Les scènes de *flirtation*
entre le chevalier et Colette, entre Colin et la dame sont prises
sur nature, et des plus comiques. Pendant qu'ils se réjouissent,
on apporte une lettre. Le banquier chez lequel était placé
l'héritage s'est enfui, sans oublier sa caisse. Le chevalier et
la dame, qui dansaient avec les paysans, tirent leur révérence.
Blaise et sa femme n'ont fait qu'un rêve d'ambition.

Desboulmiers voit dans cette pièce une mauvaise copie de l'*Usurier gentilhomme* du comédien Legrand, joué en 1712. Il faut beaucoup de bonne volonté pour trouver du rapport entre ces deux comédies. Il s'agit, dans celle de Legrand, d'un paysan qui s'est enrichi par l'usure. Il a acheté une baronnie et veut marier son grand benêt de fils à la fille d'un gentilhomme de peu de fortune. Ce projet d'union désespère la jeune fille, mais un dédit considérable a été convenu, et son père n'est pas assez riche pour perdre cette somme. Il s'agit d'amener l'usurier gentilhomme à rompre lui-même. Frontin se déguise en militaire, il se donne pour le frère de la jeune fille, et il effraye tellement le père et le fils par ses airs et ses exigences, que ceux-ci payent le dédit et se retirent. L'intrigue est banale, l'exécution aussi ; il n'y a donc aucune comparaison à établir entre les deux pièces.

Édouard Fournier voit dans l'*Héritier de village* une imitation du *Bourgeois gentilhomme* et de *Georges Dandin*. « Imitation » n'est pas le mot, c'est la « contre-partie » qu'il faudrait dire. Dans les pièces de Molière, c'est M. Jourdain, c'est Georges Dandin, qui sont ridicules. Ici, le comique ne tombe pas sur Blaise, mais sur les seigneurs qu'il ridiculise en annonçant qu'il va copier leurs mœurs, mais sur la dame du village et sur son cousin l'officier qui se soumettent à une foule de bassesses et d'humiliations pour s'approprier la fortune du paysan. Depuis l'époque où Molière écrivait, une révolution s'est opérée dans les idées. L'*Héritier de village* se rattache aux comédies sociales analysées plus haut. Cette petite pièce fait exception dans l'œuvre de Marivaux, pour la franchise du comique et l'entrain de la plaisanterie. Elle fut médiocrement goûtée en France cependant, mais elle fit les délices des Allemands.

C'est, dit Lessing [1], la gaieté la plus comique, l'esprit le plus drôle, la satire la plus malicieuse, et la naïveté du langage des paysans assaisonne le tout de la façon la plus piquante.

L'*Héritier de village* n'eut à Paris que neuf représentations.

II

L'École des mères est une sorte de réduction de l'*École des femmes*, dans laquelle Arnolfe a changé de sexe, et où la mère a remplacé le tuteur amoureux.

Madame Argante a accoutumé sa fille à l'obéissance passive. Elle ne veut lui laisser que la liberté du bien, et c'est elle qui est juge de ce bien. Elle la tient cloîtrée, l'habille mal, et veut la marier à un homme de soixante ans; tout cela à bonne intention, et pour lui épargner les ennuis que pourrait lui causer l'inconstance d'un jeune mari. Il ne lui vient pas à l'esprit que sa fille puisse se trouver malheureuse de cet arrangement. Elle la voit triste, mais elle croit que c'est son caractère d'être ainsi; elle la questionne à ce sujet, mais elle lui dicte ses réponses, et cela de la meilleure foi du monde. — Ce mariage ne vous plaît pas? — Non. — Mais il ne vous déplaît pas? — Non. — Vous n'avez pas de volonté : c'est bien, j'en aurai pour vous. — J'en aurai si vous voulez. — Ce n'est pas nécessaire.

La fille est d'une timidité excessive devant sa mère; mais quand elle sera libre, elle se promet de se bien dédommager. Un jeune amoureux s'est glissé dans la maison sous un habit de laquais, avec la complicité de Frontin et de Lisette, et cet Éraste est le propre fils du vieillard à qui l'on veut marier

---

[1] *Dramaturgie de Hambourg*, p. 137.

Angélique. Il lui demande une entrevue, elle l'accorde avec empressement, elle lui avoue qu'elle l'aime; mais son audace ne va pas plus loin. Le vieil amoureux a lui-même un entretien avec elle. — Vous acceptez ma main sans répugnance? lui demande-t-il. — Ma mère le dit. — Elle vous a permis de me le confirmer? — Oui, mais on n'est pas obligé d'user de toutes les permissions qu'on a. — Est-ce par modestie ou par dégoût que vous refusez l'aveu que je vous demande? — Ce n'est pas par modestie. Peu à peu, elle lui avoue qu'elle ne l'aime pas, et même qu'elle en aime un autre.

Ces aveux ne sont guère encourageants pour lui. Il a de la peine cependant à renoncer à cet amour, qui sera le dernier de sa vie. On lui dit que les deux amants sont convenus de se rencontrer dans l'obscurité. Il s'affuble d'un domino et se cache dans un coin pour écouter la conversation. Son fils, qui arrive le premier au rendez-vous, entendant le domino remuer, croit avoir affaire à Angélique, et lui parle en conséquence. Le père s'enfuit. Angélique arrive alors avec Lisette. Éraste reprend une conversation qu'il croit seulement avoir été interrompue. On se répète qu'on s'aime, mais la mère interrompt le duo amoureux. On apporte de la lumière : tableau. Le père d'Éraste décide madame Argante à consentir au mariage de leurs enfants. Morale : Une mère trop sévère pour sa fille porte celle-ci à s'émanciper.

Marivaux est bien capable d'avoir voulu corriger Molière, et d'avoir cru son Angélique plus vraie qu'Agnès. Son habitude d'observer trop finement l'a trompé. Agnès est naïve parce qu'elle ne se doute pas qu'elle l'est. Angélique sait qu'elle est naïve; elle le dit, elle analyse sa naïveté, elle explique à Lisette ce que sa mère aurait dû faire, quelles seront plus tard les conséquences de ce qu'elle a fait. « Elle raisonne, analyse, discute, juge. Agnès se contente d'exhaler ses plaintes. » Cela « n'empêche pas qu'on ne goûte un réel et vif plaisir à écouter ces fines et subtiles analyses du cœur féminin par un des hommes qui a été un des plus fins moralistes de ce temps [1] ».

III

La *Mère confidente* a une tout autre importance que l'*École des mères*. « C'est une pièce à part dans le théâtre de Marivaux », dit Sainte-Beuve.

Il ne s'agit plus ici des manéges habituels de la coquetterie. Nous sommes en face d'un cœur sincèrement ému, d'une charmante jeune fille, passionnée pour la vertu et débordante d'amour, qui s'avance dans le vide sans savoir où se prendre. Sa mère, au lieu de la tyranniser, lui a laissé pleine liberté : elle ne veut être que son amie, sa confidente. Il y a deux amoureux, comme dans la pièce précédente. Madame Argante présente le plus âgé à sa fille. Elle voit que cet amoureux lui déplaît, et elle l'interroge. Angélique, — les noms sont les mêmes, — avoue à sa mère qu'elle a rencontré souvent un jeune homme lisant dans le parc voisin, qu'ils ont fait connaissance et qu'il l'aime. — Pourquoi ne te demande-t-il pas en mariage? lui dit la mère. — Parce qu'il est sans fortune. Sa fortune dépend d'un oncle, et cet oncle a trente-cinq ans. La mère lui explique que cet amour est sans issue, Angélique en convient, mais elle ne peut se l'arracher du cœur. Sa mère lui demande de l'informer de tout ce qui se passera entre elle et son amant. Angélique pleure et promet.

Restée seule, elle se décide à rompre; on lui apporte une

---

[1] F. Sarcey. Le *Temps*, décembre 1878.

lettre de Dorante, elle la renvoie sans la lire; il vient lui-même, elle refuse de l'entendre. Puis elle craint d'avoir été trop dure avec lui et le rappelle. — Aurais-je le bonheur de n'être pas haï? lui demande-t-il. — J'ai bien peur que ce ne soit le contraire. — Mais que faire? Il insinue qu'elle pourrait s'échapper, se laisser enlever. Elle pleure d'humiliation : — Je n'ai que ce que je mérite; c'est moi qui vous ai fait parler. Il cherche à l'apaiser. Il ne lui a pas demandé de fuir avec lui seul. Il a déterminé une dame respectable de ses parentes à venir avec lui. D'après ce qu'il lui en a dit, elle aime déjà Angélique comme sa fille. — Non, non, éloignez-vous : je ne vous aime plus. — Dorante est obligé de se retirer.

Mais Angélique n'est pas aussi brave qu'elle cherche à se le persuader. Sa mère l'interroge. — J'ai fait ce qu'il fallait faire, dit-elle. C'est fini. — Tout à fait? — Elle fond en larmes. Elle regrette son amour, elle regrette sa sévérité. Quand Dorante lui a parlé d'un enlèvement, elle s'est fâchée contre lui, elle a eu tort. Il l'aime tant qu'on peut lui pardonner un excès de folie, né d'un excès d'amour. Un moment même, elle regrette d'avoir tout dit à sa mère.

Celle-ci sent bien que le cœur de sa fille est malade. Elle a recours à un dernier moyen. — Dorante me connait-il? demande-t-elle à Angélique. — Non. — Eh bien! je lui parlerai comme si j'étais une parente, une tante pour toi. Dorante a fait, à tout hasard, approcher une chaise de poste dans le bois voisin. Il rencontre Angélique, il la supplie de partir avec lui et la dame dont il lui a parlé. Elle lui échappe en l'engageant à causer avec une sienne parente qui désire l'entretenir. Cette parente n'est autre que sa mère. Elle représente à Dorante ce que son projet a de déplacé, d'insensé. Il en convient, mais il est fou d'amour, il ne peut vivre sans

Angélique. Il plaide si bien, que son émotion gagne madame Argante elle-même. Angélique pleure aussi. A ce moment le riche fiancé d'Angélique survient. C'est l'oncle de Dorante, celui dont sa fortune dépend ; il se laisse toucher à son tour, il renonce à la main d'Angélique et assure sa fortune à son neveu en faveur de son mariage avec elle.

Cette comédie est généralement d'un ton sérieux, comme l'*École des mères*. Deux personnages l'égayent cependant : une soubrette qui favorise le jeune couple, et un valet qui se fait payer par les amoureux pour espionner la mère, et par la mère pour espionner les amoureux. Mais le rôle important et vraiment sympathique, c'est celui d'Angélique, dont l'émotion est vraie et qui est étudié avec amour.

Cette pièce est l'une de celles que l'on voit reparaître de temps en temps sur la scène.

IV

Il n'en est pas de même des *Sincères*, bien que Sainte-Beuve donne de grands éloges à ce petit acte, dont il fait une analyse détaillée.

Il y a deux couples en présence. La pièce commence par une scène étincelante d'esprit entre le valet d'un des amoureux et la soubrette d'une des dames. Quand ils se sont assurés qu'ils ne songent pas à s'aimer, ils se font tour à tour le portrait, l'un de son maître, l'autre de sa maîtresse. — C'est la pièce aux portraits ; du reste, il y en a à toutes les pages. — La marquise a la prétention d'aimer la sincérité, mais elle la met à faire aux autres de mauvais compliments, et à n'en vouloir que de bons pour elle, à la condition seulement qu'on les lui jettera à la tête, comme malgré soi. Les louanges la chagrinent, mais elle veut qu'on la loue du chagrin qu'elles lui font. Elle est coquette, mais elle veut que sa femme de chambre elle-même n'ait pas l'air de s'apercevoir de cette coquetterie.

Le maître, — il s'appelle Ergaste, — a aussi la prétention de passer pour sincère. Il l'est en effet, mais il tient surtout à ce qu'on le croie tel; si pour paraître franc, il fallait mentir, il mentirait. Sa passion est d'étonner et de ne ressembler à personne. Il a perdu une fois un procès dont on le laissait juge, rien que pour avoir le plaisir de faire dire qu'il s'était condamné lui-même, car il avait le droit pour lui.

La marquise arrive. Elle a le cœur affadi des douceurs que Dorante vient de lui débiter, et elle est venue chercher un refuge auprès d'Ergaste. Le monde n'est rempli que de flatteurs; elle n'a trouvé en toute sa vie qu'un homme sincère, lui, et pas une femme. — J'en connais une, moi. — Qui donc? — Vous.

Pour prouver sa sincérité, elle s'amuse à crayonner les portraits de ceux qu'elle quitte. Or, il y avait au premier rang un fat qui pose pour la beauté, pour l'esprit, et qui a l'air de dire à tous :

Regardez-moi donc! Il diroit volontiers à tous les amoureux : N'est-il pas vrai que ma figure vous chicane? — A leurs maîtresses : Où seroit votre fidélité, si je voulois? — A l'indifférente : Vous n'y tenez point, je vous réveille, n'est-ce pas? — A la prude : Vous me lorgnez en dessous. — A la vertueuse : Vous résistez à la tentation de me regarder. — A la jeune fille : Avouez que votre cœur est à moi. Il n'y a pas jusqu'à la personne âgée qui, à ce qu'il croit, ne se dise à elle-même, en le voyant : Quel dommage que je ne sois plus jeune!

On rit de ce portrait; elle continue, comme Célimène dans la fameuse scène du *Misanthrope :*

A côté de là étoit une nouvelle mariée d'environ trente ans, douée d'un visage qui, à dix ans, étoit antique; elle prenoit des airs de petite fille; elle est tout étonnée de son état, elle n'est pas encore bien sûre qu'il soit honnête d'avoir un mari; elle baisse les yeux quand on la regarde, et ne croit pas qu'il lui soit permis de parler si on ne l'interroge... enfin elle me traitoit comme sa mère, moi qui suis plus jeune qu'elle.

Ergaste rit. La marquise continue:

A côté de la petite fille de trente ans, il y avoit une grosse femme de cinquante à cinquante-cinq ans, qui prend l'épaisseur de ses charmes pour de la beauté. Un de ses voisins ayant loué sa main, elle nous l'a fait voir, sous prétexte de prendre une prise de tabac, blanche mais charnue, boursouflée, où il y a de l'étoffe pour quatre, et qui finit par des doigts d'une grosseur, d'une brièveté, qui contrastent avec ceux de la petite fille de trente ans, qui sont comme des filets.

Ce n'est pas tout. Il y avait encore parmi les visiteurs un petit homme remuant, sémillant, qui ne dit rien et parle toujours, — et auprès de lui un homme grave, qui décide par monosyllabes, dont la compagnie paraissait faire grand cas, mais dont tout l'esprit doit être dans une perruque ample et respectable.

Tant que la sincérité d'Ergaste et de la marquise ne s'exerce qu'aux dépens d'autrui, ils s'entendent à merveille. Cela change quand ils sont eux-mêmes en jeu. Ergaste vient de dire à la marquise qu'il l'aime. — Je vous crois, répond-elle. N'avez-vous jamais rien aimé plus que moi? Non, passe pour autant, une fois en ma vie, croit-il pouvoir répondre. La marquise est déjà un peu blessée; elle lui pose une question insidieuse:

Laquelle de nous vaut le mieux, de celle que vous aimiez ou de moi? — Mais ce sont des grâces différentes: elle en avoit infiniment. — C'est-à-dire un peu plus que moi? — Ma foi, je serois fort embarrassé de décider là-dessus. — Et moi, je me prononce. Votre incertitude décide. Comptez aussi que vous l'aimiez mieux que moi.

La conversation se prolonge sur ce ton en s'aigrissant toujours, surtout lorsque la comparaison se prend à des noms propres

Aramiste a de la beauté, dit Ergaste, mais vous plaisez plus qu'elle. — Franchement, vous êtes un mauvais connaisseur. — Je réponds de la sincérité de mes sentiments, je n'en garantis pas la justesse. — A la bonne heure ; mais quand on a le goût faux, c'est une triste qualité d'être sincère.

Ergaste se fâche à son tour et se rejette vers Araminte. La marquise, de son côté, se rapproche de Dorante, à condition qu'il lui dira aussi ses défauts. Dorante obéit, mais les défauts qu'il lui reproche sont de véritables qualités ; — de sorte que ces reproches deviennent une habile flatterie. Ainsi la marquise finit par épouser Dorante, qu'elle prétendait ne pouvoir souffrir, et Ergaste épouse Araminte.

Tant il est vrai, dit à ce sujet Sainte-Beuve en terminant son analyse, que, dans la vie, il faut un peu de flatterie, même pour s'aimer avec amour et se plaire avec quelque passion : « Ah! ah! s'écrie à la fin la marquise en se mettant à rire, nous avons pris un plaisant détour pour en arriver là. » Ce mot pourrait servir d'épigraphe à toutes les pièces de Marivaux.

Les *Sincères* furent très-applaudis d'abord, nous dit Desboulmiers, bien qu'on y trouvât trop peu d'action et trop de paroles. Cette critique peut s'appliquer aussi à toutes les comédies de Marivaux. L'idée de celle-ci a dû lui être suggérée par l'ambition de refaire le *Misanthrophe*.

CHAPITRE VI

COMÉDIES (*Fin*)

LES SURPRISES DE L'AMOUR. LES PRÉJUGÉS VAINCUS.

SURPRISES DE L'AMOUR. I. La première *Surprise de l'amour*. — II. La seconde *Surprise de l'amour*. La *Vedova* de Nota, la *Veuve* de MM. Meilhac et Halévy. — III. *La Double Inconstance*. — IV. *Le Jeu de l'amour et du hasard. Le Galant Coureur*, de Legrand. — V. *Les Serments indiscrets*. — VI. *L'Heureux Stratagème*. — VII. *Les Fausses Confidences. L'Amour vengé*, de Lafont. *Le Roman d'un jeune homme pauvre*, de M. Octave Feuillet.
PRÉJUGÉS VAINCUS. I. *Le Petit-Maître corrigé*. — II. *Le Legs. L'Ane et le Ruisseau*, de Musset. — III. *L'Épreuve*. — IV. *Le Préjugé vaincu*.

SURPRISES DE L'AMOUR.

Nous ne comprenons sous le nom de *Surprises de l'amour* que les sept comédies où ce genre de surprise est le plus nettement caractérisé.

I

Deux portent ce titre : l'une jouée en 1722 aux Italiens, l'autre en 1727 aux Français. Elles n'ont rien de commun que le titre.

La première, qui suivit immédiatement *Arlequin poli par l'amour*, accuse encore un peu d'inexpérience. Un certain baron, par exemple, qui met en antagonisme les deux principaux personnages au premier acte, disparaît pour ne plus revenir; certaines parties manquent de liaison, etc. Les valets, en revanche, sont déjà passés maîtres en fait de marivaudage.

Lélio, trahi par une femme, a juré haine à tout le sexe, et s'est retiré dans une sorte d'ermitage, avec Arlequin, son valet, dont l'histoire ressemble à la sienne. Mais, dans leur solitude, ils ont des visions de saint Antoine. « La femme est un bien joli chat, dit Arlequin; c'est dommage qu'il ait des griffes. » Son maître aime « tout des femmes, jusqu'à leurs défauts, surtout leurs défauts, leur légèreté d'esprit, leur étourderie; le malheur, c'est qu'elles s'amusent à torturer les cœurs qui s'attachent à elles ».

Mais le château où ils se sont retirés n'est pas une Thébaïde, et tous les serviteurs n'ont pas fait le même serment. Jacqueline, la cuisinière de Lélio, s'est éprise de Pierre, le serviteur d'une jeune veuve du voisinage qui professe à l'endroit des hommes les mêmes sentiments que Lélio à l'endroit des femmes. Or, Pierre et Jacqueline, pour se marier, ont besoin du consentement et même d'une petite subvention de leurs maîtres. Lélio et la comtesse sont bien obligés de se voir; mais ils ne s'aimeront pas, ils se le sont juré d'avance. Un baron de leurs amis leur raconte alors l'histoire de Popilius; puis il les enferme dans un cercle et leur dit qu'ils n'en sortiront pas avant d'être amoureux l'un de l'autre. Ils éclatent de rire; mais la semence est jetée dans leur cerveau, elle germera. On se rencontre en cherchant à s'éviter; on s'écrit des billets sous prétexte qu'il est inutile de se voir et qu'on s'entendra mieux par écrit; et comme on ne s'entend pas, il faut bien se voir pour s'expliquer. Il faut dire aussi qu'il y a auprès de la comtesse un petit lutin du nom de Colombine, qui a juré de rendre Arlequin amoureux. Elle s'amuse malignement des agitations de sa maîtresse et les augmente. La comtesse perd un portrait; Lélio, qui le trouve, lui renvoie la boîte, prétendant qu'il n'a pas vu la miniature; mais, vérification faite, cette miniature se trouve sur son cœur, et c'est la marquise qui la trouve. Force leur est de convenir que la plaisanterie du cercle de Popilius a produit son effet, qu'ils sont bien et dûment amoureux l'un de l'autre, et ils se marient, maîtres et valets.

L'invasion progressive de la passion dans les deux principaux intéressés se dévoile successivement par une foule de détails piquants, malignement accentués et commentés par Colombine, dont la gaieté intarissable jette sans cesse des éclairs à travers l'action. Arlequin est rêveur et maussade, elle s'approche de lui :

— Quelle heure est-il, Arlequin?
— Je vois que vous cherchez midi à quatorze heures. Passez votre chemin, ma mie. Va-t'en demander ton portrait à mon maître,

c'est-à-dire le portrait de toutes les femmes,

il te le donnera pour rien. Tu verras si tu n'es pas une vipère... N'as-tu pas honte d'être si jolie et si traîtresse?
— Comme si l'on devait rougir de ses qualités! Gageons que tu m'aimes.
— Je ne gage pas, je perds toujours.

II

La seconde *Surprise de l'amour* est en trois actes, comme la première, mais il y a plus de décision dans la marche de la pièce.

Ici, c'est la marquise qui est sur le premier plan, et c'est dans l'évolution de ses sentiments que l'action se concentre. Au lever du rideau, la marquise est plongée dans la douleur. Lisette la suit sans qu'elle le sache. Elle soupire, Lisette soupire aussi. Elle lui dit de s'éloigner. — Les personnes affligées ne doivent pas rester seules, répond Lisette. — Je dois soupirer toute ma vie. — Vous ne payerez jamais cette dette-là. — Après deux ans de l'amour le plus tendre, épouser ce qu'on aime, ce qu'il y a de plus aimable au monde, et le perdre un mois après! — Un mois, c'est toujours cela de pris. Je connais une dame qui n'a gardé son mari que deux jours. C'est cela qui est piquant. — J'ai tout perdu, vous dis-je. — Tout perdu! Est-ce que tous les hommes sont morts? — Que m'importe qu'il reste des hommes? — Ah! madame, que dites-vous là? Que le ciel les conserve! Ne méprisons jamais nos ressources. — Je ne vis plus que par un effort de raison. — Vous êtes bien fraîche pour une personne qui se fatigue tant. — Je n'ai pas fermé l'œil de la nuit. — N'auriez-vous point rêvé en dormant que vous ne dormiez point?

La suivante fait apporter la toilette. — De grâce, madame, un petit coup d'œil au miroir. La marquise refuse de se regarder dans la glace. — La vérité est que vous êtes changée, dit la suivante en changeant de batterie. Et elle ordonne de remporter la toilette. — Je suis donc bien épouvantable, Lisette? Et elle fait rapporter « le conseiller des grâces » pour voir les ravages que le chagrin a exercés sur son visage.

Deux jeunes gens viennent la voir quelquefois : un comte et un chevalier, tous deux amis du mari, on ne peut leur refuser la porte. L'un est très-empressé auprès d'elle, et l'on prétend qu'il l'épousera; elle s'indigne de cette supposition. L'autre a un amour malheureux au cœur. Lisette l'engage, pour faire diversion, à épouser la marquise. Il refuse. La marquise, en apprenant ce refus, est indignée, en apparence contre Lisette, qui l'a compromise en offrant sa main; en réalité contre le chevalier, qui l'a refusée. Elle jure de dompter le rebelle. Elle y parvient et l'amène à ses pieds. Mais, dans cette poursuite acharnée, elle a oublié de conserver son propre cœur. Le chevalier est vaincu ; mais elle est vaincue aussi, et elle l'épouse.

Parmi les personnages de cette seconde *Surprise de l'amour*, il y a un pédant du nom d'Hortensius, que Marivaux a pris, non pas autour de lui, mais dans le *Francion* de Sorel, où cet Hortensius est présenté comme la caricature de Balzac l'épistolier. Ce n'est pas — nous l'avons vu — le seul emprunt que Marivaux ait fait à Sorel, bien qu'il n'y eût rien de commun entre les deux écrivains. Ici, Hortensius poursuit Lisette, qui ne l'écoute guère, de ses plaisanteries pédantesques et raffinées. La marquise l'a pris pour lui lire Sénèque. Sénèque, dans l'ancienne comédie, joue le rôle de consolateur des affligés. C'est lui aussi que le joueur de Regnard invoque quand il a tout perdu.

De cette seconde *Surprise de l'amour* est sortie la *Vedova* de Nota. La veuve italienne s'enferme aussi pour vivre en tête-à-tête avec le buste de son défunt mari. Mais elle est plus sauvage encore que la marquise de Marivaux : elle ne reçoit personne, et pour la voir, il faut franchir les fossés et les haies, au risque de se rompre le cou, ou tout au moins de déchirer ses dentelles, comme Ruy-Blas. Elle occupe ses loisirs à rédiger des Mémoires sur l'enfance du défunt. Hortensius et Sénèque sont remplacés chez elle par un professeur d'astronomie, et une lunette pour étudier les étoiles. Le dénoûment est le même que dans Marivaux, quoiqu'il y ait ou plutôt parce qu'il y a un complot organisé autour de la veuve pour l'empêcher de se remarier.

La veuve de Marivaux est une raisonneuse qui analyse ses sentiments. La *Vedova* d'Alberto Nota est fortement entachée de sensiblerie. MM. Meilhac et Halévy ont repris le même cadre pour y placer cette femme sans tête et de peu de cœur, cette femme-oiseau, qui revient comme un type dans un grand nombre de leurs pièces. Au premier acte, tout est en deuil chez elle. On n'y lit pas Sénèque, on n'y étudie pas l'astronomie, on joue la marche funèbre de Chopin! C'est un enfant qui pleure sa poupée. On s'arrange de manière à lui faire accepter une autre poupée, c'est-à-dire un autre mari. On réussit, et à la fin de la pièce, elle envoie au grenier un portrait qu'elle avait fait venir à grands frais de la Martinique, où ce mari tant pleuré était représenté, enfant, monté sur un cheval de bois. Il faut dire qu'un mémoire non soldé, laissé par son mari chez un joaillier, est pour beaucoup dans ce revirement. La première année du mariage, tous les bijoux achetés étaient pour elle; la seconde année, les bijoux étaient partagés entre elle et une autre; la troisième année, tous étaient allés hors de la maison.

M. Octave Feuillet nous a aussi donné une veuve inconsolable. Celle-ci est remariée, à la vérité, mais elle a voué un culte à son premier époux, et fait élever dans son jardin une *urne* qui sert d'autel à ce culte. Le mari vivant, agacé de voir opposer sans cesse aux défauts qu'on lui reproche les qualités du défunt, imagine de ressusciter ce défunt, et d'annoncer qu'il va revenir. La terreur de sa femme à cette nouvelle lui prouve qu'elle a joué la comédie; elle l'avoue elle-même et lui en demande pardon; il avoue à son tour qu'il a joué la comédie de son côté et que le premier mari n'est pas sorti du sépulcre qu'on lui a creusé sur la terre d'Afrique.

Ici l'idée morale est différente, mais nombre de détails sont forcément les mêmes. Toutes ces pièces ont un point de départ commun, la *Matrone d'Éphèse*, racontée par Pétrone, versifiée par La Fontaine, portée sur le théâtre par La Motte, l'ami de Marivaux, et par une foule d'autres dont on trouvera la liste dans les ouvrages sur les théâtres.

La seconde *Surprise de l'amour* se joue encore assez souvent. La Marquise était un des rôles favoris de mademoiselle Mars et de madame Arnoult-Plessy. Ce rôle fut créé au dix-huitième siècle par mademoiselle Lecouvreur.

III

Marivaux mettait au nombre de ses meilleures comédies les deux *Surprises de l'amour,* mais il avait un faible pour la *Double Inconstance.* C'est en effet une de celles, on pourrait même dire celle où il a déployé le plus à l'aise les finesses et les rouerics de son talent et de son style, s'il n'avait pas écrit les *Serments indiscrets.* Les rôles de Silvia l'ingénue et d'Arlequin le grand enfant sont deux véritables chefs-d'œuvre.

L'action se passe dans un pays de fantaisie, et la pièce aurait pu être classée dans les comédies romanesques. Un prince souverain s'est épris de Silvia et l'a fait emporter dans son palais. Elle est furieuse, elle déclare qu'elle ne prendra repos ni nourriture tant qu'on ne lui aura pas rendu Arlequin qu'elle aime, et elle refuse obstinément de voir le prince.

Arlequin n'est pas moins amoureux que Silvia : on l'a conduit aussi au palais, mais rien ne le touche, ni les honneurs, ni les richesses ; c'est Silvia qu'il lui faut. Silvia lui tiendra lieu de tout. Avant de mettre en présence les deux amoureux, on tâche d'agir sur chacun d'eux séparément. Flaminia envoie près d'Arlequin sa sœur Lisette, en l'avertissant toutefois que les coquetteries qui agissent sur les gens du monde seront ici sans effet. Lisette ne peut refaire son caractère : elle déploie tout l'art de la coquetterie mondaine, et ne réussit qu'à choquer Arlequin ; il lui raconte dans quelles circonstances il s'est épris de Silvia et l'éconduit. On met en présence les deux ingénus; joli duo d'amour. Flaminia l'interrompt en envoyant Silvia voir sa mère. Arlequin, désolé de son isolement, invite Flaminia à dîner avec lui.

Flaminia cherche aussi à amadouer Silvia; mais pour Silvia, il n'y a qu'un homme au monde, c'est Arlequin; il y a bien un certain officier du palais à qui elle a donné à boire un jour qu'il était à la chasse, qui ne lui a pas déplu, mais elle ne le reverra jamais, et elle ne désire pas le revoir. Si cet officier s'était présenté le premier, c'est probablement lui qu'elle aurait aimé. Mais elle a donné son cœur à Arlequin, il n'y a pas à y revenir.

Arlequin est moins récalcitrant; il aime à causer avec Flaminia : c'est elle seule qui peut le consoler de l'absence de Silvia. Flaminia a perdu un amant qui ressemblait beaucoup à Arlequin, et si Arlequin s'était présenté le premier, c'est certainement lui qu'elle aurait aimé. Mais peut-être ne lui aurait-elle pas paru assez belle? Arlequin proteste. Elle est charmante, mais il aime Silvia. Flaminia s'éloigne en hâte, toute troublée. Elle aurait peur de trop aimer Arlequin si elle restait plus longtemps avec lui.

Toute la pièce est un enroulement symétrique de scènes qui sont autant de pièges tendus aux deux ingénus.

Silvia reparaît, enchantée des beaux vêtements dont on l'a revêtue. Elle raconte à Arlequin qu'elle a retrouvé cet officier à qui elle a donné à boire autrefois; elle est bien aise de cette rencontre et veut qu'Arlequin fasse amitié avec l'oficier. Arlequin à son tour demande à Silvia de faire amitié avec Flaminia, et s'en va avec celle-ci faire la collation. Pendant ce temps, Lisette qui, dans une scène précédente, a accompagné le prince, costumée en dame de la cour, et qui, à cette occasion, a échangé quelques aigres propos avec

Silvia, vient lui faire des excuses en présence de témoins :
si elle a dit à Silvia des mots blessants, c'est qu'elle était
jalouse. Silvia la reçoit assez mal ; Lisette a l'air de s'offenser,
elle s'adressera au prince, et elle espère bien reconquérir
sur lui l'ascendant que Silvia lui enlève. Silvia, de plus en
plus piquée, dit qu'elle parlera elle-même au prince et que
l'on verra bien.

Flaminia survient alors. Elle engage Silvia à imposer une
bonne fois silence aux envieux en ne s'obstinant pas à
repousser le prince. Cela fâchera peut-être Arlequin, mais
Arlequin, il faut en convenir, n'est guère galant auprès
d'elle. La quitter pour aller goûter ! c'est se montrer bien
grossier. Silvia est beaucoup plus distinguée que lui, d'ailleurs, et l'on ne s'explique pas comment elle a pu l'aimer.
Au premier acte, Silvia aurait arraché les yeux à qui lui
aurait parlé ainsi. Maintenant elle s'excuse. C'était le garçon
le plus distingué du pays, c'était son voisin, et il l'aimait.
Voilà bien des raisons pour lui rendre amour pour amour ;
mais, tout en l'aimant, elle a toujours bien vu ses défauts...
D'un autre côté, les femmes qui sont venues l'ont humiliée ;
elle ne serait pas fâchée de les humilier à son tour. Elle
convient que l'officier qui lui a parlé est fort aimable, mais
elle se doit à elle-même d'aimer Arlequin ; si Arlequin se
mariait, ce serait différent. Mais cela n'arrivera pas. — Qui
sait ? dit Flaminia. Si vous renoncez à lui, je l'épouserais
volontiers : ce n'est pas que je l'aime, mais je ne le hais pas.

On a compris que l'officier du palais à qui Silvia a donné
à boire autrefois, n'est autre que le prince lui-même, et que
c'est à cette occasion qu'il s'est épris d'elle. Il vient, toujours
sous le nom d'un officier du palais, interrompre le dialogue
de Silvia et de Flaminia. Il aime Sylvia, et il est prêt à tout
faire pour être aimé d'elle. Silvia est de plus en plus perplexe.

Si l'officier était le prince, elle aurait une excuse à donner à Arlequin. Elle ne sait, en vérité, quel parti prendre entre ces trois amours.

Arlequin ne lit pas beaucoup mieux dans son propre cœur. Seulement il ne veut pas qu'un autre que lui aime Flaminia. Quant aux lettres de noblesse qu'on vient lui apporter, il n'en fait aucun cas, et lorsqu'on lui apprend qu'étant noble il sera obligé de s'exposer à être tué chaque fois qu'on lui fera une injure, il déclare qu'il ne s'habituera jamais à cette doctrine. Le prince le prie de lui céder Silvia; il répond par l'apologue de Nathan à David; il s'attendrit cependant, mais il persiste à refuser. Flaminia vient alors lui faire ses adieux: le prince l'exile; elle est désolée, car elle voit maintenant que ce n'est pas de l'amitié seulement qu'elle a pour Arlequin, c'est de l'amour. Arlequin interroge son cœur: c'est de l'amour aussi qu'il éprouve pour Flaminia. Quant à Silvia, si elle a aimé Arlequin, il lui semble qu'elle ne l'aime plus. C'est un amour qui lui était venu et qui s'en est allé. Le prince se fait connaître, il épouse Silvia, et Flaminia épouse Arlequin.

Cette longue analyse était nécessaire pour faire comprendre comment ces deux cœurs naïfs qui s'aimaient uniquement ont fait à la fois leur évolution dans le sens opposé. L'auteur, il est vrai, ne leur a pas laissé un instant de répit: il les a tenus dans une atmosphère de ruses sans cesse renouvelées; il a mis en jeu tous leurs sentiments: l'amour, l'ambition, le dépit, l'amour de la domination, celui du changement; comment auraient-ils pu résister? Mais ce qui atteste un art infini, c'est qu'on sent à peine la pente sur laquelle ils glissent, jusqu'au moment où ils se retrouvent et se reconnaissent, chacun avec un nouvel amour au cœur. Sans doute cette évolution est trop rapide, si l'on veut absolument qu'elle se soit accomplie en un jour ; mais rien n'empêche de supposer qu'elle a duré un temps plus considérable.

Les critiques du dix-huitième siècle trouvèrent dans cette pièce trop de métaphysique; quelques-uns blâmèrent comme inutile la scène où l'on vient offrir à Arlequin des lettres de noblesse. Nous ne pouvons être de leur avis ; cette scène est suffisamment justifiée, et il est probable que ce n'était pas la moins applaudie.

On a vu que la *Dispute* n'est à quelques égards qu'une nouvelle édition affaiblie de la *Double Inconstance*.

IV

De 1723, date de la *Double Inconstance*, nous sautons à 1730 pour trouver le *Jeu de l'amour et du hasard*. C'est la plus connue des pièces de Marivaux. S'il ne la mettait pas au nombre de ses comédies favorites, c'est probablement parce que le sujet ne lui appartenait pas complétement et qu'il en avait pris l'idée dans un petit acte de Legrand : *le Galant Coureur, ou l'Ouvrage d'un moment;* joué en 1722.

Dans cette pièce, une jeune comtesse, qui attend son futur, imagine de se déguiser en soubrette afin de pouvoir étudier plus à son aise le caractère de ce futur, qui passe pour un libertin. Le marquis, qui n'a lui-même aucune envie de se marier, et qui ne vient voir la comtesse que pour plaire à un parent dont dépend sa fortune, se trouve amené à endosser la livrée et les fonctions d'un coureur que l'on attend. Sous ce déguisement il fait la cour à Finette, qu'il croit être une femme de chambre. La comtesse, de son côté, est obligée, pour ne pas se trahir, de souffrir ses assiduités; elle finit par y prendre goût et par regretter que le coureur ne soit pas un gentilhomme. Celui-ci, de son côté, est désolé que Finette ne soit qu'une femme de chambre; ils finissent par décliner leurs qualités et se marient.

C'est exactement le sujet de Marivaux. Seulement la pièce de Legrand n'est qu'un croquis rapide et presque sans développement, et celle de Marivaux est un charmant tableau, qui ne doit à Legrand que l'idée première.

Silvia, comme la comtesse, attend un prétendu; mais elle a vu tant de mauvais ménages qu'elle n'est pas disposée à se marier, surtout à un homme qu'elle ne connaît pas. Elle voudrait pouvoir l'étudier sans se compromettre, et pour cela elle imagine de changer de costume et de rôle avec sa femme de chambre. Mais il se trouve que le fiancé a la même idée, et change aussi de costume et de rôle avec son domestique. Le père et le frère de Silvia sont prévenus et se promettent de s'amuser de la situation.

Dorante et Pasquin arrivent travestis. Pour commencer, le frère de Silvia, Mario, veut que les deux prétendus serviteurs se tutoient. Cela les gêne bien un peu au début, mais Dorante trouve Silvia charmante et lui adresse une série de compliments des mieux tournés. L'embarras de la jeune fille augmente de voir à un valet tant d'esprit et de distinction. Elle s'en veut à elle-même de continuer la conversation avec lui et ne peut se résoudre à le quitter, tandis que le prétendu maître la choque dès qu'il paraît.

Lisette, au contraire, est enchantée du faux Dorante; elle prie M. Orgon, le père, de la dispenser de continuer, parce qu'elle prendra cet amour au sérieux. En effet, dès la seconde entrevue, on s'est dit qu'on s'aime, tout en se prévenant mutuellement qu'il y aura peut-être à en rabattre lorsqu'on se connaîtra mieux. Silvia trouve que Lisette va trop loin avec celui qu'elle suppose le maître; Lisette, de son côté, fait entendre à Silvia qu'elle-même va bien loin avec le valet. Silvia pleure de colère; elle ne sait où elle en est, elle ne se reconnaît pas elle-même. Le prétendu valet survient; elle veut s'en aller, et elle reste; elle veut le quereller, et elle le console; il se jette à ses pieds, elle lui dit qu'elle l'aimerait si elle le pouvait. Son père et son frère, qui sont témoins d'une partie de cette scène, la taquinent impitoyablement. Elle se fâche; on lui dit qu'il faut chasser ce valet qui est cause de tout le trouble de la maison; elle le défend avec chaleur; puis, comme on se moque d'elle, elle demande aussi qu'on le renvoie. Elle sait bien qu'elle ne peut l'épouser, et cependant elle ne peut se défendre de l'aimer. Dorante, qui apprend cet amour par Mario, veut d'abord s'éloigner par discrétion. A la fin il n'y tient plus. Il va trouver la fausse Lisette et lui propose de l'épouser, toute femme de chambre qu'elle est. On s'avoue alors de part et d'autre qu'on a joué la comédie. La scène des aveux de Pasquin et de Lisette est fort réjouissante. Le rôle de Silvia, amoureusement caressé par l'auteur, est un des plus jolis qu'il y ait au théâtre. Le dialogue est étincelant.

Au commencement de la pièce, Silvia fait le tableau de divers ménages qu'elle a vus. Le passage suivant a fourni à Boissy le sujet de ses *Dehors trompeurs*, une des quatre ou cinq bonnes comédies en vers du dix-huitième siècle :

Monsieur a l'air d'un galant homme, d'un homme bien raisonnable, disoit-on tous les jours d'Ergaste... Oui, fiez-vous-y, à cette physionomie si douce, si prévenante, qui disparoît un quart d'heure après pour faire place à un visage sombre, brutal, farouche, qui devient l'effroi de toute une maison. Ergaste s'est marié; sa femme, ses enfants, son domestique ne lui connoissent encore que ce visage-là, pendant qu'il promène partout ailleurs cette physionomie aimable que nous lui voyons, et qui n'est qu'un masque qu'il prend au sortir de chez lui.

V

Marivaux eut la malencontreuse idée de porter les *Serments indiscrets* au Théâtre-Français. C'était encore une *Surprise de l'amour*, en cinq actes, cette fois. On le joua un dimanche ; il faisait chaud, le public s'impatienta, la cabale aidant peut-être, et le cinquième acte fut à peine écouté.

L'auteur soutient dans sa préface qu'on a eu tort de rapprocher cette comédie des deux *Surprises de l'amour*. Dans ces pièces, dit-il, « il s'agit d'amants qui s'aiment sans s'en douter, et qui ne reconnaissent leur amour qu'au moment où ils se l'avouent. Dans les *Serments indiscrets*, au contraire, les personnages savent fort bien qu'ils s'aiment ; mais ils ont juré de ne pas se le dire, et ils cherchent comment ils pourront s'expliquer sans se donner un démenti. » — A la bonne heure ; mais, dans les deux cas, il s'agit de personnages qui s'aiment, qui sont toujours sur le point de se le dire, et qui ne se le disent pas. Et pour ceux qui connaissaient les précédents ouvrages de Marivaux, cinq actes, c'était beaucoup pour un tel sujet. Il n'y eut cependant de protestation que le premier jour : la pièce fut écoutée avec faveur aux représentations suivantes.

Piron constate ainsi le fait à la date du 29 septembre :

> Le calme succède à l'orage.
> Ce jour, poussé d'un heureux vent,
> Le parterre applaudit l'ouvrage
> Sifflé deux jours auparavant.

Mais il prétend que les lecteurs seront de l'avis des spectateurs du premier soir.

> Et poussé par un vent contraire,
> Sur le théâtre ayant à faux
> Applaudi monsieur Marivaux,
> Fut le siffler chez le libraire [1].

Ce trait est immérité. Cette comédie des *Serments* est, à la lecture, une des meilleures de Marivaux. C'est aussi une de celles qu'il aimait le mieux, et lors d'une reprise qui eut lieu plus tard, il refusa d'y apporter aucune modification, bien qu'il eût corrigé volontiers d'autres pièces. Les *Serments indiscrets* valurent à l'auteur nombre d'épigrammes. Le Sage s'en mêla, et dans une pièce qu'il faisait jouer alors à la Foire, on souhaite à la Comédie française d'être préservée

> De nouveaux *Serments indiscrets* [2].

Le point de départ de la pièce est le même que celui de la *Boule*, de MM. Meilhac et Halévy. La différence, c'est que, dans la *Boule*, les deux principaux intéressés sont mariés, et qu'il s'agit de les brouiller, tandis que, dans les *Serments indiscrets*, il s'agit de les empêcher de se marier. Dans la pièce moderne, un domestique, fâché que son maître ne soit plus garçon, suscite des querelles entre les époux pour les amener à plaider en séparation. Dans la pièce ancienne, un valet et une soubrette, qui ont intérêt à ce que leurs maîtres ne se marient pas, entretiennent en eux la sainte horreur du mariage.

Comme les parents désirent beaucoup cette union, Damis et Lucile consentent à se voir, mais uniquement afin de convenir d'un prétexte pour ne pas se marier. C'est dans cette pensée que Damis arrive au château où demeure Lucile. A peine descendu, il demande à la voir ; mais Lucile avait déjà pris la précaution de lui écrire une lettre où elle lui expliquait les motifs qui lui faisaient désirer de ne pas deve-

---

[1] OEuvres de Piron, t. VI, Épître à M. le comte de Livry.
[2] OEuvres choisies de Le Sage, in-8, t. XVI. *Les Désespérés*.

nir sa femme ; puis elle s'était retirée dans un cabinet voisin, et avait chargé Lisette de recevoir son futur. Damis exprime sa répugnance pour le mariage en général, et ne doute pas que Lucile ne la partage. — Prenez garde, lui dit Lisette. Lucile est fort jolie. — Belle ou laide, Damis est bien sûr de ne pas se laisser séduire par elle : il répond de son cœur. La vanité de Lucile est blessée. — Et moi du mien, dit-elle en sortant de sa cachette. Damis est quelque peu interloqué, car Lucile est charmante et spirituelle, et dans la conversation qui s'engage, ils sont prêts à changer complétement de sentiment. Mais Lisette, qui craint qu'ils ne s'entendent, se hâte de les prendre au mot, et de leur faire jurer qu'ils ne se marieront pas. A peine le serment est-il prononcé qu'ils se repentent. L'orgueil les empêche de revenir sur leur serment, et pendant quatre actes ils usent toutes leurs forces à lutter contre leur cœur pour ne pas se démentir.

Pour sauver les apparences, Lucile a engagé Damis à faire la cour à sa sœur Phénice. Damis obéit, et Phénice prendrait cette cour au sérieux, si un valet ne l'avertissait à temps, et ne lui faisait remarquer que Damis et Lucile s'adorent, et ne sont séparés que par un sot amour-propre. Quant aux parents, ils sont tout disposés à unir Phénice et Damis, puisqu'ils paraissent se convenir. Mais Lucile se met en travers ; elle cherche à persuader à sa sœur qu'elle ne sera pas heureuse avec Damis, et celle-ci, qui en veut un peu à Lucile de l'avoir exposée à s'éprendre du jeune homme, s'amuse à la tourmenter. A la fin, elle conduit Damis près de Lucile, elle lui ordonne de fléchir le genou devant sa sœur, et les force de convenir qu'ils s'aiment.

La pièce est bien conduite, l'action ne languit pas un moment. Mais Marivaux se le tint pour dit. Il ne fit plus de pièce en cinq actes.

VI

Le public, qui avait mal reçu les *Serments indiscrets*, accueillit l'*Heureux Stratagème* avec empressement. Il est vrai que ce n'était pas tout à fait le même public, l'œuvre nouvelle ayant été donnée aux Italiens. Mais la principale raison de cette préférence est ailleurs. Il ne faut pas être trop original au théâtre. La donnée de l'*Heureux Stratagème* avait déjà été portée maintes fois sur la scène, et elle y a été portée maintes fois depuis. C'est sur cette idée que Lope de Vega a construit son *Chien du jardinier*. — Le chien du jardinier ne mange pas les fruits, mais il ne veut pas qu'un autre les mange. — C'est la donnée de *Dédain pour dédain*, de Moreto, et de la *Princesse d'Élide*, qui en est une faible imitation. Il est peu d'auteurs dramatiques qui ne l'aient employée, au moins incidemment. Ces sortes de sujets sont saisis par le public du premier coup, et le succès est certain, pour peu que les détails soient piquants; et ils sont piquants dans l'*Heureux Stratagème*. La comtesse aimait Dorante; mais Dorante n'est que sensé. Survient un chevalier fat et gascon. Son bavardage amuse, et Dorante est négligé. Il s'en plaint, la comtesse le raille. Il se tourne alors vers la marquise. La comtesse lui écrit pour le rappeler; il refuse de revenir : elle est au désespoir, le Gascon lui devient odieux. Mais Dorante est tout entier à son nouvel amour. On a même dressé un contrat de mariage, qu'on invite la comtesse à signer comme témoin. Elle signe, la mort dans l'âme. Dorante se jette alors à ses pieds, et lui apprend qu'il n'aime pas la marquise, et que le contrat qu'elle vient de signer est son propre contrat de mariage, à elle, avec celui qui n'a jamais cessé de l'aimer.

Les critiques du temps, si durs pour les *Serments indiscrets,* admirent beaucoup l'*Heureux Stratagème,* quoique cette dernière pièce soit inférieure. Ils louent surtout le dénoûment, prévu suffisamment et pourtant inattendu. Ils ne trouvent à blâmer que l'intrigue secondaire des valets, comme trop semblable à une intrigue du même genre dans une autre pièce.

VII.

C'est au Théâtre Italien aussi que Marivaux donna les *Fausses Confidences.* Cette comédie n'eut pas d'abord tout le succès qu'elle mérite, nous dit l'historien de ce théâtre. On lui fut plus favorable à la reprise, mais elle ne fut jouée au Théâtre-Français qu'en 1793; singulière date pour une œuvre aussi parfumée! Desboulmiers y loue une intrigue bien conduite, sagement développée, des caractères aimables et en relief, des situations comiques et intéressantes. Planche dit que cette pièce résume tout Marivaux; il est vrai qu'il ne connaissait pas « tout Marivaux ».

Le sujet est au fond le même que celui du *Roman d'un jeune homme pauvre.* Un jeune homme d'une famille honorablement connue se trouve ruiné et obligé de se faire intendant. Un ancien valet, Dubois, qui est maintenant au service d'une jeune veuve, riche, bonne, sans vanité, le voyant épris de cette dame, entreprend de la lui faire épouser. Il engage Dorante à se faire présenter dans la maison par M. Rémi, son oncle, qui est procureur de ladite dame. Araminte est bien disposée pour lui dès l'abord; elle lui trouve l'air distingué : il est bien fait de sa personne, bien recommandé ; elle l'arrête. Elle est en procès avec un comte qui l'épouserait volontiers pour mettre un terme à ce procès qu'il craint de perdre. Quant à elle, elle ne se sent aucune envie d'épouser le comte, et elle charge Dorante d'examiner ses papiers et de lui dire si elle a quelque chance de gagner. Dubois, qui survient pendant cette conversation, feint d'être étonné de voir Dorante. La dame, quand elle se trouve seule avec Dubois, lui demande quelques renseignements sur son nouvel intendant. — C'est le plus honnête homme du monde, instruit, probe, distingué; mais il a une folie en tête, il est amoureux. On lui a proposé plusieurs partis fort avantageux, il a tout refusé pour son fol amour. — Les femmes ont toujours un faible pour les amoureux. Araminte demande à Dubois s'il connaît la personne qui lui a inspiré cette passion. — C'est vous-même, madame. Elle est étonnée, mais elle est touchée en même temps. Elle se dit qu'elle ne devrait pas garder son intendant, mais comment se résoudre à le renvoyer tout de suite ? Il faut au moins attendre un peu. La mère d'Araminte n'est pas de cet avis, mais pour une autre raison : elle a ordonné à Dorante de dire à sa fille qu'elle perdra son procès. — Mais si elle a le droit pour elle ? — Voilà un homme qui ne comprend rien. On ne vous dit pas d'examiner si elle a droit ou non, mais de lui dire qu'elle a tort, entendez-vous ?

Dorante conseille à Araminte de plaider. M. Rémi — il n'est pas dans le complot — interrompt la conversation pour annoncer à Dorante qu'on lui propose un mariage très-avantageux ; la dame est jeune, elle est riche, elle le connaît. Dorante refuse : son cœur est pris, il ne veut entendre parler de rien. On apporte aussi un portrait, dont la maladresse d'Arlequin fait toute une affaire ; Marthon, la suivante, s'imagine que ce portrait est le sien, parce qu'elle croit Dorante amoureux d'elle. Araminte le lui prend, puis elle fait venir Dorante. — Il le reconnait pour son œuvre, c'est une peinture qu'il a faite de souvenir. Araminte n'y est pour rien; il la prie de le lui rendre. Araminte ouvre la boîte et lui montre que c'est un portrait d'elle; il se jette à ses genoux, et lui demande pardon; elle lui pardonne. Lorsqu'il s'est éloigné, Dubois, qui a vu cette scène, demande à Araminte si Dorante s'est déclaré; elle répond qu'il ne lui a rien dit.

Le cœur de la jeune veuve est déjà fort agité. On ne lui laisse pas le temps de réfléchir. Tout le monde vient se plaindre à elle de Dorante, mais ces plaintes sont des témoignages de sa passion. On saisit, par une suite de ricochets, une lettre dans laquelle Dorante écrit à un ami qu'il est follement épris d'Araminte, qu'il est décidé à la quitter, et on la remet à Araminte. Au moment où elle vient de la lire, Dorante se présente pour lui faire ses adieux; on cause, on s'attendrit, et Araminte finit par avouer à son intendant qu'elle l'aime. Il lui confesse alors que la plupart des rapports qu'on lui a faits étaient de fausses confidences, et que c'est Dubois qui a tout conduit. Il n'y a qu'un point de vrai, c'est l'amour profond qu'il avait conçu pour Araminte. On lui pardonne tout en faveur de cet amour et de sa franchise, et l'on convient de s'épouser.

L'idée de provoquer l'amour par de fausses confidences a été souvent mise en œuvre avant et après Marivaux. C'est le fond, entre autres, d'une petite comédie en vers de Lafont, l'*Amour vengé*, jouée en 1712. Un jeune homme et une jeune fille sont amenés à s'aimer, parce qu'on a dit séparément à chacun que l'autre l'aime. Chacun d'eux se met à jouer la comédie avec l'autre, pour s'amuser d'abord; mais en jouant l'amour, ils finissent par l'éprouver et se marient.

Dans le *Roman d'un jeune homme pauvre*, il n'y a pas de fausses confidences, mais on nous présente, comme dans la comédie, un jeune homme ruiné, placé dans une famille riche en qualité d'intendant, et conquérant peu à peu l'amour d'une noble jeune fille, qui se débat longtemps contre ce sentiment et finit par y céder.

M. F. Sarcey oppose, à ce propos, la sérénité qui règne dans la pièce de Marivaux à l'agitation nerveuse qu'éprouvent les personnages du roman moderne.

> La pièce a été écrite pour un siècle heureux, à qui tout souriait dans le présent et qui voyait l'avenir en rose. Les personnages sont tous confiants, tranquilles, aimables; ils se laissent agréablement porter au flot de la vie, entre des bords riants et parfumés... On ne sent pas autour de soi le charme profond de la nature, mais quelque chose de coquet, de raffiné, qui mousse légèrement et pétille... Voyez la différence aussi entre Araminte, si égale, si paisible même en ses plus violents accès de tendresse et de dépit, et Marguerite, si fantasque, avec ses soubresauts bizarres de hauteur impérieuse, mêlés à des retours d'exaltation passionnée. L'une est née au milieu des élégances d'un temps lumineux et gai, où il faisait bon vivre, où l'on s'arrangeait pour avoir le temps d'être heureux à son aise. L'autre est la fille d'un état tourmenté, où les passions les plus vraies sont fouettées de surexcitations factices [1].

M. Sarcey fait remarquer aussi que dans cette comédie, où il s'agit pourtant autant d'argent que d'amour, le mot « argent » est à peine prononcé, tandis que dans le roman et la pièce moderne, il en est question à chaque instant, et cela avec une âpreté, une aigreur, qui aurait fort scandalisé les salons du temps de Marivaux.

Araminte est veuve d'un financier. Dorante est avocat. Les personnages appartiennent à la bourgeoisie. Marivaux a repris le même thème dans le *Préjugé vaincu*, mais en faisant entrer la noblesse comme élément dans la lutte.

---

[1] Sarcey, feuilleton du *Temps*, mai 1873. Plusieurs passages sont fondus ensemble.

PRÉJUGÉS VAINCUS.

Nous réunissons sous ce titre de *Préjugés vaincus* quatre pièces qui pourraient rentrer dans les classes précédentes, mais qui présentent cependant un caractère commun. Le *Petit-Maître corrigé* nous offre la victoire de l'amour instinctif sur le préjugé à la mode à l'encontre de l'amour dans le mariage ; le *Legs*, la victoire de l'amour sincère sur le préjugé d'une fausse modestie, qui doute trop de soi ; l'*Épreuve*, la victoire de l'amour candide sur le préjugé des conditions sociales, et le *Préjugé vaincu*, la victoire du sentiment sur l'orgueil nobiliaire.

I

Dans l'*Heureux Stratagème*, Marivaux n'avait qu'esquissé le jeune homme à la mode, le petit-maître impertinent ; il y revient dans le *Petit-Maître corrigé*.

Le marquis Rosimond arrive de Paris pour épouser une provinciale. Les parents ont arrangé ce mariage ; il obéit. Il s'informe à peine de la future. — Elle a de beaux yeux, lui dit-on, et beaucoup d'esprit ; peu lui importe, ce n'est pas pour cela qu'on se marie quand on demeure à la cour et qu'on est désiré de toutes les jolies femmes de Paris. Sa fiancée doit être très-heureuse qu'il veuille bien condescendre à l'épouser. C'est dans ces dispositions qu'il se présente à elle. Il la complimente sur ses yeux, sur ses dentelles, et finit sa tirade par : Quand nous marions-nous ? — Hortense est assez bien disposée pour lui, mais ce ton impertinent la choque, il en changera ou elle ne l'épousera pas.

Rosimond était en liaison avec une certaine marquise Dorimène; il prend fantaisie à celle-ci d'empêcher le mariage projeté : un jeune homme comme Rosimond ne doit pas se marier. Elle est quelque peu parente de la famille d'Hortense, cette parenté l'autorise à se rendre au château; elle y arrive donc, — non pas seule : elle ne va jamais seule : elle a rencontré en chemin un certain Dorante, et elle l'amène. Comme il n'est pas décent, suivant elle, qu'un fiancé soit toujours auprès de sa fiancée, c'est Dorante qui sera le cavalier d'Hortense, et Rosimond qui sera le sien, à elle. Cet arrangement scandalise un peu les provinciaux; la mère de Rosimond surtout trouve cette conduite passablement étrange. Mais la marquise laisse dire, elle accapare le fiancé, elle ne le cède à personne, et voyant que la famille veut absolument qu'il se marie, elle lui offre de l'épouser. Rosimond n'en a nulle envie. Il a vu Hortense de plus près, il en est follement amoureux, mais il se garde de le dire, parce que ce serait de mauvais goût. Il engage même Dorante à faire la cour à Hortense. Dorante ne demande pas mieux, et Hortense feint de se complaire à cette interversion des rôles. Rosimond, piqué, cherche à reconquérir le cœur d'Hortense, sans quitter toutefois ses allures cavalières. Hortense se moque de lui; il est au désespoir, il lutte quelque temps encore, mais il finit par demander grâce, et tombe aux pieds d'Hortense en la suppliant d'oublier ses folies. Tout le monde accourt alors. — Dorante réclame la main de Rosimond, mais Hortense déclare qu'elle prend elle-même Rosimond pour mari, puisqu'il assure qu'il est corrigé.

La pièce est bien conduite et fort intéressante. L'étourdie marquise Dorimène, qui accapare le fiancé d'Hortense, a servi de modèle à la comtesse qui accapare Forlis dans les *Dehors trompeurs*. Rosimond est devenu le marquis de Moncade de l'*École des bourgeois*, mais d'Allainval a dessiné le personnage avec plus de vigueur et de décision. Le *Petit-Maître corrigé* n'eut que deux représentations. Marivaux avait donné sa pièce aux Français, et les habitués de ce théâtre avaient contre lui des préventions.

II

Ils firent cependant bon accueil au *Legs*, qui fut joué deux ans plus tard sur la même scène. Nous retrouvons dans cette pièce la suivante qui veut empêcher un mariage, parce que ce mariage restreindra l'influence qu'elle exerce sur sa maîtresse. Lisette est admirablement servie par le caractère des futurs. La comtesse a de l'énergie, mais le marquis est timide et sans cesse hésitant, et comme par une clause d'un legs qui lui a été fait, il est obligé de payer 200,000 francs s'il épouse la comtesse, il est très-difficile de le décider à « sauter le ruisseau », comme dit Alfred de Musset, c'est-à-dire à faire une déclaration. Il voudrait bien que Lisette fît cet aveu à sa place, mais Lisette refuse; elle le fait cependant, mais en s'efforçant de jeter du ridicule sur le soupirant effarouché. La comtesse ne partage nullement le sentiment de la soubrette, et dans une conversation qu'elle a avec le marquis, elle fait tous ses efforts pour l'amener à lui dire : Je vous aime. Elle le conduit jusqu'au bord de l'aveu; elle croit qu'il va parler, il change tout à coup de conversation : elle le ramène sur le terrain; il hasarde une demi-déclaration. La comtesse paraît étonnée; il prend cela pour de la colère et retombe dans les banalités. Hortense, à qui reviendront les 200,000 francs s'il épouse la comtesse, vient lui réclamer le legs ou sa main. Il se déclare prêt à l'épouser. Il n'y a pour lui qu'une seule femme au monde, la comtesse ; du moment qu'elle le refuse, il épousera qui l'on voudra. Cette réponse ne fait l'affaire de personne. Hortense, la comtesse, Lisette elle-même, qui voit bien que sa maîtresse est décidée, tout le monde se réunit pour pousser le marquis à formuler sa demande. Il répète à la comtesse qu'il l'aime ; mais puisqu'elle le hait, il n'y a rien à faire. — Je ne vous hais pas, je ne vous l'ai jamais dit. — C'est tout comme. — Vous m'aimez, soit ; m'avez-vous jamais demandé ce que j'en pense? — A quoi bon? Je sais votre réponse, vous allez me dire : Non. — Mais posez la question. — Soit ; je vous aime, qu'en pensez-vous ? — Eh bien! j'en suis bien aise. — Ah! s'écrie le marquis bouleversé. Il paye avec bonheur les 200,000 francs, et tout le monde est satisfait.

A. de Musset s'est amusé à refaire cette comédie. Il a même simplifié le sujet, en ce qu'il n'y a pas de legs, et que, dès le début, la comtesse est résolue à épouser le marquis. Il ne s'agit donc que d'amener celui-ci à se déclarer. On fait jouer la jalousie, car il y a aussi deux couples, et c'est la jalousie qui décide le marquis à faire l'aveu attendu. Seulement ce n'est pas à la marquise même qu'il le fait ; elle l'entend à travers une porte et le saisit au vol. La scène finale de Marivaux, dans laquelle on voit le marquis amené par degrés à faire une déclaration, qu'il lance en rechignant, est plus théâtrale, et Musset n'a pas été heureux dans ses corrections. Aussi n'a-t-il pas fait imprimer sa pièce, qui ne figure que dans ses œuvres posthumes. Le titre seul est joli : *l'Ane et le Ruisseau*.

III

L'*Épreuve* est un des bijoux les plus finement ciselés du théâtre de Marivaux. « Alfred de Musset avec toute sa poésie, dit F. Sarcey[1], n'a jamais rien écrit de plus frais, de plus aimable, de mieux coupé pour la scène... L'*Épreuve* a été refaite bien souvent. Jamais elle n'a été conduite avec tant de discrétion et de grâce. »

Lucidor, fils d'un riche bourgeois, et à la tête d'une fortune considérable, est tombé malade à la campagne. Une famille d'honnêtes et peu riches propriétaires campagnards l'a soigné. La jeune fille surtout, une Angélique encore, a pris de lui un soin tout particulier. Elle est charmante, il serait heureux de l'épouser, mais il voudrait, avant de lui offrir sa main, savoir si c'est lui qu'elle aime ou sa fortune. Il apprend qu'un fermier du voisinage la recherche en mariage, il engage Blaise à se présenter. Il fait venir de Paris son valet, il l'habille en homme du monde, puis, rencontrant Angélique, il lui dit qu'il lui a trouvé un mari, son ami intime, un autre lui-même, qui demeure à Paris, dans la même maison que lui. Angélique, heureuse et confuse, ne doute pas que ce futur ne soit Lucidor lui-même, bien qu'il ne se soit pas nommé. Elle le dit même à Lisette. Aussi lorsqu'on lui présente Frontin, elle ne le regarde même pas; elle se fâche contre tout le monde, contre Lisette, contre Lucidor qui l'a mal jugée, contre sa mère qui s'indigne qu'elle ait refusé le parti avantageux qu'on lui offrait. De dépit, elle dit qu'elle épousera Blaise et tâchera

---

[1] *Le Temps*, janvier 1874.

de l'aimer. Lucidor, resté seul avec elle, la calme; il l'aime, il a voulu seulement s'assurer de son amour, c'est lui qui veut être son époux.

Cette Angélique est d'une ingénuité charmante dans son amour, dans sa joie, dans son dépit. Loin d'être humiliée de l'épreuve à laquelle on l'a soumise, elle en est heureuse, puisque cette épreuve lui a permis de manifester tout haut ce qu'elle avait dans le cœur.

Marivaux a nommé sa pièce tout simplement l'*Épreuve,* mais les comédiens l'appellent ordinairement l'*Épreuve nouvelle,* pour la distinguer de l'*Épreuve réciproque,* de l'*Épreuve villageoise,* etc., etc.

IV

L'*Épreuve* fut, pour ainsi dire, le chant du cygne de Marivaux. Quelques années après cependant, en 1746, il donna au Théâtre-Français le *Préjugé vaincu,* qui réussit encore, quoi que l'on y voie déjà les symptômes de la fatigue et de l'épuisement.

Nous n'avons pas affaire cette fois à une surprise de l'amour. Angélique sait fort bien qu'elle aime Dorante, mais elle ne veut pas en convenir. Fille d'un marquis, elle ne peut pas déroger, et épouser un simple bourgeois, quelque riche et bien élevé qu'il soit. Elle a fait partager ses sentiments, non à son père, qui verrait ce mariage avec plaisir, mais à Lisette sa femme de chambre, qui, bien que parlant le patois de son village, et fille d'un simple procureur fiscal, n'en est pas moins décidée à ne pas déroger. Dorante, pour sonder le terrain, dit qu'il a un parti à proposer à Angélique : un jeune homme instruit, riche, estimable sous tous les rapports, mais un bourgeois. Angélique refuse: Dorante lui apprend que c'est de lui-même qu'il s'agissait; elle est quelque peu déconcertée, mais elle persiste. Le marquis offre alors à Dorante sa fille cadette. Angélique fait venir Dorante; elle ne veut pas qu'il aille voir sa sœur, elle ne veut pas qu'il s'éloigne. Dorante la regarde d'abord avec étonnement, puis avec attendrissement. Angélique le regarde aussi. Il tombe à ses pieds, elle le relève : l'orgueil a cédé devant l'amour.

Il existe un grand nombre de pièces qui se terminent par une mésalliance de ce genre. Tantôt c'est l'homme qui est séduit, comme dans les diverses *Paméla* de La Chaussée, de Boissy, de Goldoni, de François de Neufchâteau, dans la *Nanine* de Voltaire, etc.; tantôt c'est la jeune fille aristocratique qui se laisse charmer, comme dans *Mademoiselle de la Seiglière*, *Par droit de conquête*, etc. Au dix-huitième siècle, c'est le plus souvent l'homme qui déroge; au dix-neuvième siècle, c'est la femme. On ne voit aucun mariage de ce genre dans les pièces du dix-septième siècle. A cette époque, si l'amour a rapproché des personnes de conditions différentes, il y a toujours à la fin de la pièce ou du roman une reconnaissance qui met les deux amoureux sur le même niveau.

Le *Préjugé vaincu* est un peu terne. Le rôle d'Angélique n'a pas toute la finesse que Marivaux aurait su lui donner à une autre époque. Le rôle de la soubrette qui parle patois et affiche des sentiments aristocratiques est assez original, mais on sent dans toute la pièce un manque de souplesse, un commencement d'aridité, qui ira s'accusant de plus en plus dans les œuvres de la vieillesse de l'auteur. N'oublions pas que cette comédie était la trente et unième œuvre dramatique mise à la scène par Marivaux depuis 1720, et qu'il avait en outre publié pendant ce temps trois écrits périodiques et deux romans.

CHAPITRE VII

LES COMÉDIES DE MARIVAUX

LES AUTEURS COMIQUES CONTEMPORAINS

I. Les comédies de Marivaux. — I. Les personnages. — II. Contexture des pièces. — III. Dialogues. — IV. Portraits.
II. Auteurs comiques contemporains. Destouches, Delisle, Boissy, Dallainval, Nivelle de La Chaussée.

I

Il n'est pas hors de propos, avant d'aller plus loin dans les œuvres de Marivaux, de jeter un regard en arrière sur le chemin parcouru et de résumer nos impressions sur les comédies.

Il est inutile de faire remarquer que la comédie de Marivaux ne ressemble ni à celle de Molière et de ses imitateurs, ni à la comédie sentimentale inaugurée par Nivelle de La Chaussée et dont le chef-d'œuvre, au dix-huitième siècle, est le *Philosophe sans le savoir,* de Sedaine. Elle occupe une place à part dans la littérature du dix-huitième siècle : c'est la comédie de la grâce et du sourire, — de la grâce sans mièvrerie, du sourire sans fadeur. C'est quelque chose de fin, de distingué, d'aristocratique, pour le ton, et sans aucune trace de sensualité. C'est l'art de Watteau, non celui de Boucher. C'est vrai, mais d'une vérité un peu fantaisiste; c'est frais, c'est charmant, peint en couleurs tendres, mais non en camaïeu; c'est un peu contourné de formes, mais les détails de ces tableaux ont été pris sur nature. Ces personnages-là sont un peu idéalisés, mais ils sont vivants : il y a, parmi les femmes surtout, plusieurs créations charmantes et que l'on n'oublie pas.

On a appelé ces comédies métaphysiques ; on devrait plutôt dire philosophiques, ou mieux encore psychologiques ; car à deux ou trois exceptions près, elles ne sont jamais fondées sur des combinaisons fortuites d'événements : il y a toujours une idée, même dans les plus romanesques. L'artiste en style est doublé d'un moraliste et d'un philosophe.

Ce qui les caractérise, c'est, comme nous l'avons dit, d'offrir une analyse minutieuse des motifs les plus déliés de nos actions. Ici point de coups de théâtre inattendus, de situations tout à coup réalisées sans que nous sachions comment. Nous marchons à petits pas, par des sentiers tortueux, mais soigneusement disposés, et quand nous nous trouvons en face d'un point de vue nouveau, nous savons comment nous y sommes parvenus. Le plus souvent le point de départ est très-humble. C'est un germe déposé dans le cœur qui croît, grandit et s'épanouit. Ici le point de départ, c'est le cercle de Popilius dans lequel on enferme deux êtres qui ne veulent pas s'aimer ; là, c'est une confidence faite à l'oreille ; ailleurs, c'est un serment imprudent, un défi, un grain de vanité, un dépit, un mouvement de compassion, une défense, une taquinerie. D'autres écrivains nous présentent la passion déjà grandie et à l'état robuste ; Marivaux la prend au début : il aime à remonter aux causes ; mais une fois qu'il a amené le sentiment, quel qu'il soit, jusqu'à un certain point de développement, il ne s'y intéresse plus. Une fois la passion connue et avouée, dans la comédie, il marie ses personnages, dans le roman, il les abandonne. Il ne veut voir que la fleur du sentiment : du moment où le fruit s'annonce, même de loin, il se dérobe.

II

La revue que nous venons de passer des comédies de Marivaux montre assez l'erreur de ceux qui prétendent qu'il n'a jamais fait qu'une seule pièce.

Nous avons d'abord constaté une expédition contre l'inégalité des rangs. Dans l'*Ile des Esclaves,* on montre les serviteurs devenus maîtres et n'abusant pas de leur pouvoir; dans l'*Ile de la Raison,* on nous montre les rangs distribués d'après la sagesse des individus et non d'après le hasard de la naissance; dans la *Colonie,* on montre la femme devenant l'égale de l'homme.

Vient ensuite une campagne contre l'injuste répartition des richesses. C'est l'*Indigent philosophe*, c'est, dans le *Cabinet du philosophe,* le *Chemin de la Fortune,* ouvert seulement à ceux qui ont entamé leur conscience; c'est au théâtre le *Triomphe de Plutus,* où l'on voit le riche grossier et imbécile préféré à celui qui n'a pour lui que l'esprit, la science et le talent.

Nous venons de citer quelques comédies consacrées à montrer des préjugés vaincus. La plupart des autres sont, il est vrai, des *Surprises de l'amour;* mais si l'idée est la même au fond, les circonstances sont variées... « J'ai, disait Marivaux, guetté dans le cœur humain les niches différentes où peut se cacher l'amour lorsqu'il craint de se montrer, et chacune de mes comédies a pour objet de le faire sortir d'une de ces niches[1]. »

---

[1] D'ALEMBERT, *Éloge de Marivaux.*

III

Dans la comédie de Molière et de ses imitateurs, les amoureux sont rejetés à l'arrière-plan. Ici, au contraire, ils sont au premier rang, et ce sont eux qui tiennent les grands rôles : les pères, les oncles, les mères mêmes, sauf de rares exceptions, ne jouent qu'un rôle accessoire et n'ont que très-peu de physionomie. On a dit de Raphaël qu'il était le peintre de la jeunesse : les comédies de Marivaux sont aussi les comédies de la jeunesse.

Voici d'abord tout un essaim de jeunes femmes : « variées, mais ressemblantes », comme ces sœurs dont parle Ovide.

Les plus nombreuses sont les ingénues. Il y en a d'une naïveté enfantine comme la Silvia d'*Arlequin poli par l'Amour*, et celle de la *Double Inconstance*. Voici une ingénue naïvement égoïste, Eglé, de la *Dispute;* une ingénue finement aristocratique, craignant de descendre et ne pouvant s'en empêcher, la Silvia du *Jeu de l'amour et du hasard;* une ingénue tendre et gracieuse ne s'apercevant pas qu'elle veut monter, Angélique de l'*Épreuve;* des ingénues qui s'entêtent dans leur amour-propre et luttent contre leur cœur, la Lucile des *Serments indiscrets*, celle du *Préjugé vaincu;* une ingénue naïve et subtile à la fois, l'Angélique de l'*École des mères;* une ingénue émue et troublée de sa responsabilité, l'Angélique de la *Mère confidente*, etc.

Voici les jeunes veuves, les unes naïves et bonnes : l'Araminte des *Fausses Confidences;* la marquise de la seconde *Surprise de l'amour;* une veuve charmante et rieuse, Hortense du *Prince travesti;* d'autres bonnes et malicieuses :

la comtesse de la première *Surprise de l'amour*, la comtesse du *Legs*.

Une dame prudente et sage, qui se laisse surprendre par l'amour, Léontine du *Triomphe de l'amour*.

Les femmes d'un certain âge sont généralement peu intéressantes, si l'on en excepte la mère confidente de sa fille; quelques-unes sont ridicules : la mère d'Araminte dans les *Fausses Confidences*, et aussi la mère d'Angélique dans l'*École des mères;* mais ici le ridicule est plutôt dans la situation.

Il faut noter que dans ces trente-trois pièces il y a des femmes étourdies, bavardes, imprudentes, jalouses, etc., mais pas une femme odieuse. Il n'y a pas même une femme bête.

Les amoureux sont moins intéressants que les amoureuses. Ils ne sont pas tout à fait uniformes cependant.

Il y a l'amoureux non dégrossi que l'amour civilise; l'amoureux ingénieux et balourd de la *Double Inconstance;* l'amoureux passionné des *Fausses Confidences*, de la *Mère confidente;* l'amoureux fat, railleur et ému du *Petit-Maître corrigé;* l'amoureux timide du *Legs;* l'amoureux trop franc des *Sincères;* l'amoureux honteux de l'être du *Jeu de l'amour et du hasard;* l'amoureux qui veut être aimé pour lui-même, de l'*Épreuve*, etc.

Quant aux serviteurs, ils sont généralement très-spirituels, très-rusés, très-habiles, très-rapprochés des maîtres, ayant auprès d'eux leur franc parler, leur donnant des conseils, mais non à la manière des valets de Molière, par exemple ceux-ci renvoyant souvent leurs maîtres dans la coulisse comme incapables de penser et d'agir. Les valets de Marivaux ne sont jamais au premier rang, mais ils ne sont pas trop dépaysés quand ils ont à jouer le rôle de gens du monde, comme dans le *Jeu de l'amour et du hasard* et l'*Épreuve*. La plupart outrent les défauts de leurs maîtres et les montrent pour ainsi dire dans une glace grossissante; ils sont presque toujours très-fats et font la cour à la soubrette de la dame de cœur de leurs patrons. Ils sont dévoués le plus souvent, mais il leur arrive aussi de conspirer contre le mariage de leurs maîtres, de peur de voir arriver dans la maison un mari ou une dame qui réduiraient leur influence. Ils reçoivent volontiers de toutes mains, et se font souvent les espions des deux partis, mais ouvertement. Ils sont tous honnêtes, quant à leurs antécédents; il n'y a d'exception que pour Trivelin de la *Fausse Suivante*, qui avoue avoir été quelquefois logé par la justice, comme nombre des valets de Molière, de Regnard, de Le Sage et d'autres écrivains.

A côté du serviteur rusé, il y a quelquefois le serviteur balourd, Arlequin aux Italiens, Lubin aux Français, qui, croyant faire une grande finesse, découvre ce qu'on voulait cacher et amène parfois le dénoûment, comme dans les *Fausses Confidences*, le *Triomphe de l'amour*, le *Prince travesti* et la *Fausse Suivante*.

La soubrette est toujours spirituelle, jolie, agressive et rieuse, intrigante parfois, coquette toujours, épousant volontiers Frontin ou Pasquin à la fin de la pièce, mais après l'avoir longuement lutiné. Une seule suivante, la Lisette du *Préjugé vaincu*, parle patois et ne brille pas par l'esprit. Souvent la suivante se fait la copiste de sa maîtresse, mais dans bien des cas elle a plus de raison qu'elle; elle la malmène dans l'*Ile des Esclaves*, et la raille dans les deux *Surprises de l'amour*.

Les paysans de Marivaux sont parfois naïfs, mais d'une naïveté sournoise et rusée. Il est rare qu'ils aillent droit à leur but; ils prennent généralement des voies obliques et emploient des phrases bizarrement recherchées. Ce sont des paysans normands, de quelque lieu qu'ils prétendent venir. Il y a une exception pour l'Héritier de village, qui se montre naïvement enivré de sa fortune, mais à qui Marivaux souffle tout son esprit pour mettre en relief les ridicules du grand monde. Nous reviendrons sur le langage que Marivaux prête à ses paysans [1].

IV

Le nœud, dans la plupart de ses comédies, provient de la volonté des personnages ; le dénoûment résulte rarement d'une cause étrangère. Mais pour amener ces changements de volonté qui déterminent le dénoûment, Marivaux accumule une série inépuisable d'accidents qui tombent comme une grêle sur le personnage et ne lui laissent pas de trêve qu'il ne se soit décidé. C'est ce qui arrive, entre autres, dans la *Double Inconstance,* les *Fausses Confidences,* les *Serments indiscrets,* le *Jeu de l'amour et du hasard,* le *Triomphe de l'amour,* etc. Le personnage se débat quelque temps sous cette grêle, mais il finit par arriver où l'on veut le conduire. Quelque nombreux, du reste, que soient ces incidents, chacun d'eux est suffisamment développé, et leur ensemble ne donne jamais l'idée de ces courses précipitées en chemin de fer où l'on voit disparaître les arbres et les clochers avec une vitesse vertigineuse, comme cela arrive parfois dans certaines farces modernes ; le spectateur a le temps de goûter chaque effet. Il serait plutôt tenté de s'impatienter de ce qu'on ne va pas

[1] Voir chapitre XI.

assez vite. Mais avec Marivaux, il n'y a pas à se montrer trop impatient du but, d'autant plus que le but est ce qui l'intéresse le moins.

V

En effet, pourquoi se presser? ses personnages sont si distingués, si charmants, ils ont tant d'esprit, ils parlent si bien, ils sont si prompts à la riposte; si par-ci par-là il y a un trait un peu forcé et moins heureux, les autres en dédommagent. Personne n'a dépassé Marivaux dans ce genre de dialogue où chaque phrase est un volant que la raquette renvoie immédiatement. Nous pourrions citer comme exemple le dialogue de Lisette et de la Marquise au début de la seconde *Surprise de l'amour,* les dialogues de Dorante et de Silvia déguisés dans le *Jeu de l'amour et du hasard,* celui de Lucidor et d'Angélique dans l'*Épreuve,* etc., etc.

Mieux vaut prendre dans des pièces moins connues. Écoutons Frontin et Lisette se disant des impertinences dans les *Sincères.*

Ils sont venus sur le théâtre, chacun de leur côté : après quelques explications indispensables ils se taisent.

FRONTIN, *à Lisette*. — De conversation il n'en faut pas attendre, je vous en avertis. Je m'appelle Frontin le Taciturne.

— Bien vous en prend, car je suis muette.

— Coiffée comme vous l'êtes,
étant femme,
vous aurez bien de la peine à le persuader.

— Je me tais cependant.

— Oui, vous vous taisez en parlant. Tenez, je vous vois venir. Abrégeons. Comment me trouvez-vous ?

— Moi, je vous trouve... rien.

— Je dis, que pensez-vous de ma figure?

— De votre figure? mais est-ce que vous en avez une? Je ne le crovois pas... Vous pouvez vous vanter que vous êtes pour moi comme si vous n'étiez pas au monde. Et moi, comment me trouvez-vous à mon tour?
— Vous venez de me voler ma réponse.
— Tout de bon?
— Vous êtes jolie, dit-on?
— Le bruit en court.
— Sans ce bruit-là, je n'en saurais pas le moindre mot, etc.

Dans la *Méprise*, les deux personnages du même nom se disent des amabilités.

Frontin et Lisette se sont vus la veille pour la première fois. Frontin a parlé à Lisette, mais Lisette ne lui a pas répondu.

FRONTIN. — Mettons bas les façons. Tiens, je t'aime; je te l'ai dit et je te le répète. Tu m'aimes, tu ne me l'as pas dit, mais je n'en doute pas. Donne-toi le plaisir de me le dire, tu me le répéteras après, et nous serons tous deux aussi avancés l'un que l'autre.

Lisette tergiverse un moment. Elle finit par répondre cependant :

— Dès que tu as deviné que tu me plais, n'est-ce pas assez? Je ne t'en apprendrai pas davantage.
— Il est vrai que tu ne feras rien pour mon instruction, mais il manque à ma gloire le ragoût de te l'entendre dire.
— Tu veux donc que je la régale aux dépens de la mienne?
— La tienne? eh! palsambleu, je t'aime, que lui faut-il de plus?
— Mais, je ne te hais pas.
— Allons, allons, tu me voles, il n'y a pas là ce qui m'est dû, fais-moi mon compte.
— Tu me plais.
— Tu me retiens encore quelque chose, il n'y a pas là ma somme.
— Eh bien donc... je t'aime.
— Me voilà payé, avec un *bis*.
— Le *bis* viendra dans la conversation, fais-moi crédit, pour à présent ce seroit trop de dépense à la fois.

On parle des maîtres, car c'est ici l'exposition.

Nous sommes des gens de condition, qui retournons à Paris, dit Frontin... Un de nos amis nous a arrêtés à Lyon, d'où il nous a menés à cette campagne-ci, où deux paires de beaux yeux nous retiennent.

— Où sont-ils, ces beaux yeux?

— En voilà deux ici, ta maîtresse a les deux autres.

— Que fait ton maître?

— La guerre quand les ennemis du roi nous raisonnent.

— C'est-à-dire qu'il est officier. Et son nom? etc... Tout ce que tu me dis là nous convient assez.

— Quand les minois se conviennent, le reste s'ajuste. Mais, voyons, mes enfants, qui êtes-vous à votre tour?

— En premier lieu nous sommes belles.

— On le sent encore mieux qu'on ne le voit.

— Ah!... le compliment vaut une révérence.

— Passons, passons. Ne te pique point de me payer mes compliments ce qu'ils valent, je te ruinerois en révérences, et je te cajole gratis. Continuons. Vous êtes belles, après?

— Nous sommes orphelines.

— Orphelines? Expliquons-nous ; l'amour fait quelquefois des orphelins ; êtes-vous de sa façon? Vous êtes assez aimables pour cela.

— Non, impertinent! Il n'y a que deux ans que nos parents sont morts, gens de condition aussi, qui nous ont laissées très-riches.

— Voilà de bons procédés, etc.

Citons encore une page du dialogue d'Arlequin et de Trivelin dans la *Double Inconstance*. On se rappelle que le prince a fait enlever Silvia, aimée d'Arlequin. Celui-ci est également conduit au palais.

TRIVELIN. — Cet homme-là a trouvé votre maîtresse fort aimable.

— Pardi, il n'a rien trouvé de nouveau.

— Et il a fait au prince un récit qui l'a enchanté.

— Le babillard!

— Le prince a voulu la voir, et il a donné ordre qu'on l'amenât ici.

— Mais il me la rendra, comme cela est juste?

— Hum! il y a une petite difficulté, il en est devenu amoureux et souhaiteroit d'en être aimé à son tour.

— Son tour ne peut pas venir, c'est moi qu'elle aime.

— Vous n'allez point au fait. Écoutez jusqu'au bout.

— Mais le voilà, le bout. Est-ce qu'il veut me chicaner mon bien?

— Vous savez que le prince doit choisir une femme dans ses États.

— Je ne sais point cela, cela m'est inutile.

— Je vous l'apprends.

— Je ne me soucie point de nouvelles.

Trivelin lui parle de l'amitié du prince, des richesses que lui procurerait le mariage du souverain avec Silvia.

— On n'a que faire de toutes ces babioles-là quand on se porte bien, qu'on a bon appétit, et de quoi vivre.

— Vous ignorez le prix de ce que vous refusez.

— C'est à cause de cela que je n'y perds rien.

— Maison à la ville, maison à la campagne...

— Qui est-ce qui habitera ma maison de ville quand je serai à la campagne?

— Parbleu! vos valets.

— Mes valets? qu'ai-je besoin de faire fortune pour ces canailles-là?

— Quand il vous plaira, vous irez de l'une à l'autre.

— A ce compte, je donnerai ma maîtresse pour avoir le plaisir de déménager souvent?

— Tout le monde est charmé d'avoir de grands appartements, nombre de domestiques, etc.

— Il ne me faut qu'une chambre, je n'aime point à nourrir des fainéants, et je ne trouverai point de valet plus fidèle, plus affectionné que moi, etc.

VI

Marivaux excelle aussi dans les portraits. Nous en avons extrait quelques-uns de diverses comédies. Dans l'*Esprit de Marivaux*, on en a réuni trente-sept, presque tous touchés de main de maître. Les meilleurs sont les plus courts. Marivaux voit bien, mais il veut tout voir, et l'étude minutieuse des détails chez lui, comme chez H. de Balzac, comme chez les romanciers de l'école réaliste ou naturaliste, fait perdre la vue de l'ensemble. Le portrait de madame Dorsin dans *Marianne*, par exemple est démesurément long, et ce défaut est d'autant plus sensible que madame Dorsin ne joue dans le roman qu'un rôle très-effacé. Pour que les portraits de Marivaux aient tout leur relief, il n'y a souvent qu'à les abréger.

Sainte-Beuve signale ce portrait de religieuse :

La mère Saint-Ange étoit une petite personne courte, ronde et blanche, à double menton, qui avoit le teint frais et reposé. Il n'y a point de ces mines-là dans le monde. C'est un embonpoint tout différent de celui des autres, un embonpoint qui s'est formé plus à l'aise et méthodiquement. On sent qu'il faut l'avoir acquis et s'en être saintement fait une tâche; — il est non-seulement un témoignage qu'on aime la vie, et la vie saine, mais qu'on l'aime douce, oisive et friande. — A voir les religieuses en général, vous leur trouvez un extérieur affable et pourtant un intérieur indifférent; ce n'est que leur mine et non pas leur âme qui s'attendrit pour nous [1].

Opposons à cette religieuse si confite en elle-même une jeune femme évaporée :

Cidalise se fait remarquer par sa légèreté; son air et sa physionomie annoncent je ne sais quoi de si enjoué, une coquetterie si folâtre, si bruyante, qu'on ne peut s'empêcher de dire en jetant les yeux sur elle. Elle fait la passion de bien des gens, et son mari en est jaloux. Il a toujours peur qu'elle ne vienne à aimer quelques-uns de ceux qui l'aiment, mais il n'y a rien à craindre : elle est trop folle pour s'attacher. Elle n'achève jamais de vous bien voir ni de vous entendre, et vous n'avez pas le temps de lui plaire autant qu'il le faudrait pour lui faire impression. Pourquoi cela? C'est qu'une mouche vole et vous croise; de la mouche elle passe à un miroir qui se présente, de là à sa cornette, puis à un ruban, puis à autre chose; mais vous la rattraperez ou elle reviendra à vous par distraction, et vous recommencerez; mais elle n'y est déjà plus, votre habit vous l'a dérobée, et quand vous lui direz qu'elle est charmante, elle vous répondra que la couleur est de bon goût. Elle ne veut plaire à personne en particulier, c'est à tout le monde et à tout le monde assemblé : voilà son amant, celui qu'elle écoute, celui qu'elle aime [2].

Voici maintenant une toute jeune fille enivrée de sa noblesse et de sa beauté :

Mademoiselle Fierville étoit une petite personne d'environ quinze ans et qui étoit assez jolie pour se croire belle, mais qui se la croyoit tant (je dis belle) qu'elle en étoit sotte; on ne la savoit occupée que de son visage, occupée avec réflexion; elle ne songeoit qu'à lui; elle ne pouvoit pas s'y accoutumer, et on eût dit, quand elle vous regardoit, que c'étoit pour vous faire admirer ses grands yeux qu'elle rendoit fiers ou doux suivant qu'il lui prenoit fantaisie de vous en imposer ou de vous plaire; mais

---

[1] *Marianne*, IIIe partie.
[2] *Le Spectateur*, 10e feuille, abrégé dans l'*Esprit de Marivaux*.

elle les adoucissoit rarement ; elle aimoit mieux qu'ils fussent imposants que gracieux et tendres, à cause qu'elle étoit fille de qualité et glorieuse [1].

Près de cette fière beauté qui pose trop, plaçons une dame du monde aussi, mais qui, celle-là, ne pose pas assez :

> C'étoit une femme qui passoit sa vie dans toutes les dissipations du grand monde, qui alloit aux spectacles, soupoit en ville, se couchoit à quatre heures du matin, se levoit à une heure après midi, qui avoit des amants (adorateurs), qui les recevoit à sa toilette, qui y lisoit les billets doux qu'on lui envoyoit ; les lisoit qui vouloit : ses femmes ne trouvoient rien d'étrange à tout cela ; le mari ne s'en scandalisoit point. On eût dit que c'étoient là pour une femme des dépendances naturelles du mariage. Madame, chez elle, ne passoit point pour coquette ; elle ne l'étoit point non plus, car elle l'étoit sans réflexion, sans le savoir... et elle vivoit dans sa coquetterie comme on vivroit dans l'état le plus décent et le plus ordinaire... Au demeurant, amie de tout le monde, et surtout de toutes les faiblesses qu'elle pouvoit vous connaître. [2]

Nous avons cité quelques autres portraits en analysant les *Sincères*.

Ces portraits, il faut bien l'avouer, n'ont pas le relief de ceux de La Bruyère, ils ne vont pas au fond ; mais ils sont pris sur nature ; tous ont leur physionomie à part et tous sont vivants.

VII

Marivaux s'entend à merveille à commencer ses pièces et ses actes. Ici, c'est une dame qui soupire, et sa femme de chambre qui la suit en soupirant comme elle. Une autre fois, une dame se promène quelque temps en silence, sa soubrette regarde à sa montre.

— C'est singulier ! — Qu'as-tu ? — Je trouve qu'il y a un quart d'heure que nous nous promenons sans rien dire : entre deux femmes, cela ne laisse pas d'être fort, etc.

---

[1] *Marianne*, V^e partie.
[2] *Le Paysan parvenu*, 1re partie.

Marivaux ne s'entend pas moins bien à finir ; non-seulement chez lui le dénoûment sort toujours de l'action et satisfait tous les intéressés, mais il prend souvent une forme pittoresque : Rosimond trouvé aux pieds d'Hortense dans le *Petit-Maître corrigé*, le père se démasquant dans l'*École des mères*, un regard prolongé des amoureux dans le *Préjugé vaincu*, un contrat de mariage signé par erreur dans l'*Heureux Stratagème*, un amoureux amené par une rivale prétendue aux pieds de celle qu'il aime et dont il est aimé dans les *Serments indiscrets*, etc., etc.

Les comédies que Marivaux préférait sont les sept suivantes : la *Double Inconstance*, les deux *Surprises de l'amour*, la *Mère confidente*, les *Serments indiscrets*, les *Sincères*, l'*Ile des Esclaves*, c'est-à-dire en général celles qui brillent le plus spécialement par l'ingéniosité.

VIII.

Il n'est pas inutile, pour apprécier Marivaux comme auteur comique, de le mettre en face des autres écrivains dont les comédies étaient applaudies en même temps que les siennes.

Lorsque Marivaux débuta, Regnard et Dancourt étaient morts depuis longtemps. La dernière pièce de Dufresny, le *Mariage fait et rompu*, est de 1721. Le Sage avait quitté le Théâtre-Français depuis *Turcaret* (1709). Il dépensait son talent à composer de petites pièces en écriteaux descendant du plafond, que le public chantait sur des airs connus, pendant que les acteurs, à qui l'on avait interdit de parler, faisaient les gestes. Il faut avouer qu'en écrivant ces pièces, il faisait de notables économies d'esprit. Il en était de même de Piron, qui depuis *Arlequin Deucalion* fabriquait, dans des conditions analogues, une série de petites comédies sans esprit et sans sel, en attendant la *Métromanie*, qui ne parut qu'en 1738, lorsque Marivaux était déjà sur le point de prendre sa retraite. Le *Méchant*, de Gresset, ne fut joué que beaucoup plus tard, en 1748, et lorsque cette retraite était déjà opérée.

Les seuls concurrents de Marivaux dignes d'être comptés furent Destouches, Boissy et Nivelle de La Chaussée; joignons-y Dallainval, auteur d'une des bonnes comédies du temps, l'*École des bourgeois*.

Les œuvres complètes de Destouches se composent de vingt-six pièces; sur ce nombre on en réimprime neuf, quatre en prose et cinq en vers.

Destouches fut tour à tour comédien, diplomate et auteur dramatique. Comme diplomate, ce fut lui qui fit donner au Régent par Guillaume d'Orange le conseil d'élever Dubois à l'archevêché de Cambray. C'est là une faible recommandation au point de vue historique, mais ses œuvres dramatiques sont plus recommandables. Les pièces en vers sont les meilleures. Destouches était un talent laborieux, comme Delavigne et Ponsard; pour bien faire, il avait besoin de se trouver en face d'une difficulté. Il a laissé dans ses ouvrages en prose trop de style diplomatique; ses personnages sont vulgaires et leur langage aussi. Dans l'*Obstacle imprévu*, par exemple, joué en 1717, il y a un rôle de petit-maître, brutal et mal élevé, dont il n'a dû trouver le modèle nulle part. Son père, une sorte de Gorgibus, le menace du bâton, et l'on sent que cette menace n'a pas toujours été vaine. Le *Triple Mariage* est une anecdote qui n'a de piquant que le sujet, et la *Fausse Agnès,* qu'on joue encore quelquefois, a été dépassée par un vaudeville sans prétention; la *Niaise de Saint-Flour,* dont le sujet est le même : une jeune fille qui fait la niaise pour dégoûter un prétendant ridicule. Cette pièce est d'ailleurs d'une époque où Marivaux n'écrivait plus guère.

Les comédies en vers sont très-supérieures. Il y a un rôle charmant dans le *Philosophe marié,* celui de la belle-sœur du philosophe, copié, dit-on, sur la belle-sœur du poëte lui-même. Le *Glorieux* (1732) est une des meilleures comédies du dix-huitième siècle. Mais Destouches marche sur les traces de Molière, — de bien loin, il est vrai, — et son genre de comédie n'a rien de commun avec celui de Marivaux.

Delisle, l'auteur d'*Arlequin sauvage,* n'est pas lourd comme Destouches, mais il est moins littéraire. C'est un provincial, étranger au monde élégant, qui n'a souci que de rendre sa pensée avec énergie et fait bon marché de la forme.

Boissy, qui n'avait pas beaucoup vu non plus la société distinguée, l'a cependant assez fidèlement reproduite. Dans son *Français à Londres,* il a peint avec verve et gaieté l'impertinence d'un petit-maître français. Marivaux n'a peint ce personnage qu'après lui ; il est vrai qu'il a mieux réussi. En revanche, Boissy a trouvé chez Marivaux l'original de la comtesse qu'il fait figurer dans les *Dehors trompeurs,* et l'idée même de la pièce. Le défaut de Boissy, c'est le bavardage. Marivaux développe longuement, mais c'est pour mieux accuser les nuances d'un sentiment ou d'une pensée. Ce n'est pas ce qui préoccupe Boissy : il se contente généralement d'une aperception de l'ensemble; mais qu'il trouve une occasion de placer une énumération, une amplification, un portrait, il la saisit avec ardeur et fait sur ce thème toutes les variations dont le thème est susceptible. Il a composé une petite comédie, le *Babillard,* qui est assez plaisante, mais il est lui-même le héros de sa comédie.

Le malheur de Boissy, c'est d'avoir trop de facilité; on

sent le travail dans les vers de Destouches, les siens semblent toujours improvisés.

Au reste, s'il improvisait, s'il gaspillait son talent sur toutes les scènes à la fois, on ne saurait trop lui en vouloir. Destouches était riche, Marivaux était à son aise, mais Boissy avait à lutter contre la misère. On raconte même qu'un jour, lui et sa femme, réduits à la dernière extrémité, voulurent se laisser mourir et ne furent sauvés que par l'intervention de leurs voisins. Comment, dans une telle situation, prendre le temps de polir des vers ?

Boissy ne fut pourtant jamais aussi dénué que Dallainval. Il est vrai que Dallainval n'avait pas de famille : il était abbé. Il lui arrivait souvent de ne savoir où passer la nuit et de coucher, soit dans une voiture qu'il trouvait à sa portée, soit dans les bateaux de la Seine. C'était un auteur de mérite cependant. Sa pauvreté ne l'empêcha pas de faire une pièce piquante sur l'*Embarras des richesses*, bien qu'il n'eût jamais éprouvé cet embarras. Son principal ouvrage est l'*École des bourgeois*, d'où est sortie une des meilleures comédies contemporaines : *le Gendre de M. Poirier*.

Le marquis de Moncade est un cousin germain du comte de Tuffière, de Destouches et du Rosimond de Marivaux, à la noblesse des sentiments près. Ceux-ci, en effet, aiment réellement leurs fiancées et n'ont que des travers. Moncade, comme le gendre de M. Poirier, épouse une jeune bourgeoise uniquement pour sa dot, enveloppant d'un même mépris elle et toute sa famille. Benjamine avait un promis. Celui-ci se retire en voyant arriver Moncade. — Pourquoi fuit-il ? Je l'aurais introduit moi-même auprès d'elle. Il explique plus tard à Benjamine stupéfaite les usages du beau monde en fait de mariage.

Un mari est de tous les hommes celui que sa femme voit le moins. A la cour, un homme se marie pour avoir des héritiers, une femme pour avoir un nom. On vit le mieux du monde ensemble. Un mari, par exemple, rencontre-t-il l'amant de sa femme : Comment se porte ma femme, chevalier? Comment êtes-vous ensemble? Elle est aimable, au moins? Le diable m'emporte, si je n'étois pas son mari, je crois que je l'aimerois. Vous êtes brouillés, je gage? je vais lui envoyer demander à souper pour ce soir : tu y viendras, je vais te raccommoder.

Dallainval a une énergie, une franchise de ton, qui annoncent un disciple de Molière. Ses personnages sont vivants, mais il les peint à gros traits; son allure décidée est à l'antipode des façons discrètes de Marivaux.

Nivelle de La Chaussée n'était pas affligé de la même maladie que Dallainval, il était riche et n'écrivait que pour son plaisir, mais il manquait du sens comique. Ses comédies sont des romans dialogués. Marivaux a fait aussi des pièces romanesques; seulement, pour lui, le roman n'était qu'un cadre pour placer des scènes comiques. Pour Nivelle, le roman est le but. Ce n'est pas sur une idée philosophique ou morale qu'il construit sa pièce, c'est sur une situation. Ses œuvres sont des tragédies bourgeoises ou des comédies larmoyantes, comme on les appelait.

Sa première comédie roule aussi sur un mariage dans le grand monde. Le *Préjugé à la mode* nous présente deux époux qui s'adorent et qui craignent d'être ridicules en le laissant voir. *Mélanide,* qu'il fit jouer ensuite, est d'un ton lamentablement sentimental. La *Gouvernante* offre plus d'intérêt. C'est l'histoire d'un juge qui, ayant ruiné une famille par un arrêt injuste, sacrifie sa fortune pour réparer cette erreur. Le fait est réel. La dame spoliée s'est faite gouvernante, et gouvernante de sa propre fille, qui ne la connaît pas.

La meilleure des pièces de La Chaussée est l'*École des mères*. Le sujet n'a aucun rapport avec la comédie de Marivaux qui porte le même titre; c'est au fond l'histoire de la belle Trévire, dans *Marianne*. Il s'agit d'une mère qui a tout donné à son fils et qui a été abandonnée par lui; c'est sa fille sacrifiée qui la recueille et la console. Le vers de La Chaussée est souvent incorrect, bien qu'il ait défendu la poésie et la versification contre La Motte qui l'attaquait.

La Chaussée fut un novateur en son genre. C'est à lui que commence le drame bourgeois et populaire. Mais il n'a exercé aucune influence sur Marivaux et n'en a reçu aucune de lui; il s'est plutôt inspiré, pour le genre du moins, des romans de Prévost, qui alors étaient fort à la mode.

Marivaux est donc à peu près isolé en son temps. Son genre est bien à lui, et il n'est qu'à lui.

CHAPITRE VIII

LES ROMANS. — *MARIANNE*.

I. Caractère des romans de Marivaux. — II. MARIANNE. Marianne à Paris. Madame Dutour. M. de Climal. — III. Marianne rencontre Valville. — IV. Rupture avec M. de Climal. — V. Marianne et madame de Miran. — VI. Infidélité de Valville. — VII. Marivaux laisse son roman inachevé. — VIII. La *Fin* de *Marianne* n'est pas de madame Riccoboni. — IX. Analyse de la *Suite* de *Marianne* par madame Riccoboni. — X. Analyse de la *Fin* par un continuateur anonyme.

I

Le Sage, brouillé avec la Comédie française, était retourné au roman, et en 1715 il avait fait paraître les premiers volumes de *Gil Blas*. Marivaux revint aussi au roman en 1731, mais non par suite d'un mécompte dramatique, puisqu'il venait de faire jouer le *Jeu de l'amour et du hasard* et qu'il triomphait sur les deux scènes. Il dut se mettre à l'œuvre après l'insuccès des deux premières publications périodiques dans lesquelles il se délassait de ses comédies. A cette époque, du reste, les romans étaient aussi une publication périodique. *Gil Blas* ne fut complet qu'au bout de vingt années, et la publication des onze parties de *Marianne* dura dix ans. Il résultait de ce mode de publication que les livres restaient parfois inachevés. Crébillon fils laissa en chemin le meilleur de ses romans : *les Egarements de l'esprit et du cœur,* et Marivaux ne finit aucun des siens.

Les diverses parties de *Marianne* alternèrent avec les récits jacobites de Prévost et les récits libertins de Crébillon fils. Les *Mémoires d'un homme de qualité* parurent en 1729 ; *Cléveland* et *Manon Lescaut,* en 1732 ; *Tanzaï et Néadarné,* de Crébillon fils, en 1734 ; la dernière partie de *Gil Blas,* en 1735, et le premier roman de Duclos en 1741, un an avant la onzième partie de *Marianne.*

Marivaux n'imita personne, ni Le Sage, ni Prévost, ni lui-même dans ses premières et peu heureuses compositions romanesques. L'imitation de Le Sage paraît l'avoir tenté un moment cependant. Les aventures du déserteur, acteur dans l'*Indigent philosophe,* sont dans le goût de celles que Le Sage nous raconte. Mais il s'arrêta bien vite, et quand il reprit la plume, ce fut pour servir de secrétaire à une charmante petite personne, très-jolie, très-spirituelle, qui, dans les dernières années de sa vie, s'amuse à raconter à une amie les événements de sa jeunesse, pour avoir le plaisir de les revivre encore une fois.

Marianne ne songe pas à faire un livre. Elle cause avec son amie, sans s'interdire ces exclamations, ces répétitions, ces retours en arrière, ces petites locutions familières que l'on se permet dans la conversation et dont on s'abstient d'ordinaire quand on s'adresse au public. On entend le son de la voix ; on voit le geste. Observatrice sagace, elle suit dans son esprit et dans celui des autres tous les méandres du sentiment, les pensées secrètes qui se trahissent et celles que l'on cache soigneusement, les petits calculs de l'amour-propre et de la coquetterie et les petites capitulations de la conscience. Elle voit tout, elle note tout avec la précision et l'exactitude d'un savant qui fait une expérience. Elle voit surtout le petit côté des choses; mais, dans ce domaine, rien ne lui échappe. Marianne nous a promis sa vie, rien de plus. Or, la vie n'est jamais assujettie à un cours bien régulier. On s'attarde parfois en chemin, on fait fausse route, on commet des étourderies, on éprouve des instants de fatigue où le repos est doux. Nous trouvons tout cela dans *Marianne*. Il y a des digressions inutiles, des pages arides, des disparates même. Ici, par exemple, on nous dit que nous ne reverrons plus madame Dutour; nous la retrouvons plus loin cependant, et son apparition a les conséquences les plus graves sur le sort de la conteuse. Ailleurs, le récit languit, parce que l'auteur, qui invente à mesure, ne sait pas de quel côté tourner, et dissimule son embarras en accumulant les réflexions. On sent partout l'absence de plan et de but, et l'on en souffre. Mais Marianne a tant d'esprit, elle conte si bien, qu'elle peut nous mener partout où elle voudra. Dans le roman, elle exerce un charme sur tous ceux qui l'entourent. Ce charme s'étend à ses lecteurs.

L'intérêt de *Marianne* étant tout dans les détails, une analyse succincte n'en pourrait donner qu'une fausse idée. On nous permettra d'imiter notre auteur, et de ne pas trop nous presser dans l'abrégé que nous allons présenter de son œuvre.

II

Marianne commence comme un roman de l'abbé Prévost. Une voiture de voyage a été attaquée par des brigands ou des ennemis. Tout a été tué; il n'est resté de vivant qu'une petite fille, qui a été recueillie et élevée chez le curé du lieu. C'est un roman d'aventure qui s'annonce; mais l'aventure tourne court. Le lecteur s'attend naturellement à être renseigné sur les circonstances mystérieuses qui ont fait de cette enfant une orpheline abandonnée à la charité publique. On pense qu'en grandissant, cette orpheline se trouvera mêlée à des aventures qui la feront reconnaître de ses parents. Tout un drame pourrait en effet sortir de là. L'auteur, au début, avait probablement l'intention de raconter ce drame; mais il laissa l'histoire dévier tellement, que, se trouvant embarrassé pour en relier les deux extrémités, il prit le parti de ne pas les relier du tout, et que l'énigme des premières pages du livre n'a pas eu de mot.

Marianne grandit au presbytère. Elle avait quinze ou seize ans lorsque la sœur du curé dut se rendre à Paris pour recueillir la succession d'un parent malade. Elle emmena Marianne avec elle. A leur arrivée, le parent était mort, laissant à peine assez pour payer ses dettes. Peu de temps après, le curé mourut; sa sœur mourut aussi; l'aubergiste s'empara d'une partie de ses effets, sous prétexte de se rembourser de ses dépenses. Il remit le surplus à Marianne, en l'engageant à se loger ailleurs. La voilà donc jetée seule, sans argent, sans expérience, et jolie, fort jolie, par-dessus le marché, dans ce grand Paris, qui lui semble un désert. Elle ne connaissait qu'une seule personne : un religieux qu'elle avait quelquefois vu chez sa protectrice. Elle va le trouver. Il ne peut rien par lui-même, mais il connaît un riche personnage renommé pour sa bienfaisance. Il tâchera d'obtenir sa protection pour elle.

M. de Climal s'intéresse en effet à l'orpheline, et dit au religieux de la lui amener. C'était un homme de cinquante à soixante ans, encore bien fait, au visage doux et sérieux, « avec un air de mortification ». Il reçut la visiteuse de la manière la plus aimable, et lui offrit de la placer chez sa belle-sœur comme demoiselle de compagnie. Marianne refusa d'entrer au service de qui que ce fût; elle dit qu'elle aimerait mieux exercer un métier quelconque, qui lui permettrait de garder sa liberté. Il lui proposa alors de la mettre chez sa propre lingère, à qui il payerait une pension pour elle; et comme elle accepta, il voulut la conduire lui-même dans sa voiture chez madame Dutour. En chemin il lui dit que, jeune et jolie comme elle est, elle sera exposée à se voir courtisée par mille petits soupirants, qu'elle doit bien se garder d'écouter. Il lui trouve la main belle, et il la fait descendre pour acheter une paire de gants, qu'il l'aide à mettre. On arrive ensuite chez la lingère, à laquelle il la recommande chaleureusement, et paye d'avance une partie de la pension.

Madame Dutour était une grosse réjouie d'une trentaine d'années, bonne personne, mais commère; honnête, mais de l'honnêteté d'une marchande qui tient avant tout à gagner de l'argent. Son unique fille de boutique n'était pas plus distinguée, et Marianne se trouva fort mal à l'aise dans ce milieu. M. de Climal vint voir le lendemain comment elle s'était installée. Il ajouta qu'elle lui avait plu tout d'abord, qu'il avait beaucoup d'amitié pour elle, et qu'elle devait en avoir aussi pour lui. Il voulait qu'elle lui confiât ses goûts, ses désirs, qu'elle aimât à le voir. Tout en parlant ainsi, il lui pressait la main; il voulut absolument aussi qu'elle acceptât quelques pièces d'or. Ce présent l'humiliait; mais elle n'osa refuser : Climal était si aimable qu'elle crut pouvoir lui accorder quelques marques d'amitié. Il lui prend la main et la baise tendrement; il loue ses mains, son teint, ses cheveux. On parle du cœur. — Si je vous demandais le vôtre, me le donneriez-vous ? — Vous le mériteriez bien, lui répondit Marianne. A ces mots, ses yeux s'allumèrent. Marianne le regarda; la pensée lui vint qu'il pourrait bien être amoureux d'elle. Cela changeait les rôles et lui fit perdre un peu de sa timidité. Mais, après tout, elle se trompait peut-être. Elle résolut d'attendre et d'observer.

C'est sous l'influence, ou plutôt à la faveur de ce doute, qu'elle se laissa acheter par lui de beaux vêtements et du linge. Le linge ne fut pas pris chez madame Dutour : la brave marchande l'aurait trouvé trop beau et aurait vu là une charité outrée. En le voyant lui acheter ce linge si fin, et mystérieusement encore, Marianne se confirma dans l'idée que M. de Climal devait avoir des vues suspectes, et elle éprouva quelques scrupules à accepter. Mais, d'un autre côté, elle avait besoin de linge; les intentions de M. de Climal n'étaient pas prouvées; on le lui avait donné pour un homme charitable et pieux, elle se laissa faire. Ses discours devenaient de moins en moins énigmatiques cependant; mais elle avait intérêt à s'y méprendre : elle ne voulut pas y voir clair, joua la distraction, et en sentant, dans un mouvement qu'elle fit, M. de Climal déposer un baiser sur son oreille, elle lui demanda pardon de l'avoir cogné.

Il dit à madame Dutour que ce linge venait de la sœur du curé. Il ajouta qu'il tenait à ce que Marianne fût bien mise, parce qu'il avait des vues sur elle. Il disait cela d'un ton propre à inspirer le respect; car en public il était tout autre que lorsqu'il était en tête-à-tête avec Marianne. Madame Dutour et sa demoiselle de magasin firent l'inventaire des choses achetées, avec des exclamations et des félicitations où l'envie, la bienveillance et la critique se mêlaient de telle façon, que Marianne entra dans un violent accès de colère contre celui qui lui valait de telles observations. Cet accès fut suivi d'un déluge de larmes, qui la soulagea. Madame Dutour s'employa à calmer ses scrupules. M. de Climal était amoureux d'elle, cela était évident. A la place de Marianne, madame Dutour accepterait ses présents, gagnerait du temps, et, le jour où il deviendrait trop pressant, elle s'en débarrasserait par une bonne querelle, en gardant ce qu'il aurait donné. Madame Dutour, fait remarquer Marianne, avait un intérêt à parler ainsi : elle craignait de perdre la pension que M. de Climal lui payait. Marianne ne se laissa point persuader. Elle ne voulut point avoir l'air de promettre ce qu'elle était bien décidée à ne pas accorder. Elle fit pourtant une petite transaction avec sa conscience. La première fois que M. de Climal lui parlerait de son amour, elle lui dirait franchement qu'il n'avait rien à espérer ; et après cela, s'il s'obstinait à lui faire des présents, elle accepterait sans scrupule.

Cette petite transaction de conscience aurait pu la mener loin ; mais les événements vinrent à son aide.

Au bout de quatre jours on lui apporta un habillement complet. Il était splendide. En le mettant, il lui prenait des palpitations, quand elle songeait combien elle allait être jolie. Elle se hâtait d'achever, sans se précipiter pourtant, parce qu'elle ne voulait rien laisser d'imparfait. Les hommes parlent de science et de philosophie. Voilà quelque chose de beau en comparaison de la science de bien placer un ruban et de savoir de quelle couleur on le mettra ! Marianne avoue avoir été coquette, très-coquette. Quand elle voulait avoir un air fripon, elle avait un maintien et une parure qui lui donnaient cet air. Elle savait comme il fallait s'y prendre pour être tour à tour une beauté modeste, sérieuse, nonchalante.

Mais elle n'en savait pas tant le jour où elle mit l'habillement que lui avait donné M. de Climal, et en se rendant à l'église, — car c'était jour de fête, — elle devait ressembler à une aimable petite fille toute fraîche sortie d'une éducation de village, qui se tient mal, mais dont les grâces encore captives ne demandent qu'à se montrer. Il lui arriva ce jour-là un des événements qui influèrent le plus sur sa vie.

III

Une fois à l'église, on s'en doute bien, ce n'est pas le service divin qui l'occupe. Elle examine ses voisines... puis ses voisins, et fait des portraits. Parmi les personnes qui se trouvaient là, il y avait des femmes laides qui se doutaient qu'elles l'étaient, et d'autres qui étaient laides sans s'en douter ; les femmes posaient pour la plupart. Il y en avait une pourtant qui n'était pas coquette : elle savait qu'elle n'en avait pas besoin. Et puis il y avait des jeunes cavaliers, non moins coquets, qui changeaient sans cesse de posture pour attirer l'attention et se faire admirer sous toutes les faces...

Marianne savait qu'on la regarderait, et elle était allée se placer pour cela dans un lieu apparent. Tous les yeux furent bientôt sur elle. Les femmes, après l'avoir dévisagée, faisaient semblant d'être distraites; le fait est qu'elles étaient inquiètes et dépistées : un coup d'œil leur avait suffi pour l'apprécier. Mais les regards des hommes étaient plus persévérants; elle les sentait et variait ses attitudes : elle regardait en haut les tableaux et montrait ses yeux : elle rajustait sa coiffure et montrait sa main...

Elle était coquette pour la plupart des jeunes gens, mais il y en avait un pour qui elle ne l'était pas. Elle oubliait à lui plaire et ne songeait qu'à le regarder. La douceur d'aimer interrompait chez elle le soin d'être aimable. Lui semblait la regarder d'un air plus pénétré. Ses regards l'embarrassaient; elle hésitait à les rendre, et elle les rendait; elle ne voulait pas qu'il la vit y répondre, et n'était pas fâchée qu'il l'eût vue.

Quand on sortit, il fut arrêté par plusieurs personnes, mais ses regards revenaient toujours à elle. La foule les sépara. Elle rêvait si profondément en retournant chez elle qu'elle n'entendit pas un carrosse qui s'approchait. On poussa des cris pour l'avertir; ces cris la troublèrent, elle tomba. Elle se foula le pied, quelqu'un s'empressa de la relever. C'était celui à qui appartenait le carrosse; c'était le jeune homme avec qui elle avait échangé des regards dans l'église. Sa maison était tout près, il la fit porter chez lui.

Marianne analyse scrupuleusement toutes les nuances du sentiment qu'elle éprouve. C'est un mélange de trouble, de plaisir et de peur; elle est heureuse, mais d'un bonheur qui ressemble à un danger. Elle était chez Valville, et Valville la regardait avec des yeux qui lui disaient : Je vous aime. Elle n'osait le regarder, parce que ses regards lui en auraient dit autant. Le chirurgien, qui avait été appelé, dit qu'il fallait absolument voir le pied pour connaître la gravité du mal; elle rougit à l'idée de montrer son pied; mais comme elle avait le plus joli pied du monde, elle éprouve un sentiment de joie intérieure. Valville allait voir ce pied, et elle n'y serait pour rien : la faute en était à sa chute. Le chirurgien dit que ce ne serait rien, mais il prescrivit du repos. Valville insista pour retenir Marianne à dîner, offrant d'envoyer quelqu'un chez elle pour prévenir de ce qui lui était arrivé. Que faire? Ne pas donner d'adresse, c'était compromettant; donner celle de madame Dutour, c'était humiliant. Que penserait Valville en apprenant qu'il avait eu tant de respect pour une fille de boutique? Elle trouva un troisième expédient. C'était de vouloir à toute force s'en retourner. Valville la retient; il lui prend la main, qu'il baise avec passion. Ces mains tremblent et ne se retirent pas... Son trouble fut court cependant. — Vous voyez bien qu'il faut que je parte, dit-elle à Valville. Les adieux se prolongent. Valville lui dit qu'il l'aime, il lui demande où il pourra la revoir... Au moment où elle allait répondre, un laquais entre, annonçant que la voiture est attelée et à sa disposition. Nouvelle angoisse. Elle espérait qu'on lui louerait une voiture; elle aurait donné une adresse quelconque, elle aurait quitté la voiture en chemin et fait le reste de la route à pied. Mais voilà que Valville veut la reconduire lui-même. Elle lui fait comprendre qu'elle ne peut pas rentrer à la maison, ramenée par un jeune homme de son âge et de son rang. Il se décide à envoyer louer une voiture, mais il lui demande en grâce de lui permettre de la revoir. Elle ne répond pas, elle pleure; elle pleure d'humiliation d'être obligée de s'avouer lingère, d'être crue une aventurière, de sentir qu'un abîme la séparait de Valville qu'elle aimait, d'être obligée de le quitter, en tâchant, sans réussir, de lui rester inconnue.

Ces pleurs servirent à deux fins, ils la soulagèrent et produisirent sur Valville un effet d'attendrissement qui le disposa à prendre en meilleure part la confession qu'il fallait bien lui faire. Sa douleur lui créait une dignité. Valville est à ses genoux, — elle est toujours sur le lit de repos, — la suppliant de lui dire ce qu'il peut faire pour elle. — Il faudrait envoyer chez madame Dutour, répond-elle entraînée par le torrent de la tendresse de Valville et de la sienne. — Je la connais, dit Valville. C'est elle alors qui se chargera d'avertir vos parents? Marianne ne répond pas. Elle est tellement confuse que Valville entrevoit la vérité; il lui demande si c'est chez madame Dutour qu'elle demeure. — Oui, répond-elle avec humilité, et elle allait entrer là-dessus dans des explications, lorsque la porte s'ouvrit. M. de Climal entra avec une autre dame. M. de Climal était l'oncle de Valville !

Voir Marianne couchée sur un lit de repos chez son neveu, et ce neveu agenouillé près d'elle, quel tableau pour lui, amoureux, jaloux, faux dévot et craignant d'être démasqué ! Mais Valville et Marianne n'étaient guère moins troublés.

La seule personne qui ne le fût pas, c'était la dame. — Je ne vous plains pas, dit-elle à Valville. Je vous trouve en bonne compagnie, un peu dangereuse, à la vérité, pour votre cœur. — On demande naturellement des explications. Valville remarque l'embarras de M. de Climal. Il croit voir aussi de l'embarras sur la figure de Marianne. — Il me semble que vous vous connaissez? dit-il en s'adressant à tous deux. M. de Climal se hâta de répondre en rougissant qu'il ne croyait pas avoir jamais vu Marianne. Elle expliqua comment elle se trouvait là et ajouta qu'elle ne demeurait pas loin et qu'elle allait partir. — Eh bien, dit la dame, M. de Climal et moi nous vous reconduirons, nous allons dîner en ville. Autre embarras. La dame lui avait supposé une femme de chambre ou un laquais : comment se faire conduire chez madame Dutour, qui probablement serait sur sa porte et ne manquerait pas d'apostropher Marianne et M. de Climal comme des connaissances? Le tartuffe, au comble de l'embarras, engageait du regard Marianne à le tirer d'affaire, et Marianne lui répondait également du regard : Tirez-vous-en vous-même, lorsqu'un laquais entra annonçant qu'il avait amené une voiture de louage. Il fut décidé que Marianne s'en servirait. Quand elle se leva, M. de Valville voulut l'aider ; mais voyant que M. de Climal s'apprêtait à l'aider de son côté, il la fit porter dans la voiture par deux laquais et l'accompagna jusque-là. Marianne remarqua que Valville disait à l'un de ses gens de la suivre.

Madame Dutour était en effet sur sa porte quand elle arriva.

Étonnement, exclamations. Le cocher insista pour porter lui-même Marianne dans la boutique.

Elle s'apprêtait à le payer. Madame Dutour intervint en se posant comme femme d'expérience. — Où vous a-t-il prise ? — A la paroisse. — C'est tout près. Et elle compta douze sous, qu'elle voulut donner au cocher. Le cocher trouve que ce n'est pas assez et rend l'argent en l'accompagnant de quelques paroles brutales. Madame Dutour se fâche, le cocher l'injurie. Elle va chercher son aune pour le frapper, le cocher lui arrête le bras, les voisins accourent au bruit. Madame Dutour appelle un de ses locataires à la rescousse, il est absent ; elle s'adresse aux passants, le cocher aussi ; la foule s'amasse, curieuse du spectacle, mais personne n'intervient. Marianne crie à madame Dutour de payer tout ce que l'on voudra. La marchande s'obstine, le cocher, qui lui a arraché son aune, s'apprête à l'en frapper. Marianne se hâte de désintéresser le cocher, qui s'en va triomphant. C'est à Marianne alors que madame Dutour s'en prend. Marianne s'offense, madame Dutour lui demande pardon et continue. Marianne finit par en rire.

Cette madame Dutour, que nous retrouverons plus loin causant un grand malheur à Marianne par excès de bonté, est prise sur nature. Toute cette scène avec le cocher est complètement réaliste. Tous les critiques du dix-huitième siècle sont d'accord pour la signaler et la blâmer. En effet, quelque bien observée, quelque vraie qu'elle soit, elle n'est pas dans son milieu. Elle ne choquerait personne dans le *Roman comique,* par exemple, parce qu'elle serait préparée et soutenue par ce qui précède et ce qui suit. Son tort est d'être isolée. Ainsi placée, elle fait tache, elle pèche contre ce que les peintres appellent l'harmonie des couleurs. S'il y avait trois ou quatre scènes de ce genre dans le roman pour lui faire pendant, on n'aurait pas l'idée de la blâmer.

IV

Marivaux laissa plusieurs années ses lecteurs sur cette querelle, qui finit la seconde partie de *Marianne*.

La troisième commence brusquement. Madame Dutour grondait encore lorsqu'on frappe à la porte. C'était M. de Climal. Comme c'était un dimanche, madame Dutour s'en va aux vêpres, laissant par précaution cependant la porte entrebâillée pour le cas où un acheteur se présenterait.

Voilà Marianne et M. de Climal en présence, lui passablement embarrassé, elle indignée; car si la veille l'amour de cet homme lui était indifférent, ce qui venait de se passer le lui avait rendu odieux. Cette hypocrisie libertine lui soulevait le cœur.

Il commença par la remercier de n'avoir rien dit chez son neveu. Si l'on savait nos liaisons, dit-il, on ne manquerait pas de croire que je vous aime. — Oh! il n'y a rien à appréhender de ce côté, on sait que vous êtes si honnête homme! — Sans doute, mais on n'est pas moins honnête homme pour aimer une jolie fille.

C'est la déclaration de Tartuffe :

> Ah! pour être dévot, je ne suis pas moins homme.

Marianne, continue-t-il, ne doit pas le prendre pour un saint. Et un saint même aurait bien de la peine à l'être toujours auprès d'elle. Il n'est pas marié, d'ailleurs, il est libre, et il ne lui est pas défendu d'aimer. Son neveu disait évidemment des galanteries à Marianne, lorsqu'il est entré; et elle semblait les écouter d'un air assez satisfait. Il faut prendre garde; cela pourrait mener loin. Valville sait votre demeure, sans doute? — Il la sait, puisqu'on m'a ramenée en fiacre. — C'est très-fâcheux; s'il vous aime, il ne vous aimera pas longtemps, il vous trompera. Ce n'est pas que M. de Climal conseille à Marianne de fuir tous les amours. Il y en a d'utiles et de raisonnables. Dans sa situation surtout, elle doit calculer et ne pas écouter un jeune fou, qui, lorsqu'il aura satisfait son caprice, la laissera dans la misère.

Marianne ne perd jamais complétement sa présence d'esprit. Toute confuse et humiliée qu'elle est, elle lui répond malicieusement et sans avoir l'air de comprendre, qu'elle sera toujours disposée à recevoir les conseils d'un homme aussi pieux que lui. — Laissons là ma piété, dit-il; je mets la religion à part. J'ai cru d'abord n'avoir que de l'amitié pour vous, je me trompais, c'est de l'amour, et de l'amour le plus tendre. Mais vous n'y perdrez rien. Il n'y a point d'ami qui vaille un amant tel que moi. — Vous, mon amant! Je ne m'attendais pas à cette proposition. — J'ai tort, reprit-il, mais cela est venu malgré moi. Après tout cependant, c'est un petit mal, d'où il peut résulter un grand bien. Les jeunes gens sont bavards, ils déshonorent les femmes qui ont eu des bontés pour eux. Mais lui, le soin de sa réputation est un garant de sa discrétion, et, de plus, il est prêt à assurer à Marianne une petite fortune, qui la rendra indépendante.

Tartuffe second plaide habilement sa cause, comme on voit. Marianne ne lui répond d'abord qu'en fondant en larmes de se voir exposée à cette insolence. Puis elle a un accès d'emportement; il s'y attendait, et ne se rebute pas. Le lendemain, lui dit-il, il l'enverra chercher pour la conduire dans une maison habitée par une famille de sa connaissance; il payera une forte pension pour elle, il lui donnera des maîtres d'agrément, et, de plus, un contrat de cinq cents livres. La chose peut se faire sans retard, si elle veut prévenir madame Dutour le soir même.

Marianne indignée ne répond que par de courtes phrases de refus. M. de Climal la supplie d'accepter. La scène se prolonge assez pour que Valville ait le temps d'arriver, et comme la porte a été laissée entr'ouverte, il entre sans difficulté, et voit M. de Climal aux pieds de Marianne dans la position où M. de Climal l'a trouvé lui-même le matin.

Climal reste pétrifié. Valville aussi, mais il ne dit qu'un mot : Voilà qui est joli, mademoiselle! et il sort en jetant à tous deux un regard méprisant. Marianne veut courir après lui. Climal la retient. — Je veux lui parler absolument, je veux qu'il connaisse mon innocence. Climal cherche à se disculper. — Venez avec moi à l'instant, et dites-lui la vérité. J'accepterai ensuite tous vos bienfaits, pourvu qu'ils soient donnés au grand jour et que tout le monde les sache. Si vous ne faites pas cette démarche auprès de M. de Valville, c'est moi qui la ferai. A cette menace il répond par une autre. Marianne lui déclare qu'elle ne veut rien de lui; elle lui jette son argent, elle jette à terre la cornette qu'il lui a achetée...

Au plus fort de son exaspération, madame Dutour revient : — Qu'est-ce donc que tout ce bruit? M. de Climal répond qu'il y a eu un malentendu, qu'à l'avenir il ne peut rien faire pour Marianne, et il sort. Madame Dutour gronde Marianne. Si elle n'a plus rien, on ne pourra pas la garder. Pourquoi s'être brouillée avec lui? — Il me proposait de me mener dans une autre maison. La colère de madame Dutour se tourne alors contre M. de Climal. — Est-ce qu'il n'aurait pas été libre de voir Marianne chez elle (madame Dutour) comme il aurait voulu? Marianne avait sa chambre où elle pouvait recevoir les visites qu'elle voudrait, la visite surtout d'un personnage qui lui avait été représenté comme un homme bon et pieux. Enfin, puisque la rupture a eu lieu, il n'y a rien à faire. Elle conseille à Marianne de vendre les vêtements et le linge qu'on lui a donnés. Puisqu'elle sera pauvre, elle ne pourra plus les porter. Madame Dutour s'en arrangera. Elle lui payera son linge ; elle fera refaire la robe à sa taille. Mais ce serait folie de renvoyer cela à M. de Climal. Ce qui a été donné est donné.

Marianne ne l'écoute pas. Ce qui l'occupe, c'est Valville. Le reste n'est rien pour elle. Cependant, en faisant ses paquets pour renvoyer tout à Climal, elle a regret à son beau linge et aussi à sa belle robe. Elle songe alors à aller chez le religieux qui l'a recommandée à M. de Climal. — Mais avec quelle cornette? Évidemment avec celle qui lui a été donnée ; il faut bien montrer au religieux avec quel luxe M. de Climal a fait les choses. — Petite capitulation de conscience qui s'applique naturellement à la robe. Elle sort, mais dans la rue tout lui semble un désert. Elle n'a personne, personne au monde ! Elle monte chez le religieux. Elle y trouve M. de Climal. En la voyant arriver, il se lève, disant que la prudence et la religion ne lui permettent plus de voir Marianne. Le religieux cherche à le retenir. Si Marianne était venue, c'est qu'elle regrettait probablement ses torts envers lui ; il fallait s'expliquer. Climal refuse de rester plus longtemps. Il a dit au religieux qu'il s'est brouillé avec elle et ne veut plus s'en occuper parce qu'elle a fait connaissance de son neveu Valville avec qui elle refuse obstinément de rompre.

Ce M. de Climal est complet comme dévot libertin. On lui recommande une jeune et jolie orpheline, à lui le pieux bienfaiteur des pauvres, et dès le premier moment il se propose de la séduire sous le manteau de la bienfaisance et de la religion. Il commence par lui rendre des services, il ne lui demande en échange que de l'amitié, puis, quand il croit avoir obtenu cette amitié, il se dévoile peu à peu : il emploie surtout un moyen bien puissant sur les jeunes filles, la parure. Ensuite, comme Marianne est intelligente et désireuse de s'instruire, on l'instruira, on lui apprendra les arts d'agrément; de plus, elle est pauvre, on lui constituera une rente. Voilà Tartuffe, tant qu'il espère. On lui ôte toute espérance, la rupture est complète, il calomnie.

Marianne est allée demander protection à un représentant de la religion : elle n'a rien obtenu que des paroles à demi bienveillantes; en le quittant désolée et sans appui, elle va demander secours à Dieu. Elle entre dans l'église d'un couvent qui se trouve sur son chemin, et là, elle ne retient plus ses larmes; elle pleure à son aise, elle sanglote, persuadée que personne ne l'écoute et ne l'empêchera de se désoler. Elle se trompait. Une dame qui était entrée comme elle dans l'église, la regarde. Se sentant observée, Marianne lève les yeux, les regards se croisent et sympathisent. La dame s'en va cependant, et Marianne reste un moment seule. Mais la tourière, qui a vu sa désolation, l'engage à aller voir la supérieure, qui lui donnera tout au moins un bon conseil. Marianne se rend en effet près de la supérieure. Celle-ci — nous avons déjà donné son portrait page 158 — la reçoit d'une manière affable, mais de cette affabilité qui dit : Je ne ferai rien pour vous. Par bonheur, la dame qui l'a vue à l'église se trouve là aussi; elle s'est intéressée à Marianne en la voyant si désolée; elle prie la supérieure de la recevoir dans son couvent, en s'engageant à payer sa pension. Cette dame n'est autre que madame de Miran, la sœur de M. de Climal, la mère de Valville.

Madame de Miran était une femme d'une cinquantaine d'années. Elle avait été belle, mais elle était surtout bonne, si bien qu'on avait toujours fait plus d'attention aux sentiments de son cœur qu'à sa figure. Les femmes coquettes ne l'avaient jamais jalousée : elles sentaient que ce n'était pas une rivale pour elles. Son esprit doux et sensé était de ceux qu'on ne critique ni ne loue, mais qu'on écoute. Elle prit Marianne en amitié et lui dit de la considérer comme sa mère.

Elle vint un jour la voir avec une autre dame, madame Dorsin. Madame de Miran parla entre autres de son fils, qui lui causait du chagrin. On avait négocié pour lui un mariage très-avantageux, et il y avait renoncé parce qu'il avait rencontré à la messe une petite fille dont il s'était épris, et qu'il paraissait aimer profondément. On se promettait de chercher cette petite fille. Marianne dut avouer que c'était elle. Voilà madame de Miran fort embarrassée. Sa première pensée est d'engager Marianne à prier son fils de renoncer à elle. Marianne répond qu'elle n'en a pas la force. — Avez-vous revu mon fils depuis peu? demande madame de Miran. Marianne avoue que depuis qu'elle est au couvent, il est venu la demander et lui a adressé une lettre qu'elle n'a pu lire encore, et qu'elle remet à madame de Miran. Celle-ci lui dit d'écrire à Valville de venir la voir le lendemain à la grille, se promettant de venir elle-même un moment après. Tout s'exécute comme on l'a projeté. Valville vient plus amoureux que jamais. Marianne lui fait un long sermon pour l'engager à conclure le mariage en question; elle-même entrera au couvent; ils se verront quelquefois. Mais elle s'attendrit et pleure, Valville s'attendrit aussi, madame de Miran aussi, si bien qu'on permet aux jeunes gens de s'aimer, mais en secret, afin qu'on puisse préparer doucement le monde à leur union.

Quelque temps après, M. de Climal tombe dangereusement malade; il fait venir tous ses proches, il fait venir Marianne; il raconte devant tous ce qui s'est passé entre elle et lui, et il lui fait, en réparation, une rente de douze cents livres; il lègue le reste de ses biens à son neveu Valville et meurt repentant.

— Ce repentir de l'hypocrite est ce qui distingue le plus M. de Climal de Tartuffe. M. de Climal est libertin et faux dévot, mais il n'est pas incrédule. Il est de ceux qui disent en péchant et en sachant qu'ils pèchent : « Je m'en repentirai, et j'en ferai pénitence. » Tartuffe, au contraire, ne croit en rien. Il ne se repentira pas, il n'expiera pas, il saura toujours bien s'accommoder avec le ciel; c'est la terre qui lui importe. Molière ne nous fait pas assister à la mort de Tartuffe, mais il nous montre la fin d'un autre personnage qui passe du libertinage à l'hypocrisie, et il nous le fait voir impénitent jusqu'à sa dernière heure; Tartuffe mourant ne se convertira pas plus que don Juan. Ce rapprochement n'ôte rien à la vérité du personnage de Marivaux; son Tartuffe est pris également sur nature, mais il a moins de profondeur, moins d'ampleur que celui de Molière.

V

Madame de Miran présente Marianne dans sa société comme la fille d'une de ses amies de province. On lui fait fête, on l'invite partout. Mademoiselle de Farre et sa mère l'engagent à venir les voir à la campagne, Valville est de la partie, tout le monde nage dans la joie. Malheureusement, madame Dutour est la fournisseuse de la maison. Se trouvant dans le voisinage, elle vient au château montrer ses échantillons, et elle entre par hasard dans la pièce où Marianne se trouve avec mademoiselle de Farre et une femme de chambre. Madame Dutour pousse un cri de joie en apercevant

Marianne; elle la félicite de sa nouvelle fortune, elle lui parle du temps où elle demeurait chez elle en qualité de demoiselle de magasin. Marianne est tellement bouleversée qu'elle ne sait que répondre. Mademoiselle de Farre congédie madame Dutour aussi promptement qu'elle le peut. Marianne, restée seule avec elle, lui raconte toute sa vie. Mademoiselle de Farre l'embrasse et lui promet le secret. Par malheur la femme de chambre qui était présente au commencement de la scène n'avait eu rien de plus pressé que d'aller tout raconter. On la rappelle, on lui fait promettre le secret, mais il est trop tard.

Cette scène de madame Dutour retrouvant Marianne est supérieurement traitée.

Rien n'est peut-être plus vrai dans aucun roman, dit d'Alembert, que (cette) pitié cruelle de madame Dutour pour Marianne, à qui elle enfonce innocemment le poignard à force de se montrer sensible pour elle.

Madame de Farre entre un moment après, et, sans saluer Marianne, elle lui demande si elle veut partir le soir. — Madame de Miran devait venir la chercher dans sa voiture le lendemain matin. — Elle ajoute que si pourtant Marianne ne veut pas partir, elle pourra rester jusqu'au lendemain; seulement, comme il est venu de nouveaux visiteurs au château, on servira à souper à Marianne dans sa chambre.

Ainsi l'on renvoyait ignominieusement cette pauvre jeune fille qu'on avait si chaleureusement accueillie la veille! Mademoiselle de Farre promit d'apaiser sa mère, mais elle n'y parvint pas, et Marianne partit pour son couvent le soir même en compagnie d'une femme de chambre. Valville l'escorta dans une autre voiture.

Tout ne devait pas s'arrêter là. Quelques jours plus tard, une dame la demande au parloir. Marianne descend. La dame s'informe si elle est bien cette Marianne qui était deux jours auparavant chez madame de Farre, et que madame Dutour avait reconnue pour son ancienne demoiselle de magasin; sur sa réponse affirmative, la dame la quitte en la laissant très-étonnée. Le lendemain, on vient lui dire que madame de Miran l'envoie chercher. Elle suit la femme de chambre qui s'est présentée, monte dans la voiture qui l'attend, bien qu'elle ne reconnaisse pas la livrée de madame de Miran, et alors on la conduit, non pas chez sa bienfaitrice, mais dans un couvent inconnu, et cela « par ordre supérieur », c'est-à-dire de la part du lieutenant de police ou du ministre. Il lui est défendu de donner de ses nouvelles à madame de Miran, ni à Valville, ni à qui que ce soit.

La supérieure, qui, du reste, se montre très-bienveillante pour la pauvre fille, lui avoue que cet internement est l'œuvre de la famille de son futur; qu'on ne veut pas qu'elle épouse M. de Valville, et qu'on ne lui rendra la liberté que si elle prend le voile, ou si elle épouse un mari qu'on lui a déjà trouvé.

Marianne n'avait nullement envie de se faire religieuse; pour gagner du temps, elle demande qu'on lui laisse au moins le temps de lier connaissance avec celui qu'on lui destine.

On vient la chercher le lendemain pour la conduire chez le ministre. Elle arrive un peu trop tôt, on l'engage à attendre dans le jardin. Une espèce de lourdaud qui occupait un emploi inférieur dans les bureaux vient lui faire la conversation, et lui apprend qu'il est l'époux qu'on lui destine. C'est un individu borné, qui croit faire grand honneur à Marianne en consentant à l'épouser, elle, orpheline et sans parents. On introduit ensuite la comtesse chez le ministre. Elle trouve là toute la famille de Valville réunie, moins ceux qui pourraient la protéger. Le but de cette réunion solennelle est de l'intimider d'abord, puis de la marier à son indigne soupirant. Elle parle avec tant de simplicité et d'esprit, que tout le monde est enchanté d'elle, excepté la vieille parente qui avait provoqué l'affaire. Le ministre ne sait que résoudre. Au moment où il hésite, la porte s'ouvre, et l'on voit entrer les deux membres de la famille que l'on n'attendait pas, madame de Miran et Valville lui-même. Ils cherchaient Marianne depuis plusieurs jours et ne la trouvant pas ; ils venaient demander au ministre, avec lequel ils étaient liés depuis longtemps, s'il ne pouvait pas les renseigner sur cette disparition.

Madame de Miran raconte au ministre toute l'histoire de Marianne et fait l'éloge de la jeune fille. Le ministre est tout prêt à souscrire à cet éloge ; ce qu'il blâme, c'est le projet de mariage entre elle et Valville. Il a trouvé à Marianne un mari convenable, et il prie madame de Miran d'engager sa protégée à accepter. Madame de Miran, après avoir jeté un regard sur le personnage, déclare qu'elle ne donnera jamais ce conseil. Marianne déclare également qu'elle n'acceptera jamais cet homme pour mari, parce qu'elle ne pourrait le respecter et par conséquent le rendre heureux. A présent qu'on ne la menace plus d'ailleurs, elle est prête à renoncer à M. de Valville et à se retirer dans un couvent. Le ministre conseille aux intéressés de s'entendre ; pour sa part, il ne veut plus se mêler de cette affaire, mais il ajoute en regardant Marianne qu'il comprend facilement l'amour de Valville, et tout le monde est de son avis, excepté cette vieille parente à la figure longue et aigre qui avait déjà parlé contre elle, et qu'elle reconnut pour être celle qui était venue au couvent quelque temps auparavant dans le but de constater son identité.

Ainsi Marianne est admise en principe dans la famille de

Valville, aimée de tous ceux qui l'ont vue de près, et tout au moins tolérée de ceux qui avaient des préventions contre elle. Ce serait ici le cas de placer entre les personnes que nous connaissons des incidents qui amèneraient une reconnaissance; les incidents auraient pu sortir tout naturellement de l'audience du ministre, et le roman pourrait finir dans une huitième partie qui contiendrait le dénoûment de l'histoire. Mais Marivaux a regret d'abandonner ses personnages, il veut retarder le dénoûement, et il fait naître un incident qui n'est nullement la conséquence de ce qui précède, mais qui lui permet de vivre encore quelque temps au milieu de ce monde qu'il a créé.

Une autre raison le portait encore à poursuivre son récit : il avait composé un second roman, qu'il voulait rattacher à *Marianne*, l'histoire d'une religieuse, annoncée dès la fin de la quatrième partie, et dont on nous a parlé depuis à diverses reprises. Il fallait lier, tant bien que mal, cette histoire à celle de Marianne. Pour cela, il faut que Marianne ait du chagrin et qu'on lui raconte l'histoire, soit pour lui donner un conseil, soit pour l'exhorter à la patience en lui montrant des maux plus grands que les siens. Il faut en plus que Marianne se trouve dans une position reposée et n'ait pas besoin de prendre une décision du soir au lendemain. Cette seconde circonstance est réalisée. Il faut réaliser la première; c'est ce à quoi l'auteur va s'employer.

VI.

Le mariage de Valville et de Marianne est conclu; il n'y a plus à attendre que certains arrangements matériels, à obtenir une charge, qui a été promise au futur époux; mais cela demande quelques délais. Valville est sûr d'être aimé, il est sûr de l'approbation de sa mère, il n'y a plus de lutte à soutenir : il aime toujours Marianne, mais il ne s'absorbe plus en elle. Il est toujours galant avec elle, mais il est un peu moins amoureux. Depuis la rencontre à l'église jusqu'à la réunion chez le ministre, il n'y avait eu pour lui qu'une femme au monde; maintenant il regarde quelquefois les autres. Un jour qu'il était venu avec madame de Miran conduire Marianne au couvent, une demoiselle qui arrivait là avec sa mère, se trouve mal. Valville est un de ceux qui s'empressent pour la rappeler de cet évanouissement. Cette jeune fille est excessivement belle, et voilà Valville absorbé par cette contemplation et oubliant tout le reste.

Les deux mères se connaissaient de nom, on fait plus ample connaissance. Mademoiselle Warton, — c'était le nom de la jeune personne, — devient l'intime amie de Marianne; mais celle-ci tombe malade avant d'avoir eu le temps de lui dire qu'elle doit épouser Valville. Pendant sa maladie, Valville vient prendre de ses nouvelles, mais c'est mademoiselle Warton qu'il demande pour en avoir. Lorsque Marianne se trouve mieux, ce qui ne tarde pas à arriver, elle s'étonne de ne pas recevoir de lettres de son fiancé, et elle fait part de ses inquiétudes à mademoiselle Warton, qu'elle instruit du mariage projeté. Mademoiselle Warton pleure et ne répond pas : elle aimait aussi Valville. Les choses auraient pu se passer autrement si elle avait su l'amour de Marianne, mais elle l'ignorait et s'était laissé aimer. Elle promet toutefois à Marianne de ne plus revoir Valville.

Mais Valville lui écrit, elle montre la lettre à Marianne. Elle méprise, lui dit-elle, un amant qui donne son cœur à tout le monde; et elle refuse de le recevoir. Quelques jours après cependant mademoiselle Warton raconte à Marianne que Valville est parvenu au moyen d'une ruse à la faire descendre au parloir. Elle rapporte à Marianne tous les reproches qu'elle lui a adressés sur sa perfidie ; il avait cherché à se justifier en disant que son mariage avec Marianne le brouillerait avec sa famille et l'exposerait aux railleries de ses amis. Mademoiselle Warton assura qu'elle avait réfuté tous ces prétextes, mais Marianne vit très-bien qu'ils s'étaient entendus. Elle répondit à Warton par quelques railleries piquantes, Warton lui répliqua sur le même ton, et elles se brouillèrent.

Madame de Miran, qui ne se doute de rien, vient chercher au couvent Marianne et mademoiselle Warton pour les mener à la campagne. Marianne a un entretien avec Valville dans un cabinet de verdure. Elle lui fait voir une lettre écrite par lui à mademoiselle Warton, et lui demande ce qu'il faut faire pour ne pas troubler ses nouvelles amours. Madame de Miran, croyant son fils parfaitement d'accord avec Marianne, propose de couper court aux délais et de célébrer immédiatement le mariage. Valville balbutie, mais Marianne déclare que ce mariage ne doit pas avoir lieu, qu'elle ne veut pas exposer Valville aux railleries de ses amis et au mécontentement de sa famille. Madame de Miran, restée seule avec Marianne et madame Dorsin, lui demande ce que signifie la scène qui vient de se passer et si Valville ne l'aime plus. On lui apprend tout ; elle reconduit les deux jeunes filles au couvent.

Le bruit de la rupture de Marianne et de Valville se répand. Un officier de cinquante ans, et qui a vingt-cinq mille livres de rente, a vu Marianne plusieurs fois ; il a été charmé de sa personne et de tout ce qu'il a appris d'elle, et il la prie d'accepter son cœur et sa main. Marianne demande huit jours pour réfléchir, et elle communique cette proposition à une religieuse du couvent où elle demeure et qui est devenue son amie. Celle-ci lui conseille d'accepter. Marianne dit qu'elle est plutôt tentée d'entrer tout à fait au couvent et de se faire religieuse. « Gardez-vous-en bien, lui dit son amie », et pour l'en dissuader, elle lui raconte son histoire.

VII

C'est ici que se termine ce que Marivaux nous apprend des aventures de Marianne. La charmante petite causeuse retrouve-t-elle ses parents? Valville lui revient-il? Dans la pensée primitive de l'auteur, Marianne doit se marier puisque le roman a pris pour sous-titre : *les Aventures de madame la comtesse* ***. Mais comment? mais avec qui? il n'a pas daigné nous l'apprendre. Nous sommes à la fin de la huitième partie; les trois parties suivantes sont consacrées à l'histoire de la religieuse, qui ne se terminent pas non plus. Ces trois parties parurent en 1742. Marivaux vécut encore vingt et un ans après; il eut donc tout le temps d'achever les deux histoires, mais il n'en fit rien.

D'autres, il est vrai, le firent pour lui. Dans les diverses éditions de *Marianne*, à partir de celle de 1745, nous trouvons une douzième partie qui nous offre la conclusion des aventures de la jolie Marianne et de la belle Trévire, mais Marivaux n'y est pour rien. Tout le monde en tombe d'accord. La question est de savoir quel est l'auteur de cette fin. Si nous en croyons toutes les éditions modernes, même celle qu'un critique érudit, Édouard Fournier, a publiée en 1877, cette *Fin* est de madame Riccoboni, actrice médiocre du Théâtre Italien, mais auteur distinguée d'un certain nombre de romans, dont le premier en date, les *Lettres de Fanny Buttlerd*, est, dit-on, sa propre histoire et sa propre correspondance. On raconte même en quelles circonstances la fin de *Marianne* fut composée.

Saint-Foix, auteur d'*Essais sur Paris* et de quelques comédies mignardes, que nous avons eu occasion de mentionner : *l'Oracle, les Grâces,* soutenait un jour que le style de Marivaux était inimitable. On lui cita un roman de Crébillon fils dans lequel un des personnages, la fée Moustache, s'amuse à parodier ce style. — Nous aurons occasion de parler plus tard de ce roman. — Saint-Foix soutint que cette imitation était très-mal réussie ;

> Il s'emporta, traita la fée de *bavarde, disant une foule de mots et ne saisissant pas du tout l'esprit de M. de Marivaux.* Madame Riccoboni écoutoit, se taisoit et ne prenoit aucune part à la dispute. Restée seule, elle parcourut deux ou trois parties de *Marianne,* s'assit à son secrétaire et fit [une suite à ce roman]. Deux jours après la conversation, elle la montra sans en nommer l'auteur ; on la lut en présence de M. de Saint-Foix, il l'entendit avec tant de surprise, qu'il crut le manuscrit dérobé à M. de Marivaux. Il vouloit le faire imprimer, madame Riccoboni s'y opposa, dans la crainte de désobliger M. de Marivaux. Dix ans après, cette suite parut dans un journal, dont le rédacteur eut la permission de M. de Marivaux pour l'y insérer [1].

Cette note, qui doit être de madame Riccoboni elle-même, constate bien que cette dame a fait une *Suite* au roman de Marivaux, mais non pas une *Fin.* Une des conditions que s'était imposée l'imitatrice, c'était de ne pas faire avancer le récit.

Voici ce que Grimm dit à ce sujet dans sa Correspondance [2] :

> C'est une imitation parfaite de la manière de Marivaux, mais d'un bien meilleur goût. Si vous avez vu Arlequin courir la poste dans je ne sais quelle farce, vous aurez une idée très-exacte de cette manière, qui consiste à se donner un mouvement prodigieux sans avancer d'un pas. Madame Riccoboni court en poste à la Marivaux pendant cent douze pages, et à la fin de sa course, le roman de *Marianne* est aussi avancé qu'auparavant.

---

[1] *OEuvres de madame Riccoboni*, in-18, 1826, t. II.
[2] *Correspondance de Grimm et Diderot*, 1er mai 1765.

Mais en vérité, sa manière d'écrire, même en se réglant sur un mauvais modèle, est très-supérieure à celle de Marivaux.

Il y a des réserves à faire sur cette dernière appréciation : Grimm n'aimait pas Marivaux, et il est injuste envers lui. Ce qu'il faut retenir de cette citation, c'est l'éloge du travail de madame Riccoboni et la date. Tout le monde est d'accord, du reste, sur le mérite de cette suite. D'Alembert nous dit qu'il ne faut pas confondre avec les mauvais continuateurs de Marivaux

> Madame Riccoboni, qui par une espèce de plaisanterie et de gageure a essayé de continuer *Marianne* en imitant le style de l'auteur. On ne saurait pousser plus loin l'imitation.

Mais il ajoute :

> Madame Riccoboni s'est contentée de ce léger essai de son talent en ce genre. Elle a trop à gagner en restant ce qu'elle est pour se revêtir d'un autre personnage que le sien [1].

Une romancière anglaise contemporaine, Julia Kavannagh, qui a publié sur les *Femmes de lettres françaises*, un ouvrage très-intéressant où elle analyse assez longuement toutes les productions de madame Riccoboni, dit à propos de la suite de *Marianne* :

> L'imitation est parfaite et montre un goût et une *finesse* merveilleuse. Madame Riccoboni appelle cela une folie de jeunesse. C'est un agréable *jeu d'esprit;* mais malheureusement il laisse *Marianne* aussi peu finie que jamais [2].

L'Avertissement de madame Riccoboni, dont nous avons cité quelques lignes, se termine ainsi :

> Nous avons rapporté ce fait, afin d'instruire les personnes qui désirent la continuation de *Marianne* de ne plus s'adresser à madame Riccoboni. Elle est fâchée de ne pouvoir les satisfaire ; mais elle n'achèvera jamais ni les ouvrages de M. de Marivaux, ni ceux d'aucun auteur.

---

[1] *Histoire des membres de l'Académie française*, t. VI. Éloge de Marivaux.
[2] *French Women of letters*, by Julia Kavannagh, in-16., éd Tauchnitz.

Il reste donc bien établi que madame Riccoboni n'a point *fini* le roman de Marivaux. Nous pourrions nous en tenir là. Cependant, comme tous les critiques, biographes et éditeurs de Marivaux, répètent uniformément cette erreur, il n'est pas superflu de poursuivre la démonstration. Voyons les dates.

La Suite de *Marianne,* par madame Riccoboni, parut la première fois, en partie seulement, dans un recueil intitulé *le Monde comme il est,* par l'auteur du *Nouveau Spectateur,* 4 vol. in-12, 1760-1761. L'éditeur de ce recueil était un certain Bastid, qui se mit plus tard à la tête d'une autre publication périodique sur laquelle nous aurons à revenir, la *Bibliothèque des Romans.* Il quêtait partout des articles pour son recueil. J. J. Rousseau nous dit qu'il voulait y insérer toute la *Nouvelle Héloïse.*

Cette Suite avait été composée dix ans auparavant, nous dit madame Riccoboni, c'est-à-dire vers 1751. Or la Fin, qui est imprimée partout, avait paru en 1745. J'ai sous les yeux un exemplaire de *Marianne,* Amsterdam, 1745, deux volumes, où cette Fin figure déjà, imprimée en plus petits caractères, et c'est là que les éditeurs modernes l'ont prise.

Les deux rédactions sont totalement différentes. La Suite de madame Riccoboni commence ainsi :

> Vous voilà bien surprise, bien étonnée, madame ; je vois d'ici la mine que vous faites. Je m'y attendois ; vous cherchez, vous hésitez, il me semble vous entendre dire : Cette écriture est bien la sienne, mais cela ne se peut pas, la chose est impossible ! — Pardonnez-moi, madame, c'est elle, c'est Marianne, oui, Marianne elle-même. — Quoi ! cette Marianne si fameuse, si connue, si chérie, si désirée, que tout Paris croit morte et enterrée ? Eh ! ma chère enfant, d'où sortez-vous ? vous êtes oubliée, on ne songe plus à vous ; le public, las d'attendre, vous a mise au rang des choses perdues sans retour.

La *Fin* qui figure dans les éditions de *Marianne* sous le titre de *Douzième Partie* débute tout autrement :

Voici, madame, la dernière partie de ma vie. Quel effort, direz-vous, après quatre ans de silence ! Oh ! tant qu'il vous plaira ; il s'agit de la conclusion de mon histoire et de celle de mon aimable religieuse, dont les malheurs m'avoient si vivement touchée. Est-ce donc si peu de chose, et pouviez-vous de bonne foi me demander moins de temps pour terminer son histoire et la mienne ?

Il n'y a rien de commun entre les deux ouvrages, ni pour le fond, ni pour la date de la publication, puisque la *Fin* circulait depuis longtemps lorsque madame Riccoboni écrivit sa *Suite*.

Analysons d'abord cette *Suite*. Nous parlerons de la *Fin* après.

Beaucoup de réflexions pour commencer, puis un dialogue supposé entre Marianne et Valville. La fierté l'emporte, elle se consacrera à Dieu. Il la regrettera, ce sera sa vengeance et aussi sa consolation. Madame de Miran vient la voir ; elle est au désespoir de cette infidélité de Valville. Marianne lui fait part de la demande du comte de Sainte-Agne. Madame de Miran est d'avis qu'il ne faut pas refuser tout à fait. Il faut voir le comte. Une entrevue a lieu. Le comte est un homme de cœur, bon, bienveillant, la probité, la sincérité en personne. Il demande à Marianne si, dans le cas où Valville reviendrait repentant et soumis, elle le refuserait. Marianne répond que, s'il ne l'avait quittée que par des raisons de convenance, elle ne songerait pas à se plaindre ; mais il l'a quittée pour une autre, elle ne lui pardonnerait pas. Madame Dorsin l'approuve.

Pendant ce temps, Valville et mademoiselle Warton avaient fait leur petit complot. Valville irait voir Marianne, il lui dirait qu'il ne l'aime plus et la prierait d'engager sa mère à lui permettre d'épouser mademoiselle Warton. C'était elle qui avait imaginé ce plan, comptant sur la bonté de Marianne. Un jour que madame de Miran devait venir prendre Marianne et que celle-ci, par son conseil, s'était habillée avec beaucoup de soin, on lui annonce que Valville la demande. Sa première pensée est de ne pas le recevoir; mais la sœur converse refuse de répéter le mensonge qu'elle lui dicte pour s'excuser. Elle se regarde dans la glace et se trouve si jolie qu'elle prend subitement sa résolution. La scène de coquetterie qui va suivre est un petit chef-d'œuvre. Marivaux en ses meilleurs jours n'aurait certes pas trouvé mieux.

Valville, au début, est quelque peu embarrassé; la conversation tombe plusieurs fois. Il balbutie une excuse. — Vous n'en avez pas besoin, lui dit Marianne, votre mère est décidée, elle consent à votre bonheur. — Quel bonheur? — A votre mariage avec mademoiselle Warton. — Valville est déconcerté, et s'attendait à des plaintes, à des reproches, à des regrets. Marianne, qui le voit troublé, s'amuse à l'embarrasser, à le piquer, à l'humilier par son indifférence et sa coquetterie, car elle ne néglige pas de faire valoir ses charmes sans avoir l'air de s'en douter. Il est furieux d'abord, puis il s'attendrit. — Vous ne m'aimez donc plus? lui dit-il.

[Marivaux a exprimé précédemment les sentiments qui devaient agiter le cœur de Valville en ce moment :

Un volage, fait-il dire à Marianne, est un homme qui croit vous laisser comme solitaire. Se voit-il remplacer par d'autres? ce n'est pas son compte, il ne l'entendoit pas ainsi.]

L'arrivée de madame de Miran, qui venait chercher Marianne, la dispense de répondre à la question dangereuse de Valville. Madame de Miran ne s'attendait pas à trouver là son fils; elle lui parle sévèrement, mais elle consent à lui laisser faire toutes ses volontés. Il voulait Marianne, elle la lui donnait : il n'en veut plus : elle la garde; il veut mademoiselle Warton : c'est une sotte, une impertinente, n'importe, qu'il la prenne. — Et là-dessus on se rend chez madame Dorsin.

Là Marianne retrouve le comte, toujours empressé; mais

elle a fait une autre conquête. Lors de sa comparution devant le ministre, il y avait parmi les assistants un jeune homme qui l'avait trouvée charmante et l'avait dit assez haut pour que Marianne l'entendît. C'était le marquis de Sinnery; il est plus riche et d'un rang plus élevé que Valville, il est aussi plus jeune. Il s'éprend sérieusement de Marianne en la retrouvant chez madame Dorsin, et le lendemain il lui écrit pour la demander en mariage. Elle envoie cette demande à madame de Miran; mais au lieu d'en être flattée, elle pleure d'avoir été méconnue par Valville. A ce moment on lui apporte une lettre. C'est Valville lui-même qui lui écrit, qui lui demande de le recevoir le lendemain, afin de se justifier de ses torts « apparents »; il n'a jamais cessé de l'aimer, et il lui reproche sa « cruelle indifférence ». Marianne répond qu'elle ne le recevra qu'en présence de sa mère. On devait lui remettre cette lettre le lendemain quand il se présenterait.

Au moment où elle se demandait ce que ferait Valville, on ouvre brusquement sa porte, et elle voit entrer mademoiselle Warton, tenant à la main une lettre de Valville, et demandant à Marianne l'explication de cet « insolent écrit ». C'était une rupture complète; mademoiselle Warton accusait Marianne de l'avoir provoquée. Marianne répond qu'elle ne s'est jamais mêlée des affaires de mademoiselle Warton, que si Valville la délaisse, elle, Marianne n'y est pour rien, et qu'elle la laisse libre de reconquérir le cœur qui l'abandonne. Mademoiselle Warton répond avec aigreur, elle affecte le dédain et sort furieuse. Pendant ce temps, Valville était venu au parloir, on lui avait remis le billet de Marianne et il s'était éloigné.

Madame Riccoboni s'arrête ici en annonçant une foule d'événements intéressants pour le moment où elle reprendra la plume.

Marivaux fit preuve de bon goût en autorisant l'impression de cette Suite. Quoi qu'en dise la correspondance de Grimm, on voit que si le roman n'est pas fini, l'action a marché et s'est rapprochée de la conclusion, sur le point le plus scabreux surtout, sur le point qui avait peut-être semblé à Marivaux le plus difficile à aborder, le retour de Valville à son premier amour. La rupture cependant n'est pas encore définitive avec mademoiselle Warton. Puis il reste à finir l'histoire de la religieuse et à trouver, à l'aide de personnages connus ou de quelque *Deus ex machina,* l'explication du mystère qui se pose aux premières pages du livre à l'endroit des parents de Marianne.

Il est fort regrettable qu'à défaut de l'auteur lui-même, madame Riccoboni ne se soit pas chargée d'écrire ce dénoûment. Dans la Suite que nous venons d'analyser, madame Riccoboni se montre fidèle au procédé constant de Marivaux de placer le drame dans le cœur humain et de ne faire intervenir les causes extérieures que pour créer les situations et jamais pour les dénouer. Il s'agit de ramener Valville à Marianne. Le moyen imaginé par madame Riccoboni est tout à fait dans le goût de Marivaux. Valville vient prier Marianne d'intervenir auprès de sa mère en faveur de mademoiselle Warton, Marianne joue l'indifférence, le dédain; elle profite des avantages de sa beauté et fait si bien qu'elle bouleverse le pauvre Valville. Ce qui se passe chez madame Dorsin l'achève, et le voilà ramené aux pieds de Marianne et brouillé avec mademoiselle Warton. La scène est hardie, mais elle est exécutée avec vigueur et décision. Dans les autres détails, on trouvera peut-être que madame Riccoboni ne sonde pas aussi minutieusement les consciences que Marivaux, mais elle reproduit le mouvement extérieur de sa pensée et de son style de manière à faire complétement illusion.

L'autre continuateur, l'auteur de la *Fin*, a recouru pour ramener Valville à Marianne à des causes extrinsèques, que non-seulement Marivaux n'aurait pas avouées, mais qui l'auraient profondément choqué. Valville et mademoiselle Warton projettent d'aller se marier en Angleterre; ce projet échoue, non par une révolution dans leur volonté, mais par une intervention supérieure, par un ordre de la police qui renferme Valville à la Bastille, et c'est sous l'influence de cette captivité qu'il revient à Marianne, ce qui est peu flatteur pour elle et peu honorable pour lui. Le secret de l'origine de Marianne aurait pu, aurait dû résulter de quelque combinaison dramatique : il est découvert de la manière la plus plate et la plus vulgaire. Un personnage qu'on a nommé à peine fait un voyage en France, et d'après des renseignements qu'on lui donne en chemin, reconnaît Marianne pour un membre de sa famille. Dans toute cette douzième partie, dès qu'il y a une scène intéressante à faire, les personnages tombent en syncope. Marianne, pour sa part, tombe deux fois dans une léthargie dont on a grand'peine à la tirer. Quand les personnages ne sont pas en syncope, ils sont malades. C'est un véritable hôpital.

Le style n'est pas meilleur que l'invention. Madame Riccoboni exagère bien quelque peu ce qu'on pourrait appeler les *tics* du style de Marivaux : les petites exclamations familières, les interrogations à la lectrice, certaines mignardises de forme; mais tout cela reste dans le ton général. Marianne est peut-être un peu plus coquette qu'elle ne l'était, mais pourtant c'est toujours Marianne.

Dans la Douzième Partie, au contraire, la légèreté est affectée, certaines expressions caressantes dont Marivaux a usé quelquefois, reviennent d'une manière agaçante, la diction est constamment terne; l'auteur voudrait bien avoir de l'esprit, mais ses efforts le trahissent.

Cela n'empêche pas les éditeurs de se récrier sur le mérite de ce travail. Voici une note, par exemple, que nous trouvons à la fin de la plupart des éditions de *Marianne* :

> Cette douzième partie n'est pas de Marivaux; si nous n'en avons pas prévenu le lecteur, c'est afin de lui ménager, au terme de sa carrière, un nouveau plaisir, celui de la surprise.

Le lecteur qui, dans le but bien naturel d'être renseigné sur le sort des personnages, a poussé la lecture jusqu'au bout, a pu éprouver une surprise, mais non une surprise agréable assurément. Les éditeurs cependant lui assurent qu'il doit être satisfait, et ils lui racontent l'histoire du défi porté à madame Riccoboni. La note se termine par ces lignes :

> Cette douzième partie, ouvrage de madame Riccoboni, n'est autre que celle qu'on vient de lire.

N'est-ce pas le cas de rappeler la fable de la Fontaine :

> Notre magot prit pour ce coup
> Le nom d'un port pour un nom d'homme?

Non, cette Fin n'est point de madame Riccoboni. Elle est d'un de ces malheureux écrivains dont parle d'Alembert,

qui se sont chargés, sans qu'on les en priât, de finir les romans de M. de Marivaux, et (qui) ont eu dans cette entreprise un succès digne de leurs talents.

Cette Fin a été commandée évidemment à un écrivain du sixième ordre par quelque libraire de Hollande qui voulait donner plus de prix à son édition. Ces supercheries étaient fréquentes au dix-huitième siècle.

L'édition pour laquelle J. Janin a fourni une notice ne répète pas la note ci-dessus, mais on y a laissé subsister une notule dans laquelle on suppose aussi que le continuateur est madame Riccoboni. Quant à Édouard Fournier, il n'imagine pas qu'on puisse avoir de doute sur ce point. Aucun critique n'a eu l'idée de consulter les œuvres de madame Riccoboni, qui cependant ne sont pas rares; aucun éditeur n'a eu l'idée d'enrichir son édition de *Mariànne* de ce petit chef-d'œuvre d'esprit et d'ingéniosité; aucun n'a été averti par la platitude de la douzième partie que ce ne pouvait être là le travail auquel les critiques du dix-huitième siècle se sont accordés à donner tant d'éloges [1].

[1] Voir ce travail à la fin du volume. La première moitié seule fut insérée dans le *Monde*, parce que ce recueil cessa de vivre. La seconde moitié parut pour la première fois dans un volume de nouvelles de madame Riccoboni.

CHAPITRE IX

LES ROMANS (*suite*).

LA RELIGIEUSE. LE PAYSAN PARVENU.

I. Histoire de la Religieuse.
II. Le Paysan parvenu. — I. A quelle occasion ce roman fut composé. La fée Moustache. — II. Leçon à l'auteur de *Tanzaï et Néadarné*. — III. Aventures de Jacob de la Vallée. Le financier, sa femme et mademoiselle Geneviève. — IV. Intérieur de dévote. Mariage de Jacob. Mesdames de Ferval, de Fécour et le monde financier. — V. Marivaux s'arrête après la cinquième partie. D'où proviennent les trois autres. Suite française, suite allemande. — Les personnages des romans de Marivaux.

I. *LA RELIGIEUSE.*

L'histoire de la Religieuse, qui remplit trois des onze parties de *Marianne*, est, comme nous l'avons dit, un récit tout à fait à part, pour le fond et pour la forme. Ici plus de tatillonnage, plus de coquetterie dans le langage ni dans les actes, plus de ces réflexions dont Marianne abuse. C'est un récit simple, grave, ému, rapide, qui va droit au but et où le cœur est plus intéressé que l'esprit, du Prévost perfectionné, du Marivaux sans marivaudage.

Le romanesque enveloppe toute la vie de la Religieuse. Née d'un mariage secret contracté avec l'assentiment de la mère de la jeune fille, mais contre le gré du père du fiancé, elle perdit son père à l'âge de six mois. Un an après, sa mère se remaria à un grand personnage qui l'emmena à Paris, et l'enfant fut laissée en garde au concierge du château. Sa grand'mère la retira de là, mais sa grand'mère mourut quelque temps après; ses deux tantes, sœurs aînées de sa mère, refusèrent de se charger d'elle, et elle fut mise en pension chez un fermier. Sa mère écrivait bien quelquefois qu'elle viendrait la chercher, mais elle ne venait pas et se contentait d'envoyer de temps à autre de petites sommes pour son entretien.

Tervire allait parfois chez une dame du voisinage, madame de Sainte-Hermières, qui se posait en dévote et faisait métier de bienfaisance. Il lui vint à l'esprit que si elle décidait mademoiselle de Tervire à prendre le voile, cela lui ferait grand honneur dans le monde qu'elle fréquentait, et la voilà qui s'empresse avec tout son entourage à pousser la jeune fille vers le couvent. On la conduisait souvent dans un couvent du voisinage ; les religieuses la comblaient de caresses et de câlineries, et lui vantaient sans cesse le bonheur dont elles jouissaient loin du monde. Sa mère, qu'on avait consultée, avait applaudi à ce projet qui la débarrassait de sa fille, et la belle Tervire, comme on l'appelait, était à peu près décidée.

Un jour qu'elle en parlait avec une religieuse qui l'avait prise en sincère amitié, celle-ci lui conseilla de rester libre. Ces caresses qu'on lui prodiguait, ces amabilités que l'on avait pour elle, cesseraient du jour où elle serait irrévocablement engagée. Puis elle était belle, elle était jeune, on l'aimerait : pourquoi s'ensevelir dans un cloître? Elle pleurait en lui parlant ainsi. Elle lui montra une lettre qu'elle avait reçue ; elle ne l'avait pas encore ouverte, elle ne voulait pas l'ouvrir ; elle pria Tervire de la rendre à celui qui la lui avait écrite. Tervire le connaissait, c'était un abbé du voisinage. La religieuse l'aimait follement; il lui proposait de l'enlever. Elle sentait que si elle le revoyait, elle serait incapable de résister. Tervire remit la lettre à l'abbé, qui promit de ne pas revoir la religieuse et tint parole; mais elle déclara en même temps qu'elle n'entreraitpas au couvent. A partir de cette déclaration le vide se fit autour d'elle, et l'amitié que lui témoignait madame de Sainte-Hermières s'éteignit complétement.

Un jour cependant, elle lui écrivit une lettre des plus aimables pour l'inviter a diner. Elle la mit en rapport avec un baron de Sercour, déjà vieux et souvent malade, mais qui s'était épris d'elle et demandait à l'épouser. L'époux était médiocrement tentant, mais le mariage était avantageux au point de vue pécuniaire. Madame de Sainte-Hermières lui insinuait d'ailleurs que le sacrifice serait court et que le mari ne lui serait pas longtemps à charge. Elle était pauvre, abandonnée de tous; elle se laissa persuader, et le mariage fut conclu.

Mais ce n'était pas l'affaire de l'abbé, qui était le propre neveu du baron, et qui comptait bien hériter de lui. C'était un mauvais sujet, débauché, corrompu et corrupteur, témoin cette pauvre religieuse qu'il avait failli perdre. Il fit la cour à madame de Sainte-Hermières, et, quand il fut en état de la compromettre, il la décida à prendre part avec lui à un complot, qui réussit.

Le mariage devait avoir lieu le lendemain matin. Pendant le souper, l'abbé se retira sous le prétexte d'une indisposition, et s'alla cacher dans un cabinet attenant à la chambre de Tervire. Quand tout le monde fût couché, il se montra. Tervire voulut appeler, il lui fit voir un billet sans date et sans adresse, qu'elle avait écrit à une dame et dont il s'était emparé : « Venez, je vous attends ce soir. » Elle veut le faire sortir. Sa femme de chambre, d'accord avec lui, avait fermé l'unique porte à clef. Ils font du bruit, on arrive; on trouve Tervire bouleversée et l'abbé à ses pieds, s'efforçant de la calmer. Il dit que c'est la jeune fille qui l'a fait venir; il montre le billet; le mariage est rompu, et Tervire déshonorée retourne chez le fermier.

Elle ne tarda pas à être justifiée cependant. La femme de chambre parla. Madame de Sainte-Hermières mourut peu de temps après, laissant un billet sur lequel elle racontait la machination de l'abbé. Le baron voulut renouer, mais Tervire avait été trop cruellement offensée, elle refusa.

Quelque temps après, une vieille tante, madame Dursan, vint, par suite de quelques arrangements de famille, s'établir dans le château paternel, et prit chez elle la jeune fille oubliée par sa mère.

Cette madame Dursan avait un fils qui lui avait volé autrefois vingt mille francs, pour se marier avec une jeune fille de la dernière classe et dont la sœur menait ostensiblement une vie scandaleuse. Il y avait vingt ans qu'elle n'en avait entendu parler, et comme elle se sentait près de mourir, elle fit un testament par lequel elle léguait tous ses biens à sa nièce.

Ce fils n'était pas mort cependant, mais il était malade et dans la misère, et il se désolait à l'idée de laisser en mourant, sa femme et son fils sans ressource. Il revint donc secrètement dans le pays, où des paysans lui donnèrent l'hospitalité. Un jour, les serviteurs de madame Dursan arrêtèrent un jeune homme qu'ils accusaient d'avoir braconné dans le bois. Tervire, qui vint au bruit, lui fit rendre la liberté. Il raconta alors que son père était malade dans le voisinage, que lui-même, allant à la ville vendre une bague pour avoir de quoi vivre, avait pris son fusil, afin que s'il apercevait quelque gibier, il pût l'abattre pour améliorer un peu le maigre dîner que les paysans donnaient à son père.

Ce récit toucha la jeune fille; elle dit que peut-être sa tante achèterait la bague, et engagea le jeune homme à revenir le lendemain chercher la réponse. Madame Dursan refusa d'acheter la bague, mais elle offrit de prêter de l'argent, qu'on rendrait ou qu'on ne rendrait pas. Le jeune homme remercia. Une dame du voisinage avait recueilli ses parents, et se proposait de parler d'eux à madame Dursan. Cette voisine vint en effet; elle conduisit, sous prétexte de promenade, Tervire dans le bois voisin, et là, elle la mit en face du jeune homme, de son père et de sa mère. Ce père malade n'était autre que l'enfant prodigue de madame Dursan. Il s'agit de réconcilier la pauvre famille avec elle. Madame Dursan avait perdu peu de jours auparavant une femme de chambre, Brunon, à laquelle elle tenait beaucoup. On imagina de placer la jeune madame Dursan auprès d'elle pour remplir ces fonctions et tâcher de conquérir son amitié. Le moyen réussit. Madame Dursan jeune est admise dans le château sous le nom de Brunon et se fait aimer. Son mari et son fils viennent souvent la voir dans le bois voisin. Un jour le mari se trouve tellement malade qu'on est obligé de le porter au château. Madame Dursan mère est amenée peu à peu à l'aller voir. La reconnaissance a lieu. La mère pardonne au fils prodigue, casse le testament qu'elle a fait en faveur de Tervire, et le remplace par un autre dans lequel elle donne son bien à ses enfants, à condition que le jeune Dursan épousera sa cousine ou lui donnera le tiers de l'héritage. Le père était déjà mort à ce moment. Sa mère le suivit de près.

Or, la jeune madame Dursan était une hypocrite. Quand elle se vit maîtresse de la fortune, elle leva le masque : elle se brouilla avec la dame qui l'avait réconciliée avec sa belle-mère; elle rendit la maison si désagréable à Tervire, que celle-ci fût obligée de s'éloigner, et elle fit tout son possible pour brouiller son fils avec sa belle cousine, dont il était pourtant vivement épris.

Tervire prit le parti de se rendre à Paris près de sa mère; son beau-père était mort depuis dix-huit mois, son frère utérin, le marquis, était marié, et l'on ne savait ce que sa mère était devenue. Tervire se rend chez le marquis; il était à la campagne. Quant à sa mère, elle s'était présentée le matin même, arrivant de voyage, mais elle s'était retirée sans laisser son adresse.

Pendant son voyage, Tervire avait rencontré une femme d'un certain âge, qui lui avait inspiré beaucoup d'intérêt. Elle lui avait même prêté deux louis. Elle se rendit à l'adresse qui lui avait été indiquée; on lui remit les deux louis, mais elle ne vit pas la dame, qui ne demeurait pas là. Quand elle rentra à son hôtel, l'hôtesse lui raconta une petite scène dont elle avait été témoin. Une femme à tournure distinguée et convenablement mise s'était logée dans le voisinage. Elle était tombée malade en arrivant. L'hôte l'avait fait soigner, mais elle n'avait pu payer ni lui ni personne. Il voulait bien lui faire crédit, mais on était venu pour louer la chambre qu'elle occupait, et il avait cru pouvoir la donner. La pauvre femme se désolait, ne sachant où aller. L'hôtesse de Tervire avait eu pitié d'elle et avait payé sa dette, lui donnant de bon cœur cet argent si elle ne pouvait pas le rendre. Tervire envoya aussi à cette femme quelque argent, qui fut accepté comme un prêt, et quelques jours après elle eut occasion de la voir. C'était la même dame avec qui elle avait voyagé. Cette dame avait été riche autrefois, maintenant personne ne lui venait en aide, que des inconnus. Tervire lui avait dit qu'elle allait rejoindre sa mère à Paris, elle lui demanda si elle l'avait retrouvée. — Non, et je ne sais même pas comment elle me recevra. — Et elle lui raconta une partie de son histoire. La pauvre femme était sa mère elle-même.

Elle avait été cruellement punie de l'abandon où elle avait laissé sa fille. A la mort du marquis son mari, elle avait renoncé à sa part d'héritage en faveur de son fils, — qu'elle avait gâté et trop aimé, — à la condition qu'il lui servirait une pension modique et la logerait chez lui. Le premier mois, tout alla passablement ; le second, on se montra plus froid ; puis il y eut des querelles, des reproches ; si bien que la vieille marquise prit le parti de s'en aller. La pension stipulée fut mal payée ; elle fut ainsi amenée à réduire de plus en plus ses dépenses et tomba dans la misère. C'est l'éternelle histoire du roi Lear et de ses filles. Tervire joue le rôle de Cordelia, elle recueille sa mère, puis elle va trouver la marquise sa belle-fille, et là, devant les visiteurs, elle lui fait une verte leçon, mais qui sera probablement perdue.

Marivaux s'est arrêté là, promettant de finir l'histoire de Tervire ainsi que celle de Marianne dans la douzième partie.

Ce roman, comme on voit, a de tout autres allures que *Marianne*. C'est un roman romanesque, accolé à un roman psychologique. On se souvient que Marivaux nous a déjà raconté une histoire d'enfants ingrats.

L'auteur de la douzième partie nous apprend que la mère de Tervire mourut peu de temps après; et que son cousin Dursan l'abandonna, trompé par une médiatrice infidèle. C'est alors qu'elle se réfugia dans le cloître.

Cette histoire fut évidemment écrite, ainsi que la dernière partie de *Marianne*, à l'époque où mademoiselle de Marivaux se préparait à entrer au couvent, et il y a là plus d'un détail pris sur le vif. On sent que l'auteur est en pays de connaissance.

II. *LE PAYSAN PARVENU.*

I

On a pu remarquer, — ne fût-ce que dans nos analyses, — que Marivaux, tout en nous entretenant presque toujours des femmes et de leur coquetterie, n'a jamais jusqu'ici placé ses personnages dans une situation scabreuse, et que tous ses écrits sont remarquables par leur décence, alors que cette décence était si peu dans les mœurs de ceux pour lesquels il écrivait, alors que Montesquieu lui-même sacrifiait au goût du jour dans les *Lettres persanes*. En 1735, — Marivaux avait alors quarante-sept ans, — il se départ tout à coup de la réserve qu'il avait gardée jusque-là et publie un roman où les scènes amoureuses, pour ne pas dire libertines, se succèdent assez rapidement, sans que pourtant l'amour illégitime ait sa satisfaction. D'où a pu provenir ce brusque changement dans ses allures?

Notons qu'il quitte *Marianne,* la chaste Marianne, pour se livrer à cet écart d'imagination, que c'est entre la *Mère confidente,* d'une émotion si pure, si attendrie, — et le *Legs,* où le principal personnage est si embarrassé pour faire une simple demande en mariage, — que Marivaux lance ce roman, qu'il n'a certes pas fait lire à sa fille et dont le héros est exposé à d'assez rudes tentations.

Pour expliquer cette brusque et unique excursion dans un domaine nouveau, on invoque l'inconstance naturelle à Marivaux.

L'explication est insuffisante. D'abord Marivaux n'est pas inconstant, on pourrait plutôt l'accuser d'opiniâtreté. Qu'on se rappelle l'histoire de ses premiers romans, celle de ses parodies, puis celle de ses publications périodiques. Le public ne le suivait pas, il n'en persistait pas moins. Il lui fallait une série de déceptions pour renoncer à ses projets ou un complet épuisement de forces.

En était-il là lorsqu'il abandonna subitement *Marianne* pour écrire un roman d'un tout autre caractère? Non, on attendait impatiemment la suite de *Marianne*, et il était dans toute la force de son talent. Pourquoi donc cette soudaine excursion dans un autre domaine?

La réponse à cette question se trouve dans la quatrième partie du *Paysan parvenu*.

En 1734, un an avant la publication de cet ouvrage, Crébillon fils avait fait paraître un conte très-licencieux: *Tanzaï et Néadarné, ou l'Écumoire,* qui le fit mettre à la Bastille, parce qu'on crut y voir une critique de la fameuse bulle *Unigenitus* et des dissensions religieuses auxquelles elle donnait lieu.

Les deux amants qui sont les héros de ce roman rencontrent en leur chemin une taupe, qui leur dit être la fée Moustache. C'est la muse de Marivaux. La taupe, comme on sait, fouille et refouille longtemps le même terrain pour faire la chasse aux vers blancs dont elle est très-friande, et ne va pas plus loin avant d'avoir minutieusement labouré et retourné le sol qu'elle a choisi. On compare à ce travail celui de Marivaux, qui n'abandonne jamais une idée qu'il ne l'ait retournée et analysée sous toutes ses faces, de manière à la gâter souvent, comme la taupe gâte le terrain.

On demande à Moustache son histoire:

— Je crains naturellement d'être d'une longueur inouïe.
— Qu'importe! dit le prince.

Elle raconte alors sa vie, mais en s'interrompant à chaque mot par des réflexions: parodie de *Marianne*.

— Je n'avois pas encore quatre ans...

— Ne pourriez-vous pas reprendre l'histoire d'un peu plus haut?... Eh bien, vous étiez fort jolie dans votre enfance. Mais passons au temps où vos agréments vous furent de quelque chose.

La fée a été élevée à Babiole, dans un pays où les femmes n'ont d'autre souci que de plaire, et s'il arrivait que l'une d'elles, poursuivie par un amant, fût assez distraite sur les bienséances du pays pour prononcer le nom de vertu, elle serait pour un an bannie de la société.

La première partie de la phrase s'applique assez bien au monde de Marivaux, mais la seconde définit encore mieux le pays où Crébillon fils lui-même retient ordinairement ses lecteurs.

Un moment après, Tanzaï interrompt Moustache sous prétexte qu'elle fait de la métaphysique amoureuse et qu'on ne la comprend pas.

— Recommencez, je vous prie, ce que vous venez de dire. Que je meure, si j'en ai entendu une syllabe! Quelle langue parlez-vous là? — Celle de Babiole, répond la taupe.

— Si vous pouviez parler la mienne, vous me feriez plaisir, répliqua-t-il. Et comment faites-vous pour vous entendre?

— Je commençois à savoir ce que c'étoit que mon visage, reprend Moustache, lorsque je sortis de l'enfance. Avant un certain âge, on se voit sans s'apercevoir, on n'étudie pas ses agréments, on ne sait pas ce qu'ils valent... Sans les hommes, une femme seroit belle sans le savoir, sans s'en douter.

Cela ressemble en effet à du Marivaux, à la futilité près. Ce qui suit est moins réussi, la charge est outrée :

Il n'y avoit personne qui ne fût comblé de l'entendre, et quoique cet être farouche intitulé le bon sens n'agît pas toujours civilement avec ce qu'il disoit, l'élégance insoutenable de ses discours faisoit qu'il n'y perdoit rien, ou que le bon sens caché derrière une multitude de mots placés au mieux auroit paru d'une insipidité affadissante à ses sectateurs les plus absurdes, s'il eût vécu plus légèrement.

— Quelle misère, dit Tanzaï, de se servir de ce misérable jargon! En honneur, Taupe ma mie, je n'ai jamais entendu rien d'aussi extraordinaire que vous.

— Ses belles réflexions, dit Néadarné, quand il seroit vrai qu'elles sont aussi spirituelles que vous le dites, je ne les aimerois pas davantage. Je les trouve longues et déplacées, et je ne sache rien de si ridicule que d'avoir de l'esprit si mal à propos. Il y a trois heures que Moustache nous tient en haleine pour nous dire une histoire que j'aurois faite en un quart d'heure.

Tout exagéré qu'il est, le reproche n'est pas sans fondement. Marivaux, disait une dame, se fatigue et me fatigue moi-même en me faisant faire cent lieues avec lui sur une feuille de parquet. Seulement la critique aurait pu être formulée d'une manière plus piquante. Le prince reprend :

Je ne parle déjà plus de Moustache et de son jargon, mais à propos de quoi ce monceau d'idées toujours les mêmes, quoique différemment exprimées? Pourquoi ces choses dites cent fois et revêtues pour reparoître encore d'expressions d'un goût qui les rend bizarres sans les rendre neuves?

Cette observation s'applique surtout à certains numéros du *Spectateur français*.

Que me font, à moi, qui ai envie d'être promptement au fait de votre histoire, les réflexions que vous avez faites après coup sur vos aventures?

Cela importe peu à Tanzaï peut-être, mais cela importe beaucoup au lecteur. Marivaux a fait un roman où il n'y a pas de réflexion : les *Effets de la sympathie*. Qui voudrait les comparer à *Marianne* où les réflexions surabondent?

Néadarné fait une apologie ironique du style de Marivaux, et l'imite :

Quoi! ne trouver que les mêmes termes [que tout le monde emploie]? Ne pas oser séparer les uns des autres ceux qu'on a accoutumé de faire marcher ensemble? Pourquoi seroit-il défendu de faire faire connaissance à des mots qui ne se sont jamais vus et qui croient qu'ils ne se conviendront pas? La surprise qu'ils ont de se trouver l'un près de l'autre n'est-elle pas une chose qui comble?... Rendez-moi compte exactement, poursuit-elle en s'adressant à Moustache, de ce que vous avez fait, et non-seulement de ce que vous avez pensé, mais même de ce que vous avez voulu penser, etc. [1].

Tout cela n'était pas bien méchant, en somme. D'Alembert nous dit que Marivaux y fut trompé au premier moment et qu'il prit ces dernières phrases pour une apologie sérieuse de sa manière d'écrire. Il fallut qu'on se donnât la peine de le désabuser. Il ne pardonna pas au critique cette double injure, continue d'Alembert, ou plutôt il ne l'oublia jamais, car il était sans rancune.

II

Crébillon fils avait voulu lui donner une leçon de style; il lui répondit par une leçon de composition littéraire. Il entreprit de lui prouver que, dans un ouvrage qui frise la licence, la licence brutale ne suffit pas, qu'elle doit être présentée sous une forme délicate, et assaisonnée d'esprit et d'observation. Le *Paysan parvenu* n'est autre chose que cette leçon sous forme théorique et sous forme pratique.

Seulement la théorie n'est pas en évidence, il faut l'aller chercher. On a dit que la pensée intime d'une femme qui écrit une lettre est dans le *post-scriptum*. Marivaux eût trouvé cette place encore trop en vue. La pensée intime qui l'a dirigé en écrivant ce roman n'est exprimée ni à la dernière ni à la première page; ni dans la première ni dans la cinquième et dernière partie; mais dans la quatrième, et de plus elle n'est pas formulée par lui, mais par un de ses personnages, pendant un voyage de Paris à Versailles dans une voiture publique.

Il y a dans cette voiture, outre son Paysan, un jeune écrivain, — Crébillon fils avait dix-neuf ans de moins que Mari-

---

[1] Crébillon fils, *Tanzaï et Néadarné*, livre III, chap. IV et V.

vaux, — qui vient de publier un roman fort risqué — *Tanzaï et Neadarné,* par exemple — et un officier, qui se charge de lui faire la leçon.

D'abord, lui dit-il, je ne sais quel est le dessein de votre livre, je ne sais à quoi il tend ni quel en est le but. On diroit que vous ne vous êtes pas donné la peine de chercher des idées, mais que vous avez pris seulement les imaginations qui vous sont venues.

Le but de Crébillon fils avait été tout simplement d'écrire une polissonnerie. Il lui était venu une idée assez drôle, il l'avait développée pour s'amuser, rien de plus. Le début de l'officier a le tort d'être un peu solennel.

Si les choses purement extraordinaires, continue l'officier, peuvent être curieuses, si elles sont plaisantes à force d'être libres, votre livre doit plaire, sinon à l'esprit, du moins aux sens; mais je crois encore que vous vous êtes trompé là dedans, faute d'expérience, et sans compter qu'il n'y a pas un grand mérite à intéresser de cette dernière manière, et que vous m'avez paru avoir assez d'esprit pour réussir par d'autres voies; c'est que, en général, ce n'est pas connaître les lecteurs que d'espérer les toucher beaucoup par là. Il est vrai que nous sommes naturellement libertins, ou pour mieux dire, corrompus; mais en fait d'ouvrages d'esprit, il ne faut pas prendre cela à la lettre et nous traiter d'emblée sur ce pied-là; un lecteur veut être ménagé; vous, auteur, voulez-vous mettre sa corruption dans vos intérêts? Allez-y doucement du moins, apprivoisez-la, mais ne la poussez pas à bout.

Tout cela est un peu entortillé, il faut le reconnaître. Marivaux s'entend mieux à raconter qu'à discuter.

Le lecteur aime pourtant les licences, mais non les licences extrêmes, excessives. Celles-ci ne sont supportables que dans la réalité, qui en adoucit l'effronterie. Elles ne sont à leur place que là, et nous les y passons, parce que nous y sommes plus hommes qu'ailleurs; mais non pas dans un livre, où elles deviennent plates, sales et rebutantes à cause du peu de convenance qu'elles ont avec l'état tranquille du lecteur.

L'officier, on le voit, n'est pas un moraliste bien sévère.

Il est vrai, poursuit-il, que le lecteur est homme aussi, mais c'est alors un homme au repos, qui a du goût, qui est délicat, qui s'attend qu'on fera rire son esprit, qui veut pourtant bien qu'on le débauche, mais honnêtement, avec des façons et avec de la décence.

Marivaux ne blâme donc pas Crébillon fils d'avoir fait un

roman licencieux ; il le blâme de l'avoir mal fait et d'avoir spéculé sur la licence des tableaux pour se dipenser d'y mettre de l'esprit et des idées. Le *Paysan parvenu* a pour but de lui montrer comment on peut côtoyer délicatement des situations scabreuses tout en faisant une œuvre littéraire et un roman d'observation.

III

Le *Paysan parvenu* est aussi une autobiographie. Jacob de la Vallée raconte sa jeunesse comme Marianne a raconté la sienne, et la vie des deux personnages n'est pas sans analogie, si l'on s'en tient aux lignes générales. Marianne est une enfant recueillie sur une grande route, mais jolie, spirituelle, honnête, qui se fraye par elle-même un chemin dans le monde à travers toutes sortes de difficultés. Jacob est un fils de paysan sans fortune, mais joli garçon et de beaucoup d'esprit, qui se fraye de même son chemin dans le monde. Mais le milieu dans lequel ils sont jetés est différent : Marianne se trouve lancée dans l'aristocratie, Jacob reste dans la bourgeoisie.

Jacob était Champenois. A l'âge de dix-huit, dix-neuf ans, il fut envoyé par son père pour conduire à Paris aux seigneurs du village le vin récolté sur leurs terres. Ces seigneurs n'appartenaient pas à la noblesse. C'étaient des financiers enrichis, qui avaient acquis récemment une terre nobiliaire. La dame — celle-là même dont nous avons donné le portrait [1] — voulut voir Jacob et le reçut à sa toilette. Il lui laissa comprendre qu'il la trouvait jolie ; elle ne s'en offensa pas, et le retint à son service. Une de ses femmes de chambre, du nom de Geneviève, n'aurait pas été fâchée non plus de le prendre au sien. C'était une blonde fort appétissante, Monsieur s'en

---

[1] Page 159.

était aperçu ; et il lui faisait une cour acharnée avec accompagnement de présents, de bijoux et d'argent. Geneviève avait raconté à Jacob les premières propositions qu'on lui avait faites, mais non ce qui s'en était suivi. Un beau matin, le Turcaret le fait venir. Jacob est un bon domestique, intelligent, spirituel; il veut le récompenser, et pour cela il a résolu de le marier à Geneviève, à laquelle il donnera une dot convenable. Jacob refuse, le financier se fâche; Geneviève pleure. Pendant qu'on se querelle, on apprend que le financier a été frappé d'un coup d'apoplexie et qu'il est ruiné. Les domestiques s'emparent de ce qui leur tombe sous la main; la dame se retire dans un couvent, et voilà Jacob sur le pavé.

Il n'y reste pas longtemps. En passant sur le pont Neuf, il aperçoit une femme qui se trouve mal. En chevalier compatissant, il la soutient et la conduit chez elle. Il la jugea dévote et âgée de quarante ans, quoiqu'elle en eût cinquante; elle vivait avec sa sœur, mademoiselle Habert aînée, dévote comme elle, mais dévote sèche, tandis que la cadette était dévote tendre. Jacob est installé dans la maison comme domestique, mais le directeur des deux filles, M. Doucin, en prend ombrage et veut qu'on le renvoie. Les deux sœurs se querellent, puis se séparent violemment. La plus jeune emmène Jacob avec elle et l'épouse. La peinture du ménage austère et friand des deux dévotes, le portrait et les actes de M. Doucin, la tyrannie qu'il exerce au nom du salut, ses allures doucereuses, ses rapports envenimés sous prétexte de religion, tout cela est retracé d'après nature et peint avec autant d'entrain que le ménage débraillé du financier. Le mariage ne se fait pas sans difficultés. M. Doucin refuse de le bénir. Mademoiselle Habert aînée provoque un esclandre, et Jacob est mandé devant le président du tribunal, comme Marianne a été mandée devant le ministre. Tout le monde est ici pour Jacob, comme on a été pour Marianne dans l'autre roman, surtout la présidente et une de ses amies, madame de Ferval, que la sœur aînée avait d'abord montée contre lui. Madame de Ferval trouve Jacob fort à son goût ; elle le lui dit après l'avoir tiré à part sous prétexte de lui remettre une lettre pour sa future, et elle l'engage à venir la voir.

Jacob nous fait son portrait. Elle avait l'air posé, le regard sérieux ; mais en examinant bien, on voyait que tout cela était acquis ; elle avait beaucoup d'esprit et tenait à passer pour bonne, mais elle s'arrangeait de manière à faire faire par autrui les médisances qu'elle ne voulait pas se permettre, et se posait en protectrice des gens qu'elle perdait de réputation par la bouche des autres.

Madame de Ferval rend un service à Jacob. Il s'était trouvé dans une bagarre et on l'avait arrêté. Elle le fait remettre en liberté; il va la remercier. C'était le lendemain de son mariage. Elle le reçoit de la manière la plus aimable et la plus provocante. On promet de se revoir, non pas chez madame de Ferval, mais chez une madame Rémy, dans un faubourg, à une adresse qu'on lui donne. Elle arrivera par le jardin et lui par la rue.

Comme on venait de prendre ces arrangements, entre madame de Fécour, une dame de quarante ans, fraîche, grassouillette et sans façon. Madame de Ferval lui recommande Jacob et la prie de demander une place pour lui à son beau-frère, qui est dans la finance. Madame de Fécour fait immédiatement honneur à la recommandation ; elle emmène Jacob dans une pièce voisine pour écrire avec lui la lettre à son beau-frère. Tout en essayant des plumes, elle cause avec lui, elle lui fait compliment sur sa beauté et le pousse si bien, qu'il finit par lui dire qu'il l'aime. Elle lui remet alors la lettre pour le financier, qu'il lui faudra aller trouver à **Versailles**, et elle lui fait promettre qu'il viendra la voir. Il la rencontrera à toutes les heures de la journée, mais plus spécialement le matin.

Le lendemain, Jacob se rend à Versailles dans la voiture publique. Il a trois compagnons de voyage. L'un raconte ses chagrins **domestiques** : il a une femme dévote qui lui rend la vie insupportable, et il plaide en séparation. Les autres voyageurs sont un officier et l'auteur d'un roman peu décent. Nous avons déjà rapporté une partie de leur conversation.

Jacob nous conduit chez le financier. Il y a là nombre de personnes qui attendent et qui causent : le financier écrit. Jacob lui donne la lettre de madame de Fécour. Le financier dit que sa belle-sœur l'accable de recommandations, et toujours en faveur de jeunes gens qui ne savent rien faire. Il promet une place cependant. En ce moment entrent une jeune dame et sa mère. Le mari de la jeune dame est souvent malade, on l'a renvoyé ; elle supplie M. de Fécour de le conserver encore. — Impossible. Je viens de donner la place à ce jeune homme. Jacob, en voyant l'affliction des deux dame et surtout les beaux yeux de la plus jeune, déclare qu'il ne peut accepter la place s'il faut en priver quelqu'un qui en a absolument besoin, et qu'il peut attendre. — Comme vous voudrez, dit le financier, et il s'en va sans rien promettre à personne.

Un personnage petit, trapu et tout rond qui se trouvait là, rejoignit les deux dames sur l'escalier, et leur dit de venir avec Jacob, dans le courant de l'après-midi, à une adresse qu'il leur donne. On s'y rend ; il reçoit ses visiteurs un cure-dent à la main, leur fait raconter leur histoire, tout en regardant la pendule de temps en temps, car il n'a qu'un quart d'heure à leur donner. Il a été touché de l'infortune de ces dames et de la générosité peu commune de Jacob, et il leur promet de s'occuper d'eux.

IV

A son retour de Versailles, Jacob court chez la Rémy, où madame de Ferval lui avait donné rendez-vous et l'attendait. Madame Rémy les laisse seuls et les enferme tout doucement à clef. Au moment où ils roucoulaient tendrement, on entend du bruit dans la pièce voisine. Un homme en colère insiste pour entrer; il entre. C'est un homme bien fait, de trente-cinq ans environ. Jacob prend son épée à la main, car il en avait une. Mais l'intrus, en apercevant madame de Ferval, se confond en excuses. Il avait vu un carrosse mystérieux à la porte et il l'avait pris pour celui d'une dame avec qui il se rendait quelquefois chez la Rémy. — Je vous le disais bien, disait madame Rémy, que cette dame est venue ici pour s'entretenir avec son neveu au sujet d'un procès. Mais le monsieur n'a pas besoin d'explications, il connaît très-bien madame de Ferval, il connaît aussi Jacob pour l'avoir vu autrefois comme paysan chez le seigneur de son village, et il sait bien que ce n'est pas le neveu de madame de Ferval. Celle-ci prétend qu'elle est venue causer avec Jacob au sujet d'un service qu'elle avait à lui rendre. Le nouveau venu n'est pas dupe de cette histoire, mais il redouble d'amabilités pour madame de Ferval. Jacob, qui a trouvé un prétexte pour sortir, se cache dans une pièce voisine; au moment où la conversation du monsieur et de la dame tournait au tendre, il fait du bruit, involontairement, et le couple se retire, mais évidemment pour se revoir ailleurs.

Jacob se dirige alors chez madame de Fécour. N'ayant trouvé personne pour l'annoncer, il arrive jusqu'à son lit;

elle était malade. Sa sœur, qui lui faisait là lecture, reçoit très-mal l'importun. Madame de Fécour est au contraire très-aimable avec lui, mais elle l'engage à ne revenir la voir que lorsqu'elle sera guérie, et Jacob, ou, si on l'aime mieux, M. de la Vallée, retourne au domicile conjugal, où sa femme l'attend, pleine d'indulgence et d'amour, et de plus en plus heureuse d'avoir un mari et de pouvoir aimer un homme sans pécher.

Le lendemain, pendant que sa femme se rend aux vêpres, Jacob va voir la dame qu'il a rencontrée à Versailles, — madame d'Orville. — Il allait entrer, lorsqu'il voit un homme se défendant contre trois autres qui l'attaquent l'épée à la main. Il se souvient qu'il a une épée, il s'élance au secours du plus faible. Les trois hommes prennent la fuite, mais celui qu'il a défendu, — le comte de Dorsan, — est blessé. On le transporte chez madame d'Orville, qui offre très-gracieusement sa maison.

Pendant qu'on le panse, Jacob fait plus ample connaissance avec les hôtes. On le remercie de n'avoir pas accepté la place de M. d'Orville. On promet de se revoir, et le comte, qui est remis, emmène Jacob dans sa voiture. Chemin faisant, il lui raconte le sujet de la querelle. Une dame qu'il avait rencontrée au théâtre et reconduite jusqu'à sa voiture l'avait autorisé à aller la voir. Mais cette dame avait un protecteur, qui s'était formalisé des visites du comte et s'était embusqué dans l'escalier avec deux de ses amis pour lui faire un mauvais parti. C'est alors que Jacob était venu à son aide. Il l'en remercie encore une fois, et lui promet sa protection. En attendant, il le mène au théâtre, c'est-à-dire sur le théâtre; car à cette époque les seigneurs se plaçaient encore aux deux côtés de la scène en empiétant sur le domaine des acteurs. Jacob commet quelques gaucheries, comme on peut s'y attendre : mais son protecteur ne les voit pas ou ne veut pas les voir.

On jouait ce soir-là *Mithridate*. Jacob termine la cinquième partie de son récit en nous disant que dans la sixième il nous entretiendra des acteurs et des actrices qui étaient à ce moment-là en possession de la faveur publique.

Avait-il l'intention de tenir cette promesse? Nous n'en savons rien. Le fait est qu'il ne la tint pas et retourna à *Marianne*.

V

Le *Paysan parvenu,* publié en 1735, ne contient que cinq parties. Toutes les éditions publiées dans la seconde moitié du dix-huitième siècle et dans le dix-neuvième en ont huit. D'où proviennent ces trois parties complémentaires ?...

Duviquet, dans son édition des *OEuvres* de Marivaux (1826-1830)[1], donne les huit parties du roman sans annotation, et dans le *Jugement* qui suit, il analyse les huit parties comme si elles étaient authentiques. Il déclare le roman bien conçu, du commencement jusqu'à la fin, et loue surtout le caractère moral de la conclusion comme faisant honneur à Marivaux. Il ajoute que Marivaux s'était proposé de joindre

quatre parties nouvelles aux huit qu'il a publiées : le temps ou la bonne volonté lui a manqué. Cette considération n'empêche pas que le roman ne soit bien terminé et que le titre ne soit parfaitement rempli.

Ainsi Duviquet ne doute pas 1° que les huit parties ne soient bien de Marivaux; 2° que le roman ne soit bien complet. Il en déduit même les raisons, que l'on comprendra quand nous aurons analysé ces parties.

[1] *OEuvres* de Marivaux, t. VIII, p. 373.

Ed. Fournier, qui a donné, comme nous l'avons dit, en 1877, une édition du *Théâtre complet* de Marivaux, précédée d'une notice « d'après de nouveaux documents », dit :

> Le *Paysan parvenu* n'a pas plus de conclusion que *Marianne*. La fin de la huitième partie, — Duviquet l'a dit avec raison, — n'est certainement pas de Marivaux.

Duviquet a dit tout le contraire, nous venons de le voir. M. Ed. Fournier continue :

> Et à la suite, quatre autres qu'il avait promises et qui semblent indispensables, manquent. On a bien dans le livre le paysan qui, peu à peu, l'amour aidant, arrive à tout de place en place. Mais lorsqu'il est fermier général, que devient-il? que fait-il?

Ce serait évidemment là le sujet d'un autre roman tout différent. A la fin de la huitième partie, dans la continuation ordinairement réimprimée; à la fin de la sixième, dans la continuation allemande, le sort de tous les personnages est fixé plus ou moins heureusement, et le lecteur n'a pas le droit d'en demander davantage.

Tous les critiques du dix-huitième siècle ont constaté en effet que le *Paysan parvenu* n'est pas fini. Quelques-uns même déclarent que Marivaux avait l'intention de le finir, mais c'est du roman en cinq parties seulement qu'il est question, et non pas du roman en huit parties. A celui-ci, nous le répétons, il ne manque rien... que d'avoir été terminé avec plus de talent.

On lit dans la *Vie ou Éloge de M. de Marivaux*, en tête de l'*Esprit de Marivaux* [1] :

> Il n'est pas nécessaire de prévenir les lecteurs que M. de Marivaux n'a point fait la douzième partie de *Marianne* et qu'il n'a composé que les cinq premières parties du *Paysan parvenu*. La différence du style est trop marquée pour ne pas être généralement sentie.

---

[1] 1 vol. in-8, 1769 (par Lesbros).

L'auteur ajoute au sujet du *Paysan parvenu* :

> Nous dirons seulement à l'égard de ce dernier que son héros allant vivre dans le grand monde, notre auteur craignit les applications qu'on pourroit faire de ce qu'il écriroit de bonne foi, et ses principes lui firent préférer son repos à la gloire de finir un ouvrage si ingénieusement commencé.

Nous croyons qu'il y a de meilleures raisons à donner de l'abstention de Marivaux. A la fin de la cinquième partie, il s'est engagé à faire connaître ce qui se passe dans les coulisses des théâtres. Il avait déjà fait une promesse de ce genre, et il ne l'avait pas tenue. Il est probable que les motifs qui l'arrêtèrent une première fois l'arrêtèrent cette fois encore. Et puis son but n'était-il pas atteint? N'avait-il pas donné à Crébillon fils la double leçon qu'il voulait lui donner? Et cela, victorieusement, car le conte de Crébillon fils ne peut être à aucun titre rapproché du *Paysan parvenu*. Le caractère de Marivaux étant donné, ces raisons sont plus que suffisantes pour expliquer son silence, sans qu'il soit nécessaire de faire intervenir la crainte de provoquer des allusions en peignant le grand monde.

Disons en passant que Crébillon fils parut se piquer d'honneur. Le roman qu'il publia l'année suivante : *les Égarements de l'esprit et du cœur*, est beaucoup plus soigné que *Tanzaï* et présente une étude sérieuse de la société. Il est vrai qu'il ne le termina pas, pas plus que Marivaux ne termina le sien.

C'est sans doute la phrase de Lesbros, citée tout à l'heure, qui a fait penser aux parties supplémentaires dont parlent Duviquet et Fournier. On les a fixées à quatre, probablement pour faire pendant aux douze parties de *Marianne*.

Si Ed. Fournier, qui cite la *Bibliothèque des romans* de 1775, eût poussé un peu plus loin ses investigations dans le même recueil, il aurait trouvé dans le volume d'août 1780 une analyse, ou, comme on disait alors, un *extrait* du *Paysan parvenu*. Dans une note placée en tête, le rédacteur exprime le regret que Marivaux n'ait pas terminé ce roman, et il ajoute :

Les continuateurs n'avoient pas ses idées, et nous regardons comme certain qui ni l'un ni l'autre n'a suivi la route qu'il s'étoit tracée pour terminer son ouvrage.

Suit une analyse étendue et bien faite des cinq premières parties. A la suite de cet extrait, on lit la note suivante :

C'est ici que Marivaux a laissé cet intéressant roman. Deux conteurs ont voulu le terminer. L'un l'a fait en trois parties, imprimées avec les cinq premières. L'édition sur laquelle nous faisons cet extrait, est de la Haye, 1772. Nous avons trouvé l'autre dans une traduction allemande. Nous ignorons si l'auteur est Allemand ou François. Quoi qu'il en soit, nous allons donner de ces deux suites l'extrait le plus succinct, car il s'en faut bien que les continuateurs aient pu imiter ou même approcher (*sic*) du style que M. de Marivaux sut donner à cette jolie production.

On dit au commencement de la sixième partie qu'il s'est écoulé vingt années depuis la publication de la cinquième. Cela nous porterait à 1755. Il n'y a aucune raison de soupçonner cette date d'inexactitude. Nous ne pensons pas, du reste, que la douzième partie de *Marianne* et la fin du *Paysan* soient de la même main. Dans la fin de *Marianne* on a fait quelques efforts pour imiter le style sémillant de *Marianne;* on n'a pas pris cette peine dans la continuation du *Paysan*, qui est généralement aussi terne de style que les aventures, à deux exceptions près, sont plates et vulgaires. Dans les premières éditions, ces Suites étaient imprimées en caractères plus petits, pour qu'on ne les confondit pas avec le texte authentique.

L'une des meilleures scènes de la continuation française est celle qui se passe à Versailles chez le financier Fécour. On est venu lui demander de conserver sa place à d'Orville;

il se fait prier, mais il consent, seulement il trouve madame d'Orville fort jolie ; il n'est rien qu'il ne soit disposé à faire pour elle et pour Jacob, si celui-ci veut lui servir d'intermédiaire. Naturellement Jacob refuse, et madame d'Orville aussi ; mais les scènes entre Fécour et Jacob ne sont pas indignes de Marivaux. Un autre épisode curieux encore, c'est l'histoire du frère de Jacob. Il a épousé une marchande de vins en gros, qui s'est d'abord occupée consciencieusement de son commerce. Mais au retour d'un petit voyage, il la trouve jouant à la grande dame, se faisant remplacer au comptoir par des commis qui ne tiennent pas de comptes, mais qui fournissent abondamment, elle, d'argent, son directeur, de vins. Là encore cependant si les faits sont piquants, il manque au récit la forme exquise que Marivaux aurait su lui donner.

Les autres aventures méritent à peine d'être mentionnées. M. d'Orville meurt, et le comte épouse sa veuve ; le chevalier qui a surpris Jacob chez madame Remy, épouse madame de Ferval ; madame de La Vallée (mademoiselle Habert) meurt, et Jacob épouse madame de Vambures, une dame chez qui le comte l'a mené. Quelque temps après son mariage, cette dame fait à son mari la surprise de lui acheter le village où il a été élevé, si bien qu'il rentre en seigneur dans ce pays d'où il partit le fouet du charretier à la main. Toute cette partie du récit est passablement fade. On y sent l'influence du temps, qui tournait au sentimentalisme. Le personnage qui a le plus perdu dans cette suite, c'est le comte, qu'on nous avait donné d'abord comme un grand seigneur, et qui se conduit comme un bourgeois des plus vulgaires.

La fin du *Paysan parvenu* dans la traduction allemande e compose d'une partie unique. Nous laissons parler la *Bibliothèque des Romans* :

L'auteur de cette seconde suite s'est, à mon idée, mieux rencontré que le précédent avec M. de Marivaux pour le mariage de La Vallée. Comme mademoiselle Habert étoit beaucoup plus âgée que lui, il falloit bien l'enterrer pour lui donner une femme d'un âge plus convenable. C'est ce qu'on a fait en lui faisant épouser madame d'Orville, dont la mauvaise santé du mari (*sic*) ne permettoit pas d'espérer qu'il vécût longtemps. Ici le frère de La Vallée vient le trouver, à peu près comme dans l'autre ouvrage; mademoiselle Habert aînée se raccommode avec lui et le fait son héritier. Le comte lui fait mille présents, lui procure des emplois considérables et lucratifs, mais le malheur veut qu'il soit tué dans une affaire. Comme à cette époque La Vallée a déjà sa fortune faite, il se retire à la campagne dans la terre où il est né, et dont il a fait l'acquisition.

Cette histoire des Suites ajoutées aux romans de Marivaux montre avec quelle légèreté la plupart des critiques accréditent et propagent des erreurs que le plus succinct examen suffirait pour prévenir.

VI

Les personnages qui figurent dans les romans de Marivaux diffèrent complétement de ceux qui figurent dans les comédies.

Nous connaissons suffisamment Marianne, la coquette et spirituelle causeuse; madame de Miran, chez laquelle la bonté l'emporte sur l'intelligence; madame Dorsin, dont on nous fait un portrait interminable, et qui n'agit pas; mademoiselle Warton, belle et de peu de jugement; mademoiselle Tervire, la discrète et sage religieuse. Les autres personnages les plus en relief dans *Marianne* sont M. de Climal, le Tartuffe homme du monde, et madame Dutour la boutiquière. Valville est très-vrai aussi, quoique peint de profil. Son infidélité, qui choque les âmes sentimentales, est un trait de plus de ce caractère léger, qui aime avec une passion sincère et enthousiaste tant que dure la lutte, et qui recommence volontiers un roman d'un autre côté, quand la lutte est finie.

Le clergé, complètement absent des comédies, sert ici de cadre à la plus grande partie de l'action : c'est chez un prêtre que Marianne est élevée; c'est un religieux qui lui sert de premier protecteur; c'est à l'église qu'elle rencontre madame de Miran; c'est au couvent qu'elle vit constamment jusqu'au jour de son mariage, et son danger le plus grave lui vient d'un ami du clergé.

Dans le *Paysan parvenu,* le clergé n'est représenté que par le directeur des demoiselles Habert; l'action se déroule dans le monde de la finance, au milieu d'un essaim de femmes dont chacune a sa physionomie : la femme du financier, rieuse, légère et désordonnée; la blonde Geneviève, éprise d'un beau garçon et espérant concilier les présents du maître avec l'amour du valet; les deux demoiselles Habert, la dévote laide et revêche, et la dévote tendre et passionnée, si heureuse d'avoir un mari; madame de Ferval, si prompte à attirer chez elle les beaux garçons, mais cherchant à sauver les apparences; madame de Fécour, éprise de tous les jolis jeunes gens, mais plus franche en ses allures; madame d'Orville, toute dévouée à son mari malade, etc. Dans les comédies, les amoureux sont jeunes et songent uniquement à l'union des cœurs. Dans le *Paysan,* les amoureuses sont sur le retour, à l'exception de Geneviève; elles ont de quarante à cinquante ans, et pour elles l'union des cœurs est chose secondaire. Marivaux a le culte de la jeune femme. Il la voit toujours couronnée d'innocence et de pudeur, il croirait l'offenser en lui donnant d'autres préoccupations. Il n'attribue ces préoccupations qu'à celles qui n'ont plus l'attrait, la fleur de la jeunesse.

Ainsi l'œuvre de Marivaux nous fournit un tableau des trois ordres : l'aristocratie, dans le *Théâtre;* le clergé, un peu obliquement il est vrai, dans *Marianne;* la riche bourgeoisie, dans le *Paysan*. On aperçoit même par moments le peuple et les paysans.

Ajoutons que chacune des œuvres a son style. C'est dans *Marianne* et dans quelques-unes des comédies que la coquetterie du langage est poussée au plus haut degré. L'histoire de la *Religieuse* en est exempte. Marianne n'est que jolie, elle est coquette. Tervire est belle et n'a besoin que de se montrer pour plaire. La nuance est observée.

C'est au moment où Marivaux venait de publier la *Religieuse* et l'*Épreuve*, lorsqu'il était par conséquent à l'apogée de son talent, qu'il fut appelé à l'Académie française.

CHAPITRE X

FIN DE LA BIOGRAPHIE, OEUVRES DE VIEILLESSE.
OPINIONS DE MARIVAUX.

I. Marivaux a l'Académie française. Le discours de Languet de Gergy. — II. Marivaux et Voltaire. — III. Susceptibilité de Marivaux. Récit de Marmontel.
II. Dernières oeuvres de Marivaux. — IV. Ouvrages perdus ou qui lui sont attribués. *L'Amour et la Vérité*, prologue. — V. *Les Acteurs de bonne foi*, *Félicie*. — VI. *La Femme fidèle*, *la Provinciale*, jouées chez le comte de Clermont; analyse de cette dernière comédie. — VII. Autres ouvrages attribués à Marivaux.
III. Suite de la biographie. — VIII. Portrait de Marivaux. — IX. Marivaux chez madame de Tencin et chez madame Geoffrin, vers de Piron. — X. La société de madame de Tencin. — XI. La conversation de Marivaux. Les brouillons de lettres. — XII. La prétendue paresse de Marivaux. — XIII. Sa générosité, son imprévoyance en fait d'argent. — XIV. Ses amis, ses dernières années, anecdotes. — XV. Son attente d'un visiteur mystérieux. Sa mort.
IV. Les opinions de Marivaux. — XVI. En religion. — XVII. En morale — en politique. — XVIII. Sa philosophie de l'histoire. — *Le Miroir*.

I

Marivaux fut élu membre de l'Académie française en 1743. Il avait cinquante-cinq ans, et il avait publié alors presque tous ses ouvrages. On ne l'aurait pas fait attendre si longtemps sans sa répugnance pour toute espèce d'intrigue. Il disait d'autres académiciens peu méritants admis avant lui :

Ces parvenus de la littérature, mieux pourvus d'adresse pour usurper que de titres pour obtenir, ont un secret que je ne pourrai jamais apprendre, d'employer à leur petite fortune de bel esprit plus de bons amis que de bons ouvrages.

Il s'était présenté en 1734, en même temps que Voltaire ; on leur préféra Nivelle de la Chaussée, qui venait de remporter son premier succès dramatique avec le *Préjugé à la mode*. En 1743, Voltaire se présentait encore. Mais madame de Tencin se mit en tête cette fois de faire élire Marivaux. Cela ne se fit pas sans peine ni sans épigrammes. On prétendait, entre autres, que la place de Marivaux n'était pas à l'Académie française, dont il ignorait la langue, mais à l'Académie des sciences comme inventeur d'une langue nouvelle. Madame de Tencin réussit cependant. Voltaire ne fut élu que plus tard, en 1746, à l'âge de cinquante-deux ans. Marivaux fut reçu le même jour que le duc de Nivernais. L'archevêque de Sens Languet de Gergy était directeur de l'Académie à ce moment. Il fit, dans sa réponse à Marivaux, allusion à la candidature de Voltaire. « L'Académie, dit-il au récipiendaire, vous a élu de préférence à d'autres dont elle a craint ou la langue ou l'irréligion. » L'archevêque avait un grief personnel contre Voltaire. Languet de Gergy était auteur d'une *Vie de Marie Alacoque,* cette religieuse qui mit en crédit la dévotion au Sacré-Cœur de Jésus. Voltaire l'avait représenté frappant à la porte du *Temple du goût* et repoussé par le dieu d'une manière irrévérencieuse, et il le poursuivait de ses railleries dans ses autres ouvrages.

Marivaux en entrant à l'Académie se trouvait enfermé entre deux membres du clergé. Il succédait à l'abbé Houtteville, auteur d'un livre en trois volumes, *la Religion prouvée par les faits,* écrit du style familièrement frivole que le P. Berruyer avait employé dans sa romanesque *Histoire du peuple de Dieu,* et Desfontaines l'avait fort malmené pour ce style dans son *Dictionnaire néologique,* à côté de Marivaux et de La Motte. Houtteville avait dû sa nomination à l'Académie surtout à la protection du cardinal Dubois et du Régent, dont il était le bibliothécaire. Le personnage, par conséquent, ne prêtait pas beaucoup à l'éloge; aussi, dans son discours, Marivaux parle-t-il très-peu de son prédécesseur. Il loue l'aménité de son caractère. Il loue aussi son livre, mais en tempérant l'éloge par une légère épigramme :

L'auteur, dit-il, a confondu l'incrédulité des esprits; il ne reste plus que l'incrédulité des cœurs, qu'il n'appartient qu'à Dieu de vaincre.

On se rappelle que Marivaux — et il y est revenu à plusieurs reprises — blâmait les prédicateurs de s'adresser trop souvent à l'esprit, toujours porté à faire des objections, lorsqu'ils auraient dû s'adresser au cœur, qui n'en fait pas lorsqu'il est touché.

Dans ce discours, du reste, Marivaux a des éloges pour tout le monde, pour Louis XIV et Richelieu — c'était de tradition, et Voltaire fut le premier à s'en dispenser, — puis pour la plupart de ses confrères. Il loue Gedoyn, le traducteur de Quintilien, chez qui « l'orateur apprend l'art d'attaquer et de se défendre »; il loue La Motte, « dans les écrits duquel le poëte trouvera un modèle de ce désordre toujours sage, de cet enthousiasme toujours raisonné, de ce sublime toujours vrai, qui doit régner dans la poésie »; il loue les œuvres d'un autre académicien, — serait-ce Montesquieu? — « où l'historien trouve l'exemple de cette simplicité mâle et majestueuse qui doit accompagner les récits »; il loue le cardinal de Polignac, auteur de *Anti-Lucrèce,* chez lequel le théologien même apprend à enseigner avec succès les vérités de la foi; il loue un prédicateur, — ce ne peut être Massillon, mort l'année précédente, — qui apprend à faire aimer ces vérités, etc. En somme, ce discours est très-pâle et n'aurait aucun droit à figurer dans une édition des *OEuvres choisies* de l'auteur.

Le *Journal de police*[1] nous apprend que le public ne fut pas content de ce discours. Il ajoute que « cependant il se trouve des gens d'esprit qui ont préféré la naïveté, — lisez la simplicité, — de ce style aux tours académiques auxquels on est accoutumé ».

L'éloge est maigre ; il est vrai que la réponse du directeur de l'Académie à Marivaux est beaucoup plus maltraitée.

> On a trouvé [ce discours] démesurément long, ajoute le *Journal de police*. On a fait entendre de grands éclats de rire moqueurs à quelques endroits, et sans le respect du lieu et de l'assemblée, il n'y a pas de doute qu'il n'eût été interrompu. Pendant plusieurs jours, ce discours fut l'objet des railleries publiques.

On ne peut s'empêcher de trouver ce jugement sévère. Ce qui l'explique, c'est que Languet de Gergy avait toute sa vie bataillé contre les jansénistes et s'était fait beaucoup d'ennemis dans le camp des parlementaires. La tâche, du reste, était délicate pour l'auteur de *Marie Alacoque* d'apprécier un écrivain qui n'avait fait que des romans et des comédies ; il faut reconnaître qu'il s'en tira en homme d'esprit. Après avoir loué Marivaux de ses mœurs, de son bon cœur, de l'amabilité de son caractère, il parle de ses feuilles philosophiques. Il le loue d'avoir démasqué toutes les adresses, toutes les subtilités de l'amour-propre.

> Théophraste moderne, lui dit-il, [aucun vice] n'a échappé à vos critiques. L'orgueil du courtisan, l'impertinence des petits-maîtres, la coquetterie des femmes, la pétulance de la jeunesse, la sotte gravité des importants, la fourberie des faux dévots, tout a trouvé en vous un peintre fidèle et un censeur éclairé. Tantôt, sous l'écorce d'une parabole, vous avez dévoilé les passions malignes et intéressées qui dévorent le cœur de la plupart des hommes, et qui rendent leur société, toute polie qu'elle est, plus dangereuse que les forêts où les tigres habitent et où les voleurs exercent leur brigandage.

---

[1] *Journal de police*, à la suite de celui de Barbier, t. VIII, 5 et 6 février 1743.

A la dernière phrase près, qui est toute déclamatoire et de remplissage, c'est là un bon résumé des œuvres morales de Marivaux. L'éloge va encore plus loin à la page suivante, où l'on dit que « La Bruyère paraît ressusciter en lui ».

Quant aux comédies, et aux romans surtout, comme il ne convient pas à un prélat de les connaître, l'archevêque n'en parle que par ouï-dire.

Ceux qui ont lu vos ouvrages, lui dit-il, racontent que vous avez peint sous diverses images la licence immodeste des mœurs, l'infidélité des amis, les ruses des ambitieux, la misère des avares, l'ingratitude des enfants, la bizarre austérité des pères, la trahison des grands, l'inhumanité des riches, le libertinage des pauvres, le faste frivole des gens de fortune; que tous les états, tous les sexes, tous les âges, toutes les conditions ont trouvé dans vos peintures le tableau fidèle de leurs défauts et la critique de leurs vices; que, creusant plus avant dans le cœur humain, vous en avez tiré au grand jour les vertus hypocrites et ce fonds d'orgueil et de vanité qui enveloppe et cache les vices de ceux que le monde trompé appelle des grands hommes et qui souvent sont au fond de vrais monstres.

Ce dernier trait vise M. de Climal. Il y a dans ce qui précède des indications vagues, des exagérations oratoires; mais le résumé, dans son ensemble, est fidèle et surtout élogieux. Viennent maintenant les réserves.

L'orateur loue encore la vivacité, le brillant du style de Marivaux, « où chaque phrase, chaque mot quelquefois est une pensée ».

Les expressions figurées, les métaphores hardies coulent naturellement de votre plume. Elles sont employées souvent avec succès, quelquefois hasardées aussi avec trop de confiance.

On lui reproche surtout un défaut, un beau défaut, celui d'avoir trop d'esprit.

Le reproche le plus grave porte sur la morale. Marivaux paraît se proposer une morale sage et ennemie du vice, mais on prétend qu'il s'arrête trop à des aventures tendres et passionnées; il veut combattre l'amour licencieux, et il le peint avec des couleurs si naïves et si tendres qu'elles doivent faire sur le lecteur une impression tout autre que celle que l'auteur se propose.

> Votre Paysan parvenu à la fortune par des intrigues galantes aura beau prêcher la modestie et la retenue qu'il n'a pas pratiquées, il aura beau exagérer les périls de l'amour et ses suites funestes, il trouvera plus de gens disposés à copier ses intrigues que de ceux qui voudront bien profiter de ses leçons.

Ce sont ces observations qui, au dire du *Journal de police,* soulevèrent dans l'assemblée des murmures et des éclats de rire ironiques. « On renvoya le prélat à Marie Alacoque. Jamais rien de pareil ne s'était passé à l'Académie. » Marivaux fut excessivement blessé, et sur le point de provoquer, en se retirant, l'esclandre que sa présence retenait à peine. Il avait toléré les critiques de son style, il y était habitué ; mais qu'on vînt l'accuser d'immoralité lorsqu'il croyait avoir donné une leçon de convenance morale, cela l'exaspérait. Au fond, un prince de l'Église ne pouvait guère s'empêcher de faire une réserve ; mais, dans une circonstance où il s'agissait de fêter Marivaux, il était inconvenant d'appuyer. D'Alembert lui-même, tout modéré qu'il est, partage le sentiment qui s'empara du récipiendaire et de l'auditoire en entendant ce discours.

> La leçon, dit-il, pouvoit être juste ; mais ni par la circonstance ni par la forme elle n'étoit à sa place.

Marivaux se contint ; seulement il garda rancune à l'archevêque, comme Alfred de Vigny garda rancune à M. Molé, qui lui fit une leçon semblable, plus durement, il est vrai, lorsqu'il fut reçu en 1845 à l'Académie française. Marivaux et Vigny avaient cela de commun qu'ils étaient tous deux des éplucheurs de mots, que, quel que fût le sujet, ils se plaisaient à travailler dans le petit et à faire de la miniature. Mais ils se ressemblaient encore plus par leur susceptibilité ombrageuse et quelque peu maladive. Elle était plus amère chez Vigny, plus méticuleuse chez Marivaux. Mais quand ils avaient été blessés, ils s'en souvenaient toujours l'un et l'autre.

II

Dans le passage du *Temple du goût* où il nous montre Languet de Gergy renvoyé rudement par le dieu, Voltaire nous représente une foule d'autres écrivains se pressant à la porte du temple.

L'un apportait un roman mathématique, l'autre une harangue à l'Académie; celui-ci venait de composer une comédie métaphysique.....

Marivaux se crut désigné par ce dernier trait. Il savait que Voltaire le représentait comme occupé sans cesse à peser des riens dans des balances de toiles d'araignée. Marivaux ne disait jamais de mal de ses confrères; mais pour Voltaire, il faisait une exception : il ne pouvait en parler de sang-froid. Il disait que devant le génie de Crébillon (père) devait pâlir et s'éclipser tout le bel esprit de Voltaire; il disait de son style, qu'il trouvait trop uni, que c'était « la perfection des idées communes ». L'antipathie était tellement connue, que les ennemis de Voltaire eurent l'idée d'en profiter. On lui offrit cinq cents francs pour écrire un libelle contre Voltaire, et comme il refusait, on lui en offrit mille.

Voltaire, qui se trouvait à Cirey chez la marquise du Châtelet, fut averti du complot; il crut même que l'ouvrage était composé, et nous le voyons, dans sa correspondance, très-occupé de cette satire, tantôt cherchant à arrêter la publication, tantôt menaçant de représailles.

M. Marivaux ne sait pas à quoi il s'expose, écrit-il en novembre 1735.

On va imprimer un recueil nouveau de mes ouvrages, où je mettrai ses ridicules dans un jour qui le couvrira d'opprobre.

Je n'ai offensé ni jamais voulu, écrit-il le 6 mars 1736, offenser Marivaux que je ne connais point et dont je ne lis jamais les ouvrages. S'il fait un livre contre moi, ce n'est pas par vengeance, car il l'aurait déjà fait paraître. Ce n'est que par intérêt, puisque le libraire, qui ne lui offrait que cinq cents francs, lui offre cent pistoles cette année.

A la bonne heure que ce misérable gagne de l'argent comme tant d'autres à me dire des injures; il est juste que l'auteur de la *Voiture embourbée*, du *Télémaque travesti* et du *Paysan parvenu* écrive contre l'auteur de la *Henriade*; mais il est aussi d'un très-malhonnête homme de réveiller les querelles des *Lettres philosophiques* et de m'exposer à la colère du garde des sceaux.

Une lettre précédente, datée également de Cirey, février 1736, avait pour but de conjurer l'orage. Elle était adressée à M. Berger, évidemment pour être montrée à Marivaux.

A l'égard de M. de Marivaux, je serais très-fâché de compter au nombre de mes ennemis un homme de son caractère et dont j'estime l'esprit et la probité. Il y a surtout dans ses ouvrages un caractère de philosophie, d'humanité et d'indépendance dans lequel j'ai trouvé avec plaisir mes propres sentiments. Il est vrai que je lui souhaite quelquefois un style moins recherché et des sujets plus nobles; mais je suis bien loin d'avoir voulu le désigner, en parlant des comédies métaphysiques. Je n'entends par ce terme que des comédies où l'on introduit des personnages qui ne sont point dans la nature, des personnages allégoriques, propres au plus pour un poëme épique, mais très-déplacés sur la scène, où tout doit être peint d'après nature. Ce n'est pas, ce me semble, le défaut de M. de Marivaux. Je lui reprocherais, au contraire, de trop détailler les passions, et de manquer quelquefois le chemin du cœur en prenant des routes un peu trop détournées. J'aime d'autant plus son esprit, que je le prierais de le moins prodiguer. Il ne faut point qu'un personnage de comédie songe à être spirituel : il faut qu'il soit plaisant malgré lui et sans croire l'être : c'est la différence qui doit être entre la comédie et le simple dialogue.

Nous n'avons pas à examiner si dans ces dernières phrases Voltaire ne fait pas la critique de ses propres comédies aussi bien que de celles de Marivaux; si, dans ce qu'il dit plus haut des comédies métaphysiques, il est complétement sincère.

Ce qui ressort de toute cette correspondance, c'est qu'il craignait Marivaux et voulait le désarmer.

C'était inutile. Marivaux avait besoin d'argent à cette époque, puisqu'il consentit à publier alors son *Télémaque travesti* et son *Don Quichotte moderne,* dont il ne pouvait ignorer la faiblesse ; il ne paraît pas avoir hésité cependant. Il repoussa toutes les offres qui lui furent adressées. On reproche à Voltaire de ne pas lui en avoir su gré. Le reproche n'est pas fondé. Ce n'est pas par amitié pour lui que Marivaux avait refusé, c'est parce qu'il ne se sentait ni la capacité ni le goût d'entreprendre ce travail, parce qu'il n'avait aucune des qualités du polémiste. Voltaire, du reste, n'apprécia jamais Marivaux. Longtemps après, dans la *Pucelle,* il représente la Renommée instruisant le monde par un organe peu décent

> De ce fatras de volumes nouveaux,
> Vers de Danchet, prose de Marivaux,
> *Nouveau Cyrus*[1], *Voyage de Sethos*[2],
> Tous fort loués et qu'on ne saurait lire[3].

Ces vers ne figurent que dans l'édition de 1756. L'auteur les fit disparaître des éditions subséquentes. Un repentir lui était venu.

Marivaux disait de Voltaire : « Ce coquin-là a un vice de plus que les autres, il a quelquefois des vertus. »

III

Bien loin de porter l'attaque chez autrui, Marivaux ne répondait même pas aux critiques que l'on faisait de ses œuvres. Il y avait du dédain dans son fait, il y avait aussi de

---

[1] De Ramsay. — [2] De Terrasson. — [3] Chant VI.

l'amour du repos; mais il y avait par-dessus tout le sentiment de son inaptitude en fait de polémique. Les rares préfaces où il entreprend de se défendre sont ce qu'il a écrit de plus ennuyeux. Il a cela de commun avec Piron, qui était homme d'esprit, mais dans sa conversation, et, par exception seulement, dans ses œuvres. Si Marivaux n'est pas aussi ennuyeux que Piron dans ses préfaces, cela tient à ce qu'elles sont plus courtes et surtout bien plus rares.

Mais si Marivaux n'épanchait pas sa bile dans ses écrits, il la gardait dans son cœur, comme nous avons eu occasion de le dire. C'est ici le cas de rapporter quelques traits de sa susceptibilité. En voici un que Marmontel nous raconte dans ses Mémoires :

Un jour [madame Geoffrin] me demanda : Que vous a fait M. de Marivaux, pour vous moquer de lui et le tourner en ridicule? — Moi! madame! — Oui, vous-même, vous lui riez au nez et faites rire à ses dépens. Marivaux est un honnête homme et ne m'en a pas imposé. — Il m'expliquera donc lui-même ce que je n'entends pas. Car de ma vie il n'a été, ni de près ni de loin, l'objet de mes plaisanteries..... En traversant le jardin du Palais-Royal, sur lequel il logeait, je le vis et je l'abordai.

Il eut quelque répugnance à s'expliquer, et il me répétait qu'il ne serait pas moins juste à mon égard lorsqu'il s'agirait de l'Académie. — Monsieur, lui dis-je enfin avec un peu d'impatience, laissons l'Académie, elle n'est pour rien dans la démarche que je fais auprès de vous. Ce n'est point votre voix que je sollicite, c'est votre estime que je réclame et dont je suis jaloux. — Vous l'avez entière, me dit-il. — Si je l'ai, veuillez donc me dire en quoi j'ai donné lieu aux plaintes que vous faites de moi. — Quoi! me dit-il, avez-vous oublié que chez madame Dubourg, un soir, étant assis auprès de madame de Villaumont, vous ne cessâtes l'un et l'autre de rire en vous parlant à l'oreille? Assurément, c'était de moi que vous riiez, et je ne sais pourquoi, car ce jour-là, je n'étais pas plus ridicule que de coutume.

— Heureusement, lui dis-je, que ce que vous me rappelez m'est très-présent. Voici le fait : madame de Villaumont vous voyait pour la première fois; et comme on faisait cercle autour de vous, elle me demanda qui vous étiez. Je vous nommai. Elle, qui connaissait dans les gardes-françaises un officier de votre nom, me soutint que vous n'étiez pas M. de Marivaux.

Son obstination me divertit, la mienne lui parut plaisante, et en me décrivant la figure du Marivaux qu'elle connaissait, elle vous regardait, voilà tout le mystère.

Marivaux fit semblant d'accepter cette explication, mais il n'en crut rien et le dit à madame Geoffrin [1].

C'est probablement le même fait que d'Alembert raconte avec quelques variantes, sans nommer les personnages.

Les amis de Marivaux connaissaient cette susceptibilité et la ménageaient. Fontenelle, en publiant ses six comédies, qui sont du genre sentimental, les fit précéder d'une préface où il nommait avec éloges Destouches et La Chaussée. Il ne parla pas des comédies de Marivaux. Il n'y était pas obligé, puisque aucune pièce de Marivaux n'est du genre sentimental. Il se reprochait cet oubli cependant, mais il n'osa lui en parler de peur d'exciter sa susceptibilité. Une fois, en entendant Fontenelle l'excuser de son style précieux, Marivaux parut mécontent. « Ne vous pressez donc pas tant de vous fâcher, lui dit Fontenelle, aussitôt que je parle de vous. »

Il était trop fier pour solliciter ou demander des protections. Aussi ne fit-il que trois dédicaces, et cela encore à ses débuts. Il dédia l'*Homère travesti* au duc de Noailles, la *Double Inconstance* à madame de Prie, et la seconde *Surprise de l'amour* à la duchesse du Maine. Plus tard ces dédicaces ont disparu de ses œuvres.

IV

Après le *Préjugé vaincu* (1746) et le succès inattendu qu'obtint la reprise d'*Annibal* (1747), Marivaux ne fit plus que de rares apparitions dans le monde des lettres.

---

[1] MARMONTEL, *Mémoires*, livre VII, *OEuvres*, éd. Belin, t. I, p. 239.

Sa retraite était-elle volontaire? Pas tout à fait. De temps en temps, nous le voyons risquer, soit sous son nom, soit sous un pseudonyme, de petites comédies et quelques autres écrits de peu d'étendue; mais son genre était épuisé, et son talent aussi. Il fut pris d'un grand découragement, et il ne sut pas retrouver pour son compte cette insouciante gaieté qu'il avait prêtée jadis à son *Indigent philosophe.*

A l'époque brillante de ses succès, il avait condamné sa *Colonie.* Il ne se résigna pas à la perdre entièrement; il la réduisit de trois actes à un seul, et on la trouve sous cette forme dans le *Mercure* de 1750.

Il ne fit pas le même honneur à la pièce par laquelle il avait débuté au Théâtre-Italien, l'*Amour et la Vérité.* Il en reste cependant le prologue imprimé dans le *Mercure* de 1720, sous le titre de *Dialogue entre l'Amour et la Vérité.* On ne dit pas que ce soit un prologue, mais cela résulte du contexte. On ne dit pas non plus qu'il soit de Marivaux, — il se réservait sans doute de se nommer après le succès — mais il est probable, comme nous l'avons dit, que le *Voyage dans le monde vrai* est une épave échappée au naufrage de la comédie.

L'Amour et la Vérité se rencontrent. L'Amour est tellement différent de ce qu'il était autrefois, la Vérité est tellement déguisée sous les ornements dont on la couvre depuis quelque temps, qu'ils ne se reconnaissent pas d'abord. Ils finissent par s'expliquer, mais ils sont tellement indignés de la manière dont on les traite qu'il leur prend fantaisie de jouer des tours à ceux qui viendront se promener dans le voisinage. Il y a là tout près un puits et un arbre. La Vérité se met dans l'un, l'Amour grimpe sur l'autre :

La Vérité. L'eau de ce puits va recevoir telle vertu que quiconque en boira sera forcé de dire tout haut ce qu'il pense et de découvrir son cœur en toute occasion.

L'Amour. Celui qui mangera des fruits de l'arbre tombera subitement amoureux du premier objet qu'il apercevra.

Le cadre est ingénieux, mais ce n'est qu'un cadre, tout dépend de l'exécution [1]. D'Alembert nous raconte que,

ayant une fois assisté à la représentation d'une de ses pièces où le parterre avoit affecté de bâiller beaucoup, [Marivaux] dit, en sortant que cette représentation l'avoit plus ennuyé que les autres ; il est vrai qu'il ajouta : C'est que je suis l'auteur.

Ce fait se rapporte à la représentation de l'*Amour et la Vérité*, si nous en croyons les *Anecdotes dramatiques*. Marivaux subissait donc sans murmurer l'arrêt du parterre quand il le trouvait fondé. Il ne protesta que pour trois pièces : les *Serments indiscrets*, le *Triomphe de l'amour*, et l'*Ile de la Raison*, et l'on ne saurait lui donner tort, surtout pour les deux premières.

V

Outre la *Colonie*, nous trouvons dans le *Mercure* de 1750 des *Compliments* qui ne valaient guère la peine d'être imprimés, et des *Réflexions sur les hommes*. Le *Mercure* de 1751 contient des *Réflexions sur les Romains*, un dialogue sur l'*Éducation d'un prince*, que nous avons analysé, et un écrit intitulé : *le Miroir*, que nous analyserons ; celui de 1751, des *Réflexions sur l'esprit humain*, inachevées, parce que le public de l'Académie refusa de les écouter jusqu'à la fin, et des *Réflexions sur Thucydide*, à propos des traducteurs qui introduisent des dénominations modernes dans les livres antiques.

C'est en cette année 1755 que Marivaux fit jouer au Théâtre-Français un petit acte : *les Acteurs de bonne foi*. La pièce ne réussit pas. Ce n'est pas que l'idée n'en soit

---

[1] Voir plus loin ce dialogue, *appendice* II.

ingénieuse, mais la mise en œuvre est singulièrement faible et embarrassée.

Merlin veut faire une surprise à sa maîtresse, il veut lui donner la comédie ; comme il n'a pas d'acteurs, il songe à profiter de la situation où se trouvent quelques uns des personnages qui l'entourent pour faire surgir une pièce dans laquelle chacun improvisera son rôle. Blaise doit épouser Colette, et lui-même, Merlin, est fiancé à Lisette, la femme de chambre. Il imagine de faire courtiser Lisette par Blaise, tandis que lui-même courtisera Colette, et il les fait répéter d'abord. Mais Colette prend la chose au sérieux, et au lieu de railler Merlin comme on le lui a permis, elle répond par des amabilités aux compliments qu'il lui adresse. Blaise se fâche de cette conduite de sa fiancée. Lisette aussi trouve que Merlin joue avec trop de naturel son rôle auprès de Colette. On se querelle, la dame survient au bruit, et après un essai aussi peu encourageant, on renonce à l'idée d'improviser une comédie devant elle.

Cette pièce est la dernière que l'auteur ait fait jouer sur un grand théâtre. Elle figure dans ses *OEuvres complètes*.

Félicie y figure aussi, mais elle parut d'abord dans le *Mercure* de 1757. Une note indique qu'elle n'a été jouée que sur un théâtre de société.

C'est une allégorie très-légère, dans le genre du *Chemin de la fortune*.

Félicie a été élevée par une fée, mais sa marraine ne peut lui faire qu'un don ; c'est à elle de choisir. Félicie demande le don de plaire. La fée le lui accorde ; elle place en même temps auprès d'elle la Modestie pour compagne et s'éloigne. Félicie entend le bruit d'une fête, elle voudrait bien aller de ce côté. La Modestie la retient et lui montre Diane qui vient la rejoindre ; ce n'est pas là une compensation, et Félicie trouve Diane bien sévère. Elle sourit au contraire en apercevant un jeune homme qui s'avance vers elle. Lucidor l'admire, lui adresse des compliments qui lui vont au cœur : elle s'attendrit. La Modestie la gêne. Lucidor supplie Félicie de l'éloigner. Félicie y consent. Lucidor devient de plus en plus pressant. Elle est fortement tentée ; en sentant qu'elle va céder, elle fait un effort suprême, elle appelle à son aide la Modestie et Diane. Les déesses accourent, la fée aussi, et Félicie, honteuse de sa faiblesse, se jette dans ses bras pendant que Lucidor s'éloigne.

Le défaut des allégories en général est d'être trop transparentes : dès le début on devine ce qui arrivera. Dans *Félicie,* au contraire, le sens est obscur. L'auteur a voulu montrer sans doute que sans la modestie le don de plaire est dangereux parce qu'il expose à la tentation. Mais il nous a répété à satiété que la véritable coquette, celle qui aspire à plaire par-dessus tout, n'est que très-peu tentée, et que si elle cède, ce n'est pas par faiblesse, mais par calcul et pour attacher plus fortement. La pièce, du reste, est faible de tout point. Les développements manquent, et le style tourne à la sécheresse comme dans la *Colonie* et l'*Éducation d'un prince.*

Outre les *Acteurs de bonne foi,* Marivaux donna encore dans ses dernières années aux acteurs de la Comédie française une petite pièce, l'*Amante frivole,* qu'ils lui promirent de jouer, comme le constate un des rares autographes qui nous restent de Marivaux. C'est une cession qu'il fait de cette pièce, de *Félicie* et d'une comédie qui se trouve dans le *Conservanteur* (sic), à M. Duchesne, libraire, moyennant la somme de cinq cents livres, en novembre 1761. Les *Anecdotes dramatiques* nous apprennent que « la considération que les comédiens avaient pour Marivaux ne leur permit pas de jouer l'*Amante frivole* ». Elle paraît perdue.

VI

A cette époque, on jouait partout la comédie de société. On choisissait souvent parmi les pièces connues, mais on n'était pas fâché d'avoir de l'inédit. Le comte de Clermont, fils du grand Condé, qui avait été tour à tour abbé et général d'armée, avec peu de succès il est vrai, mais qui était homme d'esprit pourtant, eut la fantaisie, en 1754, de se faire recevoir membre de l'Académie française, et l'on s'empressa naturellement de déférer à ce vœu d'un prince du sang. On jouait souvent la comédie à ses châteaux de la Roquette et de Berny. Il demanda à son *confrère* Marivaux quelques petites pièces inédites. Marivaux en composa deux : la *Femme fidèle* et la *Provinciale*. On a retrouvé à la bibliothèque de l'Arsenal quelques rôles manuscrits de la première pièce. Ils ont été publiés dans l'ouvrage que M. J. Cousin a consacré au comte de Clermont. C'était un drame sentimental dans le goût de La Chaussée, très-faible d'intrigue [1]. Quant à la *Provinciale*, Ed. Fournier dit que « malheureusement il n'en est rien resté ». Cette assertion peut être contestée.

Le *Mercure* contient dans les deux numéros d'avril 1761 une comédie en un acte, intitulée *la Provinciale*. Ne serait-ce pas celle de Marivaux ? L'auteur ne se nomme pas, il est vrai, mais il ne s'était pas nommé non plus en tête des *Acteurs de bonne foi*. La *Provinciale* est précédée d'une note ainsi conçue :

> Cette pièce n'a été destinée à aucun théâtre et n'a jamais été jouée qu'à la campagne ; elle est pourtant d'un auteur connu par quelques pièces justement applaudies, et nous avons cru ne pas déplaire au public en l'insérant dans notre recueil.

---

[1] Voir des fragments de cette pièce, *appendice* III.

L'éloge est mince assurément, et Marivaux dans ses jours brillants ne s'en serait pas contenté; mais il se sentait vieilli, il avait été éprouvé par une suite de chutes. On dit ici que l'auteur de la *Provinciale* est connu par des pièces justement applaudies; on excuse la faiblesse de celle-ci en ajoutant qu'elle a été faite pour être jouée à la campagne, et que par conséquent l'auteur n'y a pas mis tout son savoir-faire. En somme, l'éloge a pu paraître suffisant, vu les circonstances et le besoin d'argent. Ajoutons que le *Mercure* était le confident habituel des productions de Marivaux et probablement la publication qui payait le mieux. *A priori* donc la pièce peut être de lui.

Reste l'examen de l'œuvre. Il s'agit d'une tentative d'escroquerie; Marivaux n'avait fait encore aucune pièce de ce genre. Mais il n'avait fait non plus jusque-là aucune comédie sentimentale, et il venait d'écrire la *Femme fidèle*. Il n'y avait dans son théâtre rien qui ressemblât par le sujet aux *Acteurs de bonne foi*, et cependant cette pièce, quoique non signée, est incontestablement de lui. Le genre qui lui avait réussi était usé, il cherchait à le renouveler, quoique un peu tard.

Quant au développement des scènes et au style, il est certain que si l'on rapproche la *Provinciale* des chefs-d'œuvre de la belle époque, elle ne soutient pas la comparaison. Si on la supposait contemporaine des *Fausses Confidences*, on devrait en nier carrément l'authenticité. Il y a des maladresses dans la contexture de la pièce, mais il y en a d'aussi grandes dans les *Acteurs de bonne foi*. Le dialogue est parfois lourd et n'a pas, au début surtout, cette prestesse, ce ton dégagé, ce feu roulant de traits d'esprit auxquels le Marivaux d'autrefois nous a accoutumés. Mais aux deux extrémités de sa vie, il est tellement différent de ce qu'il est à son midi, qu'il devient très-difficile de se prononcer. Par moments nous retrouvons dans la *Provinciale* la langue imagée qu'il affectionne. Une soubrette par exemple, au lieu de dire : « Voilà ce que les gens vertueux pensent en province », emploie ce que les grammairiens appellent l'abstrait pour le concret :

Voilà ce que la vertu de chez nous pense.

Le chevalier, en se présentant chez la dame qui l'a fait attendre, lui dit galamment :

Mon amour a bien de la peine à pénétrer jusqu'à vos charmes. Il a bien longtemps attendu à votre porte. Et depuis quand l'Amour est-il si mal venu chez sa mère?

Le valet écrit de son côté à la soubrette :

Votre minois est le plus subtil filou que je connoisse. Il lui a suffi de jouer de la prunelle pour escamoter mon cœur..... Si vous avez perdu le vôtre, n'en soyez point en peine. C'est que je l'ai trouvé.

Tout le rôle des deux personnages est dans ce style, et l'on reconnaît le ton de plaisanterie familier à Marivaux, surtout lorsqu'il veut pousser à la charge. Mais ce style peut être facilement imité, et il n'est pas sûr que nous n'ayons pas affaire ici à un pastiche.

L'intrigue de la pièce est fort simple. Le principal personnage est une provinciale fraîchement débarquée à Paris en compagnie de sa suivante Cathos, d'abord pour toucher une somme d'argent qui lui est due, puis pour se former aux belles manières. Comme la somme qu'elle a reçue est assez rondelette, elle ne manque pas d'adorateurs, disposés à la fois à se moquer d'elle et à s'approprier son bien. Une ancienne soubrette devenue veuve, et qui se fait appeler madame Lépine, s'entend dans ce but avec un prétendu chevalier pour débarrasser la provinciale de tout ou partie de ses écus. On persuade à celle-ci de prendre le titre de marquise et de se donner pour amant le chevalier, qui la mettra tout de suite à la mode. Elle n'est pas obligée de l'aimer, il suffit qu'elle fasse semblant. Le chevalier lui adresse à brûle-pourpoint des déclarations et une lettre impertinente. On lui dit que c'est le ton du jour, et que l'amour affiché du chevalier pour elle va désespérer une foule de rivales. Une dame inconnue vient en effet le relancer chez elle. Un régiment va être vendu, elle veut l'acheter au chevalier. Le chevalier refuse, il n'accepterait ce présent que d'une personne qu'il aime. Il laisse entendre que si la marquise le lui offrait, ce serait autre chose. La Provinciale fait d'abord semblant de ne pas comprendre, mais on pique si bien son amour-propre qu'elle finit par dire qu'elle payera le régiment. Heureusement elle a des parents à Paris, un oncle entre autres, qui a arrangé un mariage pour elle; ils surviennent au moment où elle va donner l'argent et démasquent les fourbes. Le prétendu chevalier est un chevalier d'industrie, et la dame inconnue, une intrigante à ses gages. Les intrigants s'en vont, la dame garde son argent et renonce à acquérir les belles manières.

Le comique est un peu gros et la crédulité naïve de la Provinciale fort exagérée, mais en somme la pièce est amusante [1].

VII

Ed. Fournier cite encore comme pièces inédites de Marivaux et conservées dans des bibliothèques particulières : la *Commère*, composée en 1741, et l'*Heureuse Surprise*. Cette dernière pièce ne serait-elle pas la même que la *Joie imprévue*, à laquelle ce titre conviendrait à merveille ?

Le même éditeur, qui nous semble décidément trop généreux, après avoir rappelé que la *Réunion des Amours* parut

[1] Voir *appendice* I.

sous le nom de M. de la Clède, prétend que c'est Marivaux qui s'est dissimulé sous le pseudonyme de *Thomas Croquet*, pour fournir à un recueil intitulé les *Saturnales françaises*, 2 v. in-8, 1736, imitées des *Saturnales latines* de Macrobe, quatre petites comédies : *le Médisant, les Effets de la prévention, le Triomphe de l'amitié, l'Inégal.* Fournier cite à l'appui de cette attribution le *Dictionnaire portatif des théâtres*, de Léris, 1765. Léris ne dit pas que Thomas Croquet soit Marivaux, il dit que les *Saturnales françaises* ont été attribuées à Marivaux et annoncées sous son nom. Or on sait parfaitement que ce recueil assez peu estimé est de l'abbé Bordelon. Il n'y a donc rien à conclure de la note de Léris. Quérard constate qu'on a aussi attribué à Marivaux un *Traité politique et historique du gouvernement français*, 1734, in-12. Il est impossible d'admettre, à moins de preuves incontestables, que Marivaux, étranger aux études historiques, ait eu l'idée de composer un pareil livre, et qu'il ait eu le temps de le faire dans les années qui en ont précédé la publication. On attribue encore à Marivaux, suivant Quérard, une plaquette publiée en 1715, sous ce titre : *le Triomphe du bilboquet, ou la Défaite de l'Esprit, de l'Amour et de la Raison.* Nous n'avons pu nous procurer cet opuscule, qui ne figure dans aucune édition de l'auteur. En revanche, on a fait entrer dans deux de ces éditions, et uniquement pour grossir un dernier volume, divers morceaux qui ne sont pas de Marivaux, notamment le *Dialogue de Sylla et d'Eucrate*, inséré sans nom d'auteur dans le *Mercure* de 1745, mais qu'on savait bien de Montesquieu. On a aussi pris dans le *Mercure* de 1745 une insipide *Histoire de mademoiselle Goton et de M. Legris*, qui porte dans le recueil la signature de mademoiselle Thérèse, fille de Jacques l'Éventailliste. L'éditeur de 1765 prétend que cet opuscule a été trouvé écrit de la main de Marivaux ; mais il avoue que Marivaux n'en est pas l'auteur, et nous n'avons aucune peine à le croire. Ajoutons, pour en finir avec les œuvres de l'auteur de *Marianne*, qu'il retoucha la petite comédie de J. J. Rousseau, *Narcisse, ou l'Amant de lui-même*[1].

A mesure que Marivaux avance en âge, le sujet de ses ouvrages devient de plus en plus ténu, les développements de plus en plus minces, l'intrigue de plus en plus subtile. On pourrait comparer son esprit à un personnage qui en vieillissant tourne au maigre et finit par n'avoir plus que les os et la peau. C'est l'impression que produisent ses quatre dernières pièces : *la Colonie, les Acteurs de bonne foi, Félicie* et *la Provinciale*.

VIII

Le portrait de Marivaux s'accorde bien avec ce que les contemporains nous disent de lui et avec ce que nous pouvons conjecturer d'après ses écrits. Une figure pleine, un double menton, des yeux un peu petits et ronds, un nez légèrement en massue, des lèvres un peu minces, une distance assez grande entre le nez et la bouche, un menton assez large et assez fort, pas de méchanceté, une certaine répugnance pour la lutte, mais de la persévérance, une expression générale de bienveillance, excepté dans les yeux qui sont un peu inquiets et interrogateurs, de la bonté sans expansion, et une certaine finesse qui n'exclut pas la naïveté.

On voit sur ce visage que Marivaux se détendait peu et observait toujours lui-même ou les autres. On nous apprend

---

[1] *Confessions*, livre VII.

que Buffon, si soigné, si pompeux dans son style, était volontiers vulgaire dans sa conversation et ses lettres familières. Marivaux ne s'oubliait jamais, il parlait comme il écrivait ; les métaphores souvent étranges qu'il met dans la bouche de ses personnages, il les employait pour son compte.

Il croyoit être naturel dans ses comédies, nous dit d'Alembert, parce que le style qu'il prête à ses personnages est celui qu'il avoit lui-même sans effort comme sans relâche dans la conversation. S'il ne pouvoit se résoudre à dire simplement les choses même les plus communes, du moins la facilité avec laquelle il parloit de la sorte sembloit demander grâce pour ses écrits, parce qu'on pouvoit croire, à sa brillante volubilité, qu'il parloit en quelque sorte sa langue naturelle et qu'il lui auroit été impossible de s'exprimer autrement quand même il l'auroit voulu.

Il faut, disait de son côté Fontenelle, passer les expressions singulières à M. de Marivaux, ou renoncer à son commerce.

IX

Marivaux rencontrait Fontenelle et La Motte dans le salon de madame de Tencin, auteur de quelques jolis romans qu'on lui a disputés, intrigante habile, maîtresse du régent pendant quelque temps, et mère clandestine de d'Alembert, qu'elle fit abandonner enfant sur les marches d'une église. Femme de beaucoup d'esprit, d'ailleurs, qui s'entourait de tout ce qu'il y avait de plus distingué dans les lettres, et qui exerça une influence heureuse en rapprochant des hommes supérieurs qui, sans ce lien, seraient restés étrangers les uns aux autres. On sait qu'elle les nommait familièrement ses « bêtes » et qu'elle leur donnait à chacun, à l'époque des étrennes, une pièce de velours pour se faire une culotte.

Marivaux était un habitué de ce salon, dont il nous entretient longuement dans *Marianne*, en donnant à la maîtresse de la maison le nom de madame Dorsin. Le portrait de la dame est flatté, mais la peinture qu'il fait du salon ressemble, au dire des contemporains, quoique les choses y soient vues en beau. Cela se conçoit, du reste : c'est là que Marivaux obtint ses premiers succès, succès de conversation, à la vérité, et dont il ne reste rien, mais dont il était singulièrement friand. Plus tard, ce fut madame de Tencin, comme nous l'avons dit, qui détermina son élection à l'Académie.

Il vante surtout madame Dorsin comme une admirable causeuse, s'appliquant moins à montrer son esprit qu'à faire valoir celui des autres. Ceux qui avaient de l'esprit « tâchaient d'en montrer le plus qu'ils pouvaient avec elle, non qu'ils crussent qu'il fallait en avoir ni qu'elle examinerait s'ils en avaient, mais afin qu'elle leur fît l'honneur de leur en trouver ». Quant aux femmes, « elles ne venaient pas pour voir combien elle avait d'esprit, elles venaient seulement pour lui montrer combien elles en avaient ». « Il n'était point question de rang ni d'état chez elle : personne ne s'y souvenait du plus ou du moins d'importance qu'il avait; c'étaient des hommes qui parlaient à des hommes, entre qui seulement les meilleures raisons l'emportaient sur les plus faibles [1]. »

Mais si le rang n'était pas obligé pour obtenir de la considération chez madame de Tencin, il n'en était pas de même de l'esprit. Marmontel, qui fréquenta quelque peu ce salon, trouva « qu'il fallait apporter là plus d'esprit qu'il n'était disposé à en montrer [2] ».

Je m'aperçus bientôt, dit-il, qu'on arrivait là préparé à jouer son rôle, et que l'envie d'entrer en scène n'y laissait pas toujours à la conversation la liberté de suivre son cours naturel. C'est à qui saisirait le plus vite, et comme à la volée, le moment de placer son mot, son conte, son anecdote, sa maxime ou son trait léger et piquant; et pour l'amener à propos, on le tirait quelquefois de loin.

---

[1] *Marianne*, V^e partie.
[2] *Mémoires*, livre IV.

Dans Marivaux, l'impatience de faire preuve de finesse et de sagacité perçait visiblement. Montesquieu, avec plus de calme, attendait que la balle vînt à lui, mais il l'attendait. Mairan guettait l'occasion ; Astruc ne daignait pas l'attendre. Fontenelle seul la laissait venir sans la chercher ; et il usait si sobrement de l'attention qu'on donnait à l'entendre, que ses mots fins, ses jolis contes, n'occupaient qu'un moment. Helvétius, attentif et discret, recueillait pour semer un jour.

Piron, qui fréquentait aussi le salon de madame de Tencin, plaisante Marivaux à plusieurs reprises de cette prétention à dire toujours des choses spirituelles. « C'était, dit-il, l'homme du monde le plus attentif à bien penser et à bien s'exprimer. » Marivaux, dit-il ailleurs, « met de l'esprit partout ». Une dame lui avait reproché, à lui Piron, d'avoir fait économie de mots spirituels dans une lettre qu'il lui avait écrite l'année précédente :

> L'an passé fut l'an de bêtise ;
> Aujourd'hui l'esprit fait la loi,

lui répond-il. Ma lettre sera pleine d'esprit cette fois.

> Je veux qu'à chaque mot il brille :
> Saint Marivaux, priez pour nous[1].

Dans une autre épître, en envoyant à madame de Tencin un petit marteau qui, dit-il, a pour effet de faire déraisonner les gens raisonnables, il lui conseille d'en faire l'essai à ses sept sages :

> A Mirabeau, Mairan, Boze, Duclos,
> A Fontenelle, Astruc et Marivaux.....
> On avouera que sa vertu bizarre
> Aura produit du rare et du nouveau.....
> S'il vous fait voir l'auteur de *Marianne*
> Au lieu d'un vif et subtil sentiment,
> Ou d'un trait fin, lâcher un coq-à-l'âne[2].

---

[1] *OEuvres de Piron*, t. VII, épîtres.
[2] *Ibid.*, t. VI.

X

M. de Lescure, dans l'*Éloge de Marivaux*, couronné en 1880 par l'Académie française, trace un tableau de cette réunion de beaux esprits chez madame de Tencin.

Après nous avoir montré, d'après Marmontel, madame de Tencin, enveloppée dans son extérieur de bonhomie et de simplicité, et ayant plutôt l'air, malgré son esprit et son sens profond, de la ménagère que de la maîtresse de la maison, l'auteur passe en revue les divers personnages ainsi réunis :

C'est le président de Montesquieu qui, dans les sociétés où il est à l'aise, égaye d'un pétillement de verve gasconne son habituelle gravité; c'est M. de Mairan, bonhomme plein de finesse, qui se laissera bercer toute sa vie d'une amitié de femme à une autre, tuteur et pupille à la fois de trois salons célèbres; c'est Helvétius, à la belle figure, au noble caractère, à l'esprit hardi, le plus généreux des égoïstes, le plus honnête des philosophes, le plus religieux des athées, qui, sans s'inquiéter d'un système si commode pour l'égoïsme, se contredit en bonnes actions; c'est M. de Pont-de-Veyle, neveu de la maîtresse de céans, causeur aimable, chansonnier galant, le plus affairé des oisifs, le plus sérieux des hommes frivoles; c'est l'abbé Trublet, visage et caractère de parasite, qui cherche dans de sournoises épigrammes la revanche impunie de sa platitude, compilateur plagiaire dont la fécondité cynique répond à ceux qui lui demandent combien de temps il faut pour faire un livre : « Cela dépend du monde que l'on voit »; c'est le Méridional Astruc, savant et lettré, gardien de la santé du corps et de la santé de l'âme de quelques malades choisis auxquels il prodigue les conseils, ménage les ordonnances, et dont il ne dédaigne pas d'hériter.

Deux interlocuteurs sont debout et causent ensemble; c'est Fontenelle et Marivaux.

Celui-ci, d'une noble prestance, d'une élégante allure, vêtu avec une recherche qui atteste l'habitude et le goût du luxe, dresse au-dessus des nœuds d'une cravate de batiste sa tête fraîchement rasée, coiffée, poudrée à la mode et au parfum du jour. Sa main de prélat, ornée de bagues, se joue sous le voile d'une manchette de pure malines...

Le front est large, ingénieux, mais quelque peu jauni et ridé aux tempes, les yeux vifs, clairs et fins, ne dardent pourtant qu'avec une sorte de langueur des regards dont les plis des paupières émoussent les traits. La lèvre est parfois crispée par le dégoût d'une espèce d'amertume intérieure. Quoique non encore quinquagénaire, il paraît plus vieux que son âge, par cette expression de lassitude précoce, de sensibilité maladive, qui est la plus habituelle à son visage, et met jusque dans son enjouement comme une ombre mélancolique.

On voit qu'il est de ceux qui ont vécu plus que leurs années, qui ont beaucoup vu, beaucoup senti, c'est-à-dire beaucoup souffert.

Le portrait est un peu poussé au noir à la fin, mais il est ressemblant.

Marivaux fréquenta aussi la cour de la duchesse du Maine à Sceaux, et c'est en souvenir de l'accueil qu'il reçut à cette cour, où tout prenait des allures minuscules, comme la princesse qui y présidait, qu'il dédia à la duchesse la *Surprise de l'Amour*.

XI

La conversation toujours pétillante de Marivaux ne laissait pas d'être fatigante pour ceux qui essayaient de lui tenir tête. Il est vrai qu'il était toujours disposé à supposer aux autres plus d'esprit qu'ils n'en avaient, qu'il trouvait à ce qu'on lui disait une finesse dont ceux mêmes qui lui parloient ne se doutoient pas. Aussi toutes les sociétés lui étoient-elles à peu près égales ; les gens d'esprit le mettoient en action et lui faisoient prendre tout son essor. Se trouvoit-il avec des sots, il faisoit effort pour les faire accoucher, comme disoit Socrate, et ne s'apercevant pas qu'il leur prêtoit son esprit, il leur savoit gré de ses pensées, comme si elles eussent été les leurs.

D'Alembert, à qui nous empruntons ces lignes, ajoute que Marivaux passait pour ne pas haïr la conversation des sots, « parce que la conversation avec eux lui ayant coûté davantage, il en sortait plus content de lui, et par conséquent d'eux ». Il y avait peut-être aussi à cela un autre motif qu'il ne s'avouait pas. Ceux qui se sentaient au-dessous de lui par l'esprit lui donnaient plus d'éloges que les égaux n'auraient fait, et dans ses dernières années surtout, il fallait, si l'on en croit Collé, « le louer et le caresser continuellement comme une jolie femme ». Il est vrai qu'il faut toujours rabattre du mal que Collé dit de ses confrères.

Marivaux était intraitable pour ce qui lui semblait une comédie en fait de sentiment. Il nous a raconté lui-même comment il rompit avec une charmante jeune fille, parce qu'il la vit étudier dans une glace la manière d'exprimer les divers mouvements de l'âme. D'Alembert nous raconte à son tour que Marivaux rompit avec un ami par un motif semblable. Cet ami lui écrivait des lettres qui le charmaient par la naïveté des sentiments exprimés. Il va un jour chez lui, l'ami était absent; il l'attend, et pour passer le temps, il regarde des papiers épars sur la table : c'étaient les brouillons de ces lettres dont le style lui paraissait si simple, si naturel; ils avaient été raturés et recommencés plusieurs fois, et c'était à force de travail que son ami parvenait à donner à son style cette simplicité qui charmait Marivaux. Il se brouilla avec lui et ne voulut plus le voir.

XII

L'existence de Marivaux fut laborieuse : ses ouvrages sont nombreux, très-soignés de style, et ne doivent rien à personne. Il ne faut donc pas s'étonner s'il lui échappait parfois des aspirations vers le repos, vers la paresse, à laquelle la *res angusta domi* ne lui permettait pas de se livrer. On trouve dans l'*Esprit de Marivaux* une lettre écrite vers 1740, dans laquelle il loue cette paresse dont il aurait tant besoin; il prétend qu'il en jouit, mais il se vante :

> Oui, mon cher ami, je suis paresseux, et je jouis de ce bien-là en dépit de la fortune qui n'a pu me l'enlever et qui m'a réduit à très-peu de chose sur tout le reste, et... ce qui prouve combien la paresse est raisonnable... c'est que je n'aurois rien perdu des autres biens, si des gens qu'on appeloit sages, à force de me gronder, ne m'avoient fait cesser un instant d'être paresseux. Je n'avois qu'à rester comme j'étois, m'en tenir à ce que j'avois, et ce que j'avois m'appartiendroit encore; mais ils vouloient, disoient-ils, doubler, tripler, quadrupler mon patrimoine à cause de la commodité du temps, et moitié honte de paroître un sot en ne faisant rien, moitié bêtise d'adolescence et adhérence de petit garçon au conseil de ces gens sensés, dont l'autorité étoit regardée comme respectable, je les laissai disposer, vendre pour acheter, et ils me menoient comme ils vouloient...

Il s'agit ici de la paresse à s'occuper d'affaires, de spéculations pour lesquelles il n'était pas fait. On engagea, comme il le dit, sa fortune dans les opérations du système de Law, et, comme tant d'autres, il perdit ce qu'il avait. Marivaux se rajeunit fort quand il se représente comme un adolescent, comme un petit garçon, de 1716 à 1720, puisqu'il avait alors une trentaine d'années; il en avait cinquante quand il écrivit cette lettre; mais il avait la faiblesse de ne vouloir pas vieillir.

> O sainte paresse, continue-t-il, salutaire indolence, si vous étiez restées mes gouvernantes, je n'aurois probablement pas écrit tant de néants plus ou moins spirituels; mais j'aurois eu plus de jours heureux que je n'ai eu d'instants supportables.

Ce sont là les propos d'un homme fatigué. S'il n'avait pas perdu sa fortune, il ne se serait peut-être pas laissé entraîner à publier le *Télémaque travesti* ni le *Don Quichotte moderne*, vingt ans après avoir écrit ces livres; mais il n'en aurait pas moins composé ce qu'il appelle des « néants plus ou moins spirituels ». Ses mauvais ouvrages datent de l'époque où il était riche. Marivaux, vantant sa paresse devant la collection de ses œuvres, nous rappelle Figaro « paresseux avec délices » ou La Fontaine se targuant de son activité.

XIII

C'est d'un de ces moments où il aspirait au repos, que date l'anecdote connue de ce jeune garçon de dix-huit ans, au teint frais et vermeil, qui vint lui demander l'aumône. — Pourquoi ne travaillez-vous pas? lui dit Marivaux. — Ah! monsieur... je suis si paresseux! — Un autre lui aurait répondu : Je travaille bien, moi; vous pouvez en faire autant. Marivaux, au contraire, vit surgir devant lui le bonheur de n'être pas obligé de produire sans cesse, et ce bonheur, dont il ne pouvait jouir, il voulut au moins le procurer à un autre dans la mesure de ses moyens, et il lui donna un écu de six livres. Madame de Bez, qui arriva à ce moment, lui dit qu'il avait tort d'être si généreux; il en convint, mais il aurait été capable de recommencer le lendemain.

Madame de Bez était la femme d'un financier opulent. Elle était venue ce jour-là prendre Marivaux pour le mener à sa campagne. C'est là qu'il allait quelquefois se délasser, dans un milieu inférieur, de la nécessité qu'il s'était imposée d'avoir toujours de l'esprit quand il était à Paris.

XIV

On avait beau lui prêcher l'économie, sa générosité naturelle l'emportait. Il eut, par exemple, l'occasion de voir une jeune fille qu'on avait engagée pour jouer les soubrettes à Varsovie; elle n'avait aucun talent : elle aurait fait, disait-il, bâiller les Polonais au lieu de les faire rire. Il lui conseilla d'aller dans un couvent; elle y consentit, et il paya sa pension.

Il était souvent gêné dans ses affaires, surtout pendant les dernières années de sa vie. Mais il ne fut jamais facile de l'obliger en fait d'argent. Fontenelle, que l'on représente souvent comme égoïste, aimait sincèrement Marivaux. Un jour qu'il le savait malade et le croyait à court, il va le trouver avec une bourse de cent louis, qu'il met à sa disposition. — Je les regarde comme reçus, dit Marivaux ; je m'en suis servi, et je vous les rends avec la reconnaissance qu'un tel service exige.

Helvétius lui payait une pension. Comme Helvétius était très-riche et pensionnait beaucoup d'autres gens de lettres, Marivaux avait accepté sans trop de difficulté, et il n'en gardait pas moins son franc parler avec lui. Un jour même la discussion devint très-vive et monta jusqu'au ton de la dispute. — Comme je l'aurais confondu, disait ensuite Helvétius, s'il ne me faisait pas l'honneur d'accepter une pension de moi ! Ce mot fait l'éloge de tous deux.

Le logement de Marivaux donnait sur le Palais-Royal, et il allait souvent se promener dans le jardin. Un jour qu'il y avait grande foule, il rencontra un de ses vieux camarades, un livre à la main et lisant attentivement. — Quelle lecture fais-tu donc là ? lui demanda-t-il. — Les *Pensées* de Pascal. Marivaux le regarde avec étonnement et lui dit : « Permets-moi d'admirer l'homme qui sait se promener ainsi et oublier les fous que voilà. » Marivaux n'aurait pas évidemment été capable de cette concentration. Le spectacle du public l'attirait. Pour lui, cette foule en mouvement et agitée de sentiments qu'il cherchait à démêler, était le plus intéressant des livres. Le biographe qui rapporte cette anecdote, dit qu'il faisait grand cas de Pascal, et qu'il regardait ses *Pensées* comme le meilleur livre de morale qu'on eût jamais écrit. Cette opinion se rapporte probablement à ses dernières années, époque où il aspirait à la réputation d'homme grave. Les articles qu'il fournissait de temps à autre au *Mercure* à cette époque affectent le ton sentencieux, mais ils ont le tort d'être à la fois obscurs et médiocrement nouveaux par la pensée.

Le logement qu'il occupait au Palais-Royal lui plaisait beaucoup, parce qu'il lui permettait de se trouver, dès qu'il sortait, en contact immédiat avec la foule oisive. Un jour cependant il avoua à Voisenon qu'il allait être obligé de le quitter pour s'établir à la campagne, parce que la vie coûtait trop cher à Paris. Voisenon va raconter à madame de Choiseul la gêne où se trouve son ami. Celle-ci s'adresse à madame de Pompadour, qui faisait des pensions à divers hommes de lettres, et lui dit qu'elle devrait en donner une aussi à Marivaux. Madame de Pompadour répondit que c'était déjà fait, et qu'elle payait à Marivaux une pension de trois mille livres; seulement, comme elle avait craint que, venant d'elle, il ne voulût pas l'accepter, on lui avait fait croire qu'il tenait cette pension du roi. Voisenon eut la légèreté de raconter le fait à Marivaux. Celui-ci n'était pas assez riche pour refuser ce secours, mais il se sentit humilié, et depuis lors il évita Voisenon, dont la présence lui rappelait un souvenir désagréable.

En lisant ces détails, on est tenté de s'écrier avec Voltaire :

> Oh! le bon temps que ce siècle de fer!

Aujourd'hui, après tant de pièces jouées avec succès, et un nombre notable de livres achetés avec avidité par le public, Marivaux n'aurait pas à souffrir dans sa fierté naturelle et n'aurait besoin du secours de personne.

XV

Il ne quitta point Paris, et si quelquefois il se trouva gêné par suite de son imprévoyance, il n'eut jamais à souffrir de la pauvreté. Jusqu'au dernier jour il s'habilla avec une certaine coquetterie. Il paraissait plus jeune qu'il n'était en réalité, et cela le flattait. Il était aussi friand de bons morceaux. Une amie de vingt ans, mademoiselle Saint-Jean, était venue s'établir chez lui sous prétexte de gouverner son ménage, et elle partageait avec lui sa petite fortune, sans même qu'il s'en doutât. Quand la vieillesse arriva avec ses incommodités, il ne voulut pas trop en convenir avec lui-même, et il continua jusqu'au dernier moment à braver les intempéries. Il en donnait une singulière raison qui achèvera de le peindre.

Il avait autrefois rencontré à Lyon, dans un café, un petit vieillard qui l'intrigua fort. Il chercha à lier conversation avec lui et ne réussit pas. Quelque temps après cependant, il le retrouva sur une promenade et parvint à causer un moment avec lui. Le vieillard connaissait Marivaux, mais il refusa de lui apprendre son propre nom, et comme Marivaux insistait, il lui dit en le quittant :

Continuez de cultiver les lettres et surtout de conserver votre caractère. Et quelque chose qui puisse arriver, soyez du moins sûr, recevez-en ma parole, que vous ne mourrez point sans m'avoir revu. Adieu, on nous regarde, je ne puis m'arrêter plus longtemps.

Cette rencontre remontait à la jeunesse de Marivaux, mais il en avait gardé un vif souvenir; il était persuadé que le mystérieux vieillard se remontrerait à lui quelque jour, et que tant qu'il ne l'aurait pas revu, il ne courait aucun risque de mourir. Il raconta un jour, non sans se faire beaucoup prier, cette histoire à un ami, — de La Place, directeur du *Mercure*[1], — qui lui reprochait de sortir par un temps affreux, souffrant comme il était.

Il mourut pourtant sans avoir revu son vieillard. Sa mort, dit l'auteur de la lettre à laquelle nous empruntons ces détails,

---

[1] Voir sur cette préoccupation de Marivaux une *lettre* qui se trouve dans le second volume des *Pièces intéressantes et peu connues pour servir à l'histoire et à la littérature* (par de La Place), 6 vol. in-12.

fut très-douce; il s'éteignit presque sans s'en douter en février 1763. Il avait soixante-quinze ans. On a remarqué qu'il était né aussi en février, et que c'est dans ce mois qu'il avait été reçu membre de l'Académie française.

XVI

Marivaux ne fut pas seulement un auteur comique et un romancier. Il avait des prétentions plus élevées, et il n'est pas hors de propos de constater ses opinions sur les hautes questions.

L'irréligion commençait à être à la mode de son temps. Nous venons de voir qu'il n'était pas tout à fait exempt de superstition. Il ne se mit cependant ni avec ceux qui défendaient le christianisme ni avec les philosophes qui l'attaquaient. Il n'a parlé de la religion qu'à trois reprises et toujours dans le même sens. En annonçant les *Lettres persanes,* il exprime la crainte que les railleries de Montesquieu, en jetant quelque discrédit sur le dogme, n'ébranlent du même coup la morale, intimement unie à la religion dans l'esprit des masses. Ailleurs il exprime la crainte que les prédicateurs, en s'adressant à l'intelligence, en cherchant à prouver, ne soulèvent des objections de nature à ébranler la foi; enfin, en constatant que l'abbé Houtteville a parlé pertinemment aux esprits, il regrette qu'il n'ait pas cherché à agir sur les cœurs, ce qui est bien plus important.

Le sentiment qui domine dans ces trois déclarations, c'est que la religion est respectable à cause de la morale qui s'y rattache, qu'il vaut mieux ne pas l'examiner de trop près, et qu'il faut surtout respecter la croyance d'autrui. Un jour, quelqu'un l'interrogeait sur la nature de l'âme. « Je n'en sais rien, dit-il, sinon qu'elle est spirituelle et immortelle. » On parla de s'adresser à Fontenelle, qui se trouvait là. « M. de Fontenelle a trop d'esprit, reprit-il, pour en savoir là-dessus plus que moi. »

En d'autres circonstances, il disait, au rapport de d'Alembert : « Je comprends l'intolérance même dans les ministres d'une fausse religion, parce que du moment où ils cesseraient d'être révérés, ils tomberaient dans le mépris, qu'ils ne sont pas pressés d'obtenir. » Il relevait la contradiction de ceux qui croient aux sciences occultes et n'admettent pas le christianisme. « La religion, disait-il encore, est la ressource des malheureux, quelquefois celle du philosophe; n'enlevons pas à l'espèce humaine cette pauvre consolation que la Providence divine lui a ménagée. » « Les mécréants auront beau faire, disait-il une autre fois, ils seront sauvés malgré eux. »

Ce n'est pas là la foi de Bossuet, c'est celle de Voltaire :

> Si Dieu n'existait pas, il faudrait l'inventer.

Marivaux n'en veut pas précisément aux gens d'Église, mais il ne dissimule pas leurs défauts. Tous ceux dont il nous parle sont égoïstes. Le religieux à qui Marianne a été recommandée est un brave homme; mais la parole d'un homme comme M. de Climal s'impose à lui, même lorsqu'elle calomnie, et il ne consentira jamais à admettre qu'il ait tort. La supérieure à qui Marianne s'adresse est bonne aussi en apparence, mais elle ne fera rien pour elle. L'abbé de la *Religieuse* est un infâme libertin. M. Doucin, le directeur des demoiselles Habert, est intrigant et borné. Mademoiselle Habert l'aînée est envieuse et méchante. Quant à la belle Tervire, elle a toutes les qualités sympathiques, mais elle conseille aux autres de ne pas se faire religieuses.

Dans les romans de Marivaux, on va à la messe le dimanche,

on assiste à une prise de voile dans un couvent; mais quand on se rend ainsi à l'église, est-ce pour prier ou penser à Dieu? On n'y songe même pas. On va à la messe pour se montrer, pour coqueter, pour faire connaissance; les jeunes gens y vont pour voir les jolies femmes, et les jolies femmes pour se faire voir. Lorsque Marianne désolée se réfugie dans une église, est-ce pour prier? Non, c'est pour pleurer à l'aise. Et madame de Miran, qu'elle y rencontre, est-ce qu'elle est venue pour prier? Non, c'est pour attendre l'heure de voir la supérieure, etc. Certains personnages malfaisants, M. de Climal, madame de Sainte-Hermières, se convertissent au dernier moment; est-ce Dieu qui leur parle? Non, c'est leur conscience qui les porte à réparer le mal qu'ils ont fait. C'est le don Juan de Molière donnant au pauvre, non pour l'amour de Dieu, mais pour l'amour de l'humanité.

Pour Marivaux, dans la théorie; — pour ses personnages, dans la pratique, — la religion est une forme bonne à conserver, parce que c'est une tradition, parce que la morale y est étroitement liée. En somme, la religion est utile, pour les autres surtout, à condition qu'on n'en usera pas à trop fortes doses. Montesquieu est plus agressif dans les *Lettres persanes*, mais c'est à peu près le sentiment qui domine dans l'*Esprit des lois*.

XVII

En morale amoureuse, Marivaux est plus sévère, ou si l'on veut plus réservé qu'on ne l'est à son époque. S'il se moque de l'amour transi dans ses premiers ouvrages, il raille beaucoup plus amèrement l'amour effronté, — non pas au point de vue religieux, comme Tiberge dans *Manon Lescaut*, — mais, — ce ui est notable avant Rousseau, — au point de vue de la dignité de la femme. Marivaux ne néglige aucune occasion de relever les femmes et de défendre leurs droits méconnus.

Il est, du reste, du parti de tous les faibles. Il s'en prend à tous les priviléges; il poursuit de ses railleries les grands seigneurs, la noblesse, les riches financiers, au profit du mérite roturier et pauvre. En fait d'inégalités sociales, il ne reconnaît que le plus ou moins haut degré de raison, en faisant même abstraction de la culture intellectuelle. Son Blaise est le premier dans l'*Ile de la Raison,* et son Paysan parvenu ne se trouve déplacé dans aucun rang.

Quant à la politique proprement dite, au gouvernement des États, Marivaux s'abstient d'en parler, comme il s'abstient de parler de religion. Si dans quelques comédies il poursuit les ministres de railleries, il respecte le pouvoir souverain. Cependant le rôle qu'il lui fait jouer n'est pas toujours respectable. Dans la première *Surprise de l'Amour,* le souverain enlève une jeune fille naïve et éprise d'un jeune homme de sa classe; il est vrai qu'il s'en fait aimer ensuite et l'épouse. Dans le *Prince travesti,* la princesse régnante entreprend de se faire aimer, de force ou de gré, et ne réussit pas. Dans le *Triomphe de l'Amour,* une princesse régnante se compromet singulièrement en allant jouer à un philosophe et à sa respectable sœur le tour de se faire aimer d'eux pour les planter là ensuite. Les chefs de république, au contraire, dans l'*Ile des Esclaves,* dans l'*Ile de la Raison,* dans la *Colonie,* se conduisent toujours avec sagesse, et tout marche à merveille dans leurs États. Mais il n'y a aucune importance à attacher à ces rapprochements. Marivaux n'a consulté en tout ceci que l'effet dramatique; il a fait de la fantaisie et n'a obéi à aucun système préconçu.

XVIII

Sainte-Beuve a mis en relief ce qu'il appelle la théorie de Marivaux sur la philosophie de l'histoire. Cette théorie n'est nullement méprisable. Elle se trouve résumée dans un petit écrit de la vieillesse de l'auteur intitulé *le Miroir*.

Marivaux nous raconte qu'il a vu un jour un miroir double sur lequel se peignaient d'un côté la Nature sensible avec ses propriétés connues et inconnues, et de l'autre l'Esprit humain avec les manifestations successives et progressives de son activité. Les images qui se réfléchissaient dans ces deux glaces étaient dans un mouvement continuel et se transformaient sans cesse.

On voyait se dérouler successivement les phases que l'esprit humain a parcourues. A toute époque il y a eu de grands génies, seulement à toute époque aussi les grands génies ont été contestés et ravalés au profit de leurs prédécesseurs. Cela tient à ce qu'on voit les anciens à travers un voile qui estompe leurs défauts et ne laisse voir que leurs qualités.

Depuis que les hommes cultivent leur esprit, chaque époque fait son profit de ce qu'ont produit les époques antérieures. Les grands hommes de chaque siècle se servent des lumières précédemment acquises pour devenir plus grands que leurs prédécesseurs. Ce qui empêche qu'ils apparaissent tels aux yeux des générations venues après eux, c'est que le goût manque quelquefois et que les œuvres sont imparfaites. Mais le nombre des idées n'en a pas moins augmenté, bien qu'on n'ait pas su en tirer parti.

L'esprit humain « est à chaque époque le produit de tout

ce qui reste du produit des âges antérieurs, grossi de ce que chaque époque y ajoute de nouveau ». Les guerres, les conquêtes ont quelquefois obscurci les idées; mais il est des guerres qui ont servi le progrès, la conquête de la Gaule par les Romains, par exemple.

En somme, l'esprit humain va toujours grandissant et augmentant son avoir, et chaque siècle, malgré les perturbations qui peuvent survenir, est nécessairement en progrès sur celui qui l'a précédé.

Ces idées procèdent de Fontenelle, mais elles sont en avant de lui et vont donner la main à la théorie du progrès indéfini, telle qu'elle a été formulée par Turgot, Condorcet, et développée par madame de Staël.

Dans un autre écrit, Marivaux se demande pourquoi les philosophes et les savants sont placés dans l'estime plus haut que les littérateurs et les moralistes. Les uns et les autres sont également utiles au progrès de l'humanité. Est-ce parce que les premiers nous entretiennent de ce qui nous touche le moins, et les seconds, de ce que nous voyons tous les jours? Pour être plus rapprochée de nous, leur science n'est pas moins difficile, et leur mérite n'est pas moins grand. Nous avons le tort d'accorder une plus haute admiration à ce que nous comprenons le moins. C'est pour cela que l'on voit certains hommes croire qu'ils descendent et s'abaissent en s'occupant d'un ouvrage qui plaît; c'est pour cela que le titre de beaux esprits, donné aux gens de lettres, est souvent pris d'une façon ironique. Il y a là, suivant Marivaux, une souveraine injustice, et, pour sa part, il croit avoir été aussi utile aux progrès de la civilisation par ses comédies et ses romans que s'il avait inventé un système philosophique. Cette dernière phrase n'est pas écrite, mais elle résulte de ce qui précède.

Marivaux ne se considérait donc pas comme un simple amuseur, et il avait raison; il s'échappe de ses œuvres un certain souffle philosophique dont il ne faut pas exagérer la puissance, mais que l'on aurait tort de méconnaître.

CHAPITRE XI

LE MARIVAUDAGE

I. La langue de Marivaux. — Les idées de Marivaux sur le style. — II. Les paysans et les valets de Marivaux. — III. Moins un peuple est civilisé, plus son langage est imagé et compliqué. Le langage des paysans est figuré par l'effet d'une culture incomplète, et celui des précieuses par l'effet d'une culture raffinée. — IV. Le langage précieux chez La Bruyère, Dufresny, Hamilton, Fontenelle, La Motte. — V. Le phébus. Le *Dictionnaire néologique*. — Montesquieu et le *Temple de Gnide*. — VI. Formes favorites du langage précieux chez Marivaux.
VII. Les imitateurs de Marivaux en France au dix-huitième siècle. — VIII. Dupaty. — IX. Demoustier. — X. Delille.
XI. Un imitateur de Marivaux en Angleterre, Sterne. — XII. En Allemagne.
XIII. La réputation de Marivaux en France au dix-huitième et au dix-neuvième siècle.
XIV. Éditions de Marivaux.
XV. Imitateurs modernes de Marivaux. A. de Vigny. — XVI. A. de Musset. — XVII. M. Octave Feuillet. Autres imitateurs.

I

Marivaux a aussi sa théorie sur le style. Pour lui, le style n'existe pas en dehors de l'idée. C'est l'idée qui impose sa forme au langage. Aux critiques qui lui parlent de son style, qui blâment son style, il répond toujours en alléguant l'idée qu'il veut exprimer. Le mot, pour lui, est secondaire. Il voit les choses d'une certaine façon, sous un certain jour, avec certains rapprochements et certains contrastes; il faut bien qu'il trouve des mots et des tournures pour exprimer ce qu'il voit. S'il voit les choses finement et avec des nuances qu'un coup d'œil rapide ou distrait n'aperçoit pas, il faut bien qu'il tâche de les faire comprendre comme il les voit; s'il ne le peut qu'en employant des tournures insolites, si pour cela il est obligé de rapprocher des mots qui n'ont pas coutume d'être ensemble, on n'a pas le droit de lui en faire un reproche. Ce n'est pas après l'esprit qu'il court, c'est après l'expression de sa pensée.

Qu'on trouve, nous dit-il, un auteur célèbre qui ait approfondi l'âme et qui, dans les peintures qu'il a faites de nous et de nos passions, n'ait pas le style un peu singulier.

Les anciens étaient plus simples, lui dit-on. Mais pourquoi étaient-ils plus simples? Parce que la civilisation était plus simple de leur temps, parce qu'ils n'avaient pas à expliquer les nuances subtiles du sentiment, que notre civilisation raffinée nous impose. A un état social raffiné, il faut également un style raffiné. Marivaux ne parle même pas de la différence qui existait entre le dix-septième siècle, époque de repos intellectuel, et son siècle de recherche. Il ne comprenait pas cette différence; il croyait que le dix-septième siècle aurait pu employer le style piquant qu'il préférait, et il reprochait à Molière d'avoir écrit trop simplement.

Telle est la théorie de Marivaux en fait de style. On ne peut nier qu'elle ne soit vraie en principe. Quand on a pris l'habitude de voir les choses d'une certaine manière, il est bien difficile de les voir autrement. Que l'on raconte un fait devant un auteur dramatique, involontairement il le distribuera en scènes; le peintre y cherchera un tableau; le chansonnier, un couplet; le poëte lyrique, une ode ou une élégie. Pour tel écrivain, les idées se présentent toujours deux à deux sous forme d'antithèse; pour d'autres, elles se traduisent en métaphores et en images. Il est évident que toute pensée prenait une forme contournée dans l'esprit de Marivaux. Seulement il y avait là une question de mesure. Il s'agissait de savoir jusqu'où il pouvait s'avancer, et il s'avançait toujours trop. « Il dépasse, sans s'en douter, la mesure, dit Sainte-Beuve. Il tombe insensiblement dans le raffiné et devient maniéré, minaudier, façonnier, le plus naturellement du monde. »

II

Mais ce style était un langage acquis, une habitude prise, dont on peut suivre le développement dans les différentes publications de l'auteur. Ses premiers ouvrages sont écrits dans la langue de tout le monde. Il n'y a pas trace de ce qu'on devait appeler plus tard le *marivaudage* dans le *Père prudent :* il n'y a qu'une ou deux phrases de ce style dans les *Effets de la sympathie.* Il y en a un peu plus dans la *Voiture embourbée,* il y en a des pages entières dans le *Don Quichotte moderne.*

Ce langage, Marivaux se l'était donc fait par degrés à lui-même; c'était un langage de délicat, une manière de se distinguer de la foule des écrivains. Dans cette recherche du fin et de l'exquis, fût-il un peu étrange, on reconnaît l'homme qui disait :

J'aime mieux être humblement assis sur le dernier banc, dans la petite troupe des auteurs originaux, qu'orgueilleusement placé à la première ligne dans le nombreux bétail des singes littéraires.

Il chercha à se distinguer à la fois par les idées et par le langage, mais il était plus facile de se distinguer par le langage, et c'est par là qu'il commença. Il trouva bien quelques idées neuves aussi; mais ce qui frappa le plus ses contemporains, ce fut sa manière de s'exprimer.

Il est curieux de chercher par quel chemin il arriva à ce style qui fleurit si étrangement, mais quelquefois si gracieusement, dans ses comédies et ses romans.

Remarquons d'abord que, dans ses premiers écrits, il ne fait pas parler sa langue à tous ses personnages. A cette première époque, le langage marivaudé est la langue spéciale des paysans et des valets.

D'Alembert s'en montre quelque peu choqué. Il déclare que « le langage bas et entortillé que Marivaux met dans la bouche de ses paysans est tout ce qu'il y a de plus éloigné de la nature ».

D'Alembert n'est pas seul de son avis. Ce jugement est celui de la plupart des lecteurs de Marivaux. Il n'est pas hors de propos d'examiner si cette appréciation est juste et si c'est s'éloigner du naturel que de mettre un langage précieux et entortillé dans la bouche des gens du peuple.

Constatons d'abord que Marivaux n'est pas le premier qui ait eu l'idée de faire parler ainsi ses paysans. Il y en a de fréquents exemples chez Dancourt. Lisez plutôt le *Galant Jardinier*. Il y en a de plus fréquents encore chez Dufresny :

Dès que j'ai disputé avec madame, cela me met tout en friche, moi et mon jardin... [Si elle] voit qu'un arbre est d'humeur à profiter au soleil, elle le plante à l'ombre ; si elle voit que sa fille est d'humeur à profiter en mariage, elle la plantera dans un couvent,

dit un jardinier dans l'*Esprit de contradiction*. Les phrases suivantes sont tirées de la *Malade sans maladie :*

Le vent de cette aubaine m'amène du fond de la Normandie pour vous prendre à femme. — Le vent de la Normandie est un vent froid ; je ne me marie point de ce vent-là.

L'ardeur de vos beaux yeux m'avoit causé une altération profonde. [Il est allé boire.]

Pour réussir dans le monde, il faut avoir une sincérité à deux envers.

Il faut que vous épousiez cette terre-là. Elle est considérable.

— Il est plus passionné qu'hier. — C'est qu'il est venu mille écus.

Elle a dormi huit ou neuf heures, après quoi son insomnie lui a repris.
Elle est si gracieuse, si affable, si bien disante..... qu'on n'oseroit s'y fier.

— Que je hais les fourbes! — Je ne les hais pas tous, moi, répond Lisette, car j'ai de l'amour-propre.

Ces phrases sont du marivaudage tout pur, et Marivaux les aurait signées avec bonheur. Mais Dufresny ne prête ces sortes de phrases qu'à des ouvriers ou à des serviteurs.

Les comédies espagnoles abondent en tournures de ce genre, mais on ne les trouve que dans la bouche des valets.

Ni Marivaux ni Dufresny n'étaient familiers avec les auteurs dramatiques de l'Espagne, et ils ne les ont pas imités. D'où vient donc qu'au delà comme en deçà des Pyrénées, sans parler des autres pays, on a eu l'idée de prêter aux paysans un langage entortillé, s'il est vrai que cela est si éloigné du naturel?

III

C'est que d'Alembert se trompe, c'est que d'Alembert, élevé à Paris, n'a pas eu occasion d'étudier les paysans; c'est que Dufresny, qui descendait d'une jardinière, c'est que Marivaux, qui était un observateur minutieux, les ont observés, qu'ils ont trouvé chez eux les tournures mêmes qu'ils leur ont prêtées, ou tout au moins des tournures analogues. Les auteurs espagnols ont fait la même étude sur les paysans d'Espagne, et les auteurs anglais sur ceux de l'Angleterre.

Et il y a là une loi de la nature. Le fait peut paraître étrange, mais il est exact. L'humanité, en fait de langage comme en fait d'écriture, ne va pas du simple au composé, elle va du composé au simple, au moins à notre point de vue.

Ce n'est pas ici le lieu de développer cette thèse. Mais on

peut la rendre sensible en quelques mots. Écoutez le langage des faubouriens de Paris, vous verrez si ces locutions « basses et précieuses » dont parle d'Alembert y sont rares. Descendez plus bas, allez chez les paysans, le nombre de ces locutions augmente sensiblement et va toujours croissant à mesure que vous arrivez dans des coins de terre plus isolés et moins traversés par les courants de la civilisation. Allez plus loin encore, parcourez les différentes contrées de l'Europe. Partout où vous verrez la civilisation en retard, soyez sûrs que vous êtes en face d'une langue plus savante. La langue des Finnois est une des plus savantes de l'Europe. Les langues des Slaves, la langue des Russes ont sept cas, leurs verbes ont nombre de modalités dont nous n'avons pas d'idée dans nos langues abstraites de l'Occident; les paysans russes manœuvrent ces cas et ces modes avec une facilité merveilleuse et sont au contraire très-empêchés quand il leur faut employer ces propositions abstraites dont l'usage nous semble si commode. La complication est beaucoup plus grande encore s'il s'agit des langues des sauvages. Là une proposition entière avec ses compléments de tout genre se concentre dans un verbe, qui se conjugue, et où pourtant toutes ces parties sont distinctes. Sans même interroger la linguistique, rappelons-nous les phrases étranges recueillies par Chateaubriand dans son excursion au pays des Peaux-Rouges. Les locutions de nos paysans sont moins bizarres parce qu'ils sont plus rapprochés de la civilisation, mais elles sont bizarres, et elles sont précieuses. Cela suffit pour justifier Marivaux et les comiques des autres nations d'avoir fait parler à leurs paysans un langage « à la fois bas et précieux ».

J'ai, pour ma part, recueilli dans une province qui n'est pas éloignée de Paris, en Normandie, nombre de locutions à faire envie aux habituées de l'Hôtel de Rambouillet.

Un porc, c'est « un vêtu de soie ».

Se noyer, c'est « boire la lavure de ses pieds ».

Ne pas manger, c'est « mettre ses dents sur l'ais » (où l'on garde le pain).

Au lieu de dire : c'est une jolie personne, on dit qu' « elle n'est pas indifférente » : c'est-à-dire elle charme par sa beauté, on ne reste pas indifférent en la voyant.

Au lieu de dire : c'est un homme d'esprit, on dit :

Plus fin que lui n'est pas bête,

Ou bien :

Si l'on veut avoir de la graine de niais, ce n'est pas chez lui qu'il faut s'adresser.

Voilà du cidre auquel le coucou ne fera pas plaisir.

Au printemps prochain, quand le coucou viendra, ce cidre sera aigre.

Un paysan rencontre un de ses voisins :

Aurez-vous des pommes cette année? — Petite récolte. Et vous? — Oh! moi, j'en aurai à revendre. — C'est tout naturel. Le bon Dieu envoie toujours du lin à ceux qui filent.

C'est-à-dire : comme vous êtes un bon buveur, il est naturel que vous ayez des pommes.

Et ces locutions ne sont pas apprises comme des proverbes. On en invente de semblables chaque jour au courant de la conversation.

Les Précieuses qui s'ingéniaient à contourner leurs phrases pour leur donner un cachet de distinction, ne se doutaient pas qu'en agissant ainsi, elles se rencontraient avec ces paysans qu'elles ne daignaient pas même regarder.

Ce n'est pas du reste le seul cas, en fait de langage, où nous voyions les extrêmes se toucher. Les imparfaits du subjonctif en *asse* sont, à l'heure qu'il est, regardés à Paris comme prétentieux, et nombre de personnes évitent de les employer pour ne pas parler comme les pédants. Dans certaines provinces, c'est le contraire; les imparfaits en *asse* passent pour bas et populaires, et nombre de personnes évitent de les employer pour ne pas parler comme les paysans.

IV

Marivaux commença par donner un langage précieux et contourné aux personnages inférieurs seulement; puis, voyant que ce langage faisait plaisir, il le donna également aux maîtres, avec les modifications de nuances nécessitées par la condition des personnages. Sous ce rapport encore il n'innovait pas, il se bornait à perfectionner. Il avait pour autorités La Bruyère quelquefois, Dufresny et Hamilton souvent, Fontenelle presque toujours.

La Bruyère proteste contre ce qu'il appelle le *phébus*, mais il se laisse gagner à la contagion, et il a des phrases qui sont complétement dans le goût de Marivaux :

Après l'esprit de discernement, ce qu'il y a de plus rare, ce sont les diamants et les perles.

La véritable grandeur se laisse toucher et manier.

Un honnête homme qui dit oui ou non mérite d'être cru; son caractère jure pour lui.

L'on marche sur les mauvais plaisants, il pleut partout de cette sorte d'insectes.

Si la pauvreté est la mère des crimes, le défaut d'esprit en est le père.

Seulement La Bruyère n'emploie ces phrases qu'exceptionnellement; chez Marivaux, elles font un feu continu.

Dufresny fait aussi quelquefois marivauder les personnages des classes supérieures. On dit d'un homme de loi dans la *Réconciliation normande :*

> Il achetoit sous mains de petits procillons,
> Qu'il savoit élever, nourrir de procédures.

Il les empâtoit bien, et de ces nourritures
Il vous tiroit de bons et gros procès du Mans.

Un autre écrivain, que Marivaux ne nomme pas, mais qu'il avait certainement lu, — la *Joie imprévue* en est la preuve, — mérite aussi une place dans l'histoire du marivaudage avant Marivaux : c'est le spirituel rédacteur des *Mémoires du comte de Grammont*. On trouve sous la plume d'Hamilton nombre de phrases qui préludent au style auquel Marivaux devait laisser son nom :

Il fit un grand signe de croix, et n'eut aucun égard à ceux que je lui faisois de sortir.

Il n'avoit jamais vu de pieds si bien tournés, ni tant d'agrément dans la figure qu'ils soutenoient.

Il ne m'en fallut pas davantage pour méditer la ruine du chapeau pointu,

c'est-à-dire de celui qui portait ce chapeau.

Fontenelle use et abuse du procédé qui consiste à rapetisser les objets et à employer les expressions familières pour exprimer les grandes choses. Écoutons-le expliquer la révolution opérée par Copernic dans l'astronomie :

Saisi d'une noble fureur d'astronome, il prend la Terre et l'envoie bien loin du centre de l'univers où elle s'étoit placée, et dans ce centre, il met le Soleil, à qui cet honneur étoit mieux dû... Tout tourne présentement autour du Soleil; la Terre y tourne elle-même. Pour la punir du long repos qu'elle s'étoit attribué, Copernic la charge du plus qu'il peut de tous les mouvements qu'elle donnoit aux planètes et aux cieux. Enfin de tout cet équipage céleste dont la Terre se faisait accompagner et environner, il ne lui est demeuré que la Lune, qui tourne encore autour d'elle, etc.

Tout le traité des *Mondes* est dans ce style.

La Motte, dans la prose, use le plus souvent du langage philosophique; mais dans les vers il fait aussi du *phébus*. Une haie est « le suisse du jardin »; les tracasseries du ménage sont « les broutilles de l'hymen »; la violette est la « grisette des fleurs », etc.

V

Ces locutions et beaucoup d'autres de Fontenelle, de Houtteville, de Marivaux, sont relevées sans pitié dans le *Dictionnaire néologique* de Desfontaines.

Desfontaines a glané quelques locutions dans les *Lettres persanes*. Il aurait pu glaner abondamment dans le *Temple de Gnide*. Cet ouvrage, que les récents biographes de Montesquieu mentionnent à peine, eut alors un grand retentissement. L'histoire de la mode en littérature lui doit une place, sinon pour sa valeur, au moins pour son influence. La phrase est très-travaillée, très-soignée. On dirait en peinture que c'est *léché*. Citons quelques passages, les meilleurs, en dehors de l'histoire trop connue des Sybarites :

> Camille m'aime : elle est ravie quand elle me voit, elle est fâchée quand je la quitte, et, comme si je pouvois vivre sans elle, elle me fait promettre de revenir. Je lui dis toujours que je l'aime, et elle le croit ; je lui dis que je l'adore, elle le sait, mais elle est ravie comme si elle ne le savoit pas. Quand je lui dis qu'elle fait la félicité de ma vie, elle me dit que je fais le bonheur de la sienne. Enfin elle m'aime tant, qu'elle me feroit presque croire que je suis digne de son amour...
>
> Où croyez-vous que je trouvai l'amour ? Je le trouvai sur les lèvres de Thémire ; je le trouvai ensuite sur son sein ; il s'étoit sauvé à ses pieds, je l'y trouvai encore ; il se cacha sous ses genoux, je l'y suivis et je l'aurois toujours suivi si Thémire, tout en pleurs, si Thémire, irritée, ne m'eût arrêté...

Il y a beaucoup d'esprit dans ce style, mais de cet esprit qui rappelle le cavalier Marini et les Précieuses. On y sent comme un écho de ce vers de mademoiselle Scudéry :

> Qu'il seroit doux d'aimer, si l'on aimoit toujours !

Le *Temple de Gnide* fit école et fut traduit en plusieurs langues. Algarotti l'imita dans *Il Congresso di Citera*, et deux poëtes estimables le mirent en vers français : Léonard, en l'abrégeant ; Colardeau, en le rimant tout entier.

Montesquieu, dans ce style tourmenté, a plus de force que Marivaux, mais il tourne au mignard ; Marivaux tourne parfois à l'abstrait, mais il a plus d'aisance, il est dans son élément. Montesquieu est loin du sien et de ses graves études en alignant ces phrases frivoles. C'est Hercule sans sa massue et s'exerçant à filer. Il est vrai qu'à cette époque Montesquieu était aussi aux pieds d'Omphale.

VI

Entrons dans quelques détails sur les procédés de style de Marivaux.

1. Il aime à s'emparer d'une locution proverbiale, dans laquelle le mot est pris au figuré, pour le reprendre ensuite au sens propre :

Il ne veut que vous donner la main. — Eh! que veut-il que je fasse de cette main, si je n'ai pas envie de la prendre?

Je dois soupirer toute ma vie. — Voilà une dette que vous ne payerez jamais.

Quand on demande des grâces aux puissants du monde et qu'on a le cœur bien placé, on a toujours l'haleine courte.

... Des enfants qui vous appellent leur père et qui en ont menti.

N'es-tu pas du bois dont on les fait (les maris)? Laisse là le bois, lui dis-je, c'est un mot de mauvais augure.

Son cœur ne se marie pas, il reste garçon.

Peut-être nous épargneront-ils la peine de mentir. — Oh! je ne me soucie pas de cette épargne-là.

2. Le plus souvent c'est une métaphore qui s'anime tout à coup d'une manière inattendue et qui se prolonge :

Un amour de votre façon ne reste pas longtemps au berceau : votre premier coup d'œil a fait naître le mien; le second lui a donné la façon; le troisième l'a rendu grand garçon. Tâchons de l'établir au plus vite; ayez soin de lui, puisque vous êtes sa mère.

Monsieur a couru après moi, je m'enfuyois, mais il m'a jeté de l'or, des nippes et une maison fournie de tous ses ustensiles à la tête; cela m'a étourdie, je me suis arrêtée.

C'est de la fausse monnoie, que cette fortune-là. Ne vous chargez point de pareille marchandise; gardez la vôtre. Quand une fille s'est vendue, je ne voudrois pas la reprendre au marchand pour un liard.

A ce moment le coffret et lui disparurent; on ne les a jamais revus depuis... et il est probable qu'ils partirent ensemble.

[Si je me mariois] au bout de six années, mon visage seroit mis au rebut : de dix-huit ans je sauterois à cinquante; non pas, il ne vieillira qu'avec le temps.

Un amant ne s'en retourne pas si vite. Notre vanité lui fait signe d'attendre, et il attend.

[Je vous rends son discours] mot pour mot comme je l'ai traduit d'après ses yeux.

La nature fait souvent de ces choses-là; elle enterre je ne sais combien de belles âmes sous des visages communs; on n'y connoît rien. Et quand ces gens-là viennent à se manifester, vous voyez des vertus qui sortent de dessous terre.

Jouir d'une mine qu'on a jugée la plus avantageuse, qu'on ne voudroit pas changer pour une autre, et voir devant ses yeux un maudit visage qui vient chercher noise à la bonne opinion que vous avez du vôtre, qui voudroit accuser d'abus le plaisir qu'on a de croire sa physionomie sans reproche et sans pair !...

Cette phrase, passablement chargée, est signalée dans le *Dictionnaire néologique.*

3. La métaphore est parfois piquante par sa bizarrerie :

Je crois que j'ai laissé ma respiration en chemin.

Si mon maître prend femme, c'est un ménage qui tombe en quenouille.

Ce petit diamant qui est à votre doigt, quand ça promet de l'argent, ça tient parole.

Avec cette mine-là, il faut que l'honneur d'un homme plie bagage.

La vie que je mène aujourd'hui n'est point bâtarde, elle vient bien en ligne droite de celle que je menois.

Phrase signalée par Desfontaines.

4. Ailleurs, c'est une phrase qui se termine en surprise :

Ne me demandez pas ma tendresse, vous vous exposeriez à l'obtenir.

Aime-moi tant que tu voudras, il n'y aura rien de perdu.

Je gage que tu m'aimes.— Je ne parie jamais, je perds toujours.

5. C'est une métonymie qui prend vie :

Voyez-vous cette figure tendre et solitaire qui se promène là-bas en attendant la mienne?

6. C'est un rapprochement par à peu près, qui ne souffre pas l'examen :

Si j'étois roi, nous verrions qui seroit reine, et comme ce ne seroit pas moi, il faudroit bien que ce fût vous.

Vous avez perdu votre cœur? Faites diligence pour en rattraper un autre. Si on trouve le mien, je le donne.

Je suis si petit que je prendrois de bon cœur une lanterne pour me chercher.

Vous ne savez pas ce que c'est que l'oreille d'une femme. Cette oreille-là entend d'une demi-lieue ce qu'on dit, et d'un quart de lieue ce qu'on va dire.

Un procédé ordinaire, c'est d'employer des expressions vulgaires pour rendre des idées, des sentiments sérieux :

C'est son cœur qui a besoin du vôtre, qui voudrait l'avoir à bon marché, qui vient savoir à quel prix vous le mettrez, le marchander du mieux qu'il pourra et finir par en donner tout ce que vous voudrez.

Son cœur est pris, c'est autant de perdu. Celui de votre maîtresse me paroît bien aventuré, j'en crois la moitié de parti et l'autre en l'air. Du mien vous n'en avez pas fait à deux fois. Vous me l'avez expédié d'un coup d'œil.

Quelques-unes de ces locutions sont bizarres, outrées et vraiment répréhensibles. Elles nous choquent moins toutefois que les contemporains, habitués que nous sommes à voir la langue française soumise à de plus rudes épreuves. Parmi les locutions que Desfontaines signalait à l'indignation publique, il en est beaucoup qui sont tout à fait acceptées : Sortir de sa coquille; avoir le sentiment de son mérite; mettre une figure en valeur; avoir de soi des sentiments gigantesques, etc., etc.

VII

Marivaux n'eut en France, au dix-huitième siècle, que de très-faibles imitateurs. Piron disait plaisamment :

Fontenelle a engendré Marivaux, Marivaux a engendré Moncrif, et Moncrif n'engendrera personne.

Moncrif n'a imité de Marivaux que les grâces coquettes. On a de lui une comédie très-faible : les *Abdérites ;* un assez joli conte merveilleux : les *Ames rivales ;* un livre gravement frivole sur les *Chats,* qui lui valut nombre d'épigrammes. On l'appela Mongriffe, et lorsqu'il sollicita une place d'historiographe de France, on lui offrit celle d'historiogriffe.

M. Arsène Houssaye dit à ce propos :

Fontenelle avait réduit en statuette la Vénus de Médicis avec le ciseau de Coustou, mais c'était encore une œuvre d'art. Marivaux avait drapé la statuette avec le sentiment de la poésie et la malice de l'amour. Moncrif l'habilla, et ce ne fut plus qu'une jolie poupée [1].

Nous pouvons négliger Dorat et Voisenon, qui essayèrent de parler en vers la langue de Marivaux, mais qui n'avaient ni son tact ni sa finesse. Leurs vers prétentieux, entortillés, décousus, méritent peu qu'on s'y arrête. Leur frivolité n'a pas même l'excuse de la grâce. Après eux et de leur temps, le ton change en littérature. On avait le culte de l'esprit, on a le culte du sentiment. Les écrivains du second et du troisième ordre se perdent pour la plupart en pompeuses déclamations sur la nature et sur la vertu. Quelques autres essayent de marier le marivaudage au sentiment. Marivaux s'en était bien gardé : il réservait son esprit pour les scènes légères où le badinage est à sa place ; mais tous ne furent pas aussi sages. Quelques-uns, Dupaty, Demoustier, Delille, par exemple, pour ne citer que les plus marquants, eurent l'idée d'employer le style coquet et contourné de Marivaux à exprimer des idées pour lesquelles il n'était pas fait.

---

[1] *Galerie de portraits du dix-huitième siècle,* 1845, in-12.

VIII

Dupaty était un magistrat distingué, un homme de cœur, qui prit une part honorable aux luttes des parlements et à la réforme des lois pénales. S'il relève de Marivaux, c'est pour ses *Lettres sur l'Italie*, écrites en 1785.

Dans ses jugements sur l'Italie, Dupaty procède toujours par superlatifs. Les superlatifs de mépris sont pour les gouvernements, et les superlatifs d'admiration pour les arts. On peut dire, en lui empruntant son style, que le point d'admiration est passé chez lui à l'état de point d'orgue. Et cette admiration n'a pas de nuances. S'il rencontre en chemin un Guido Reni ou un Albane, le voilà dans l'extase; mais vienne un Raphaël, un Corrége, un antique célèbre, il a usé ses formules d'admiration sur des œuvres de second ordre, il ne peut que les répéter en présence des chefs-d'œuvre.

L'exclamation est sa figure favorite. Voici le début d'une lettre datée de Florence :

Quelle masse! quelle élévation! quelle circonférence! Est-ce une montagne de marbre? Non, c'est la cathédrale.

Même début à propos de Gênes :

Quelles glaces! quel pavé! quelles colonnes! que d'or! que d'azur! que de porphyre! que de marbre! Le nom qui convient ici est la magnificence.

Il commence ainsi une autre lettre :

Voilà la quatrième fois que je veux la voir, et je ne l'ai pas encore vue. Il y a deux heures que je la regarde, et je ne puis cesser de la regarder.

Encore six lignes sur ce ton, et pour conclusion :

Vous voyez que c'est de la Vénus de Médicis que je veux parler.

Le marivaudage n'est ici que dans la tournure de la phrase, mais on le trouve aussi à chaque instant dans les mots :

Ne désespérez pas à Paris du printemps. Je viens de le rencontrer à l'entrée du Comtat.

Dupaty abuse de toutes les figures de rhétorique. Nous venons de voir des suspensions. Voici une transposition de temps. Il s'agit de la cathédrale de Pise sculptée au quinzième siècle :

... Il vaut mieux considérer les portes d'airain de la cathédrale, qui sans doute ont servi de modèle à ce demi-vers de Virgile : *Spirantia mollius œra*.

Après avoir décrit la célèbre fresque du Guide représentant l'Aurore, dont le temps altère les couleurs, Dupaty ajoute :

L'Aurore est de jour en jour plus pâle; elle n'a plus ses doigts de rose. Elle sera réduite avant peu à annoncer les jours de l'hiver.

La phrase suivante est aussi dans le ton de Marivaux, avec l'emphase en plus :

Voici des statues qui figurent une Assomption ; on les doit au ciseau de Puget, qui en représentant un miracle en a fait un.

IX

Dupaty, dans son style, allie Diderot à Marivaux. C'est le marivaudage admiratif. Le marivaudage galant est représenté par Demoustier.

Le recueil des *Lettres à Émilie sur la Mythologie* est un monument littéraire vraiment étrange pour sa date. Commencé en 1786, il n'est terminé qu'en 1798. Les parties les plus galantes, les plus enrubannées, sont contemporaines de la Terreur, de la mort de Louis XVI et des massacres de Septembre. L'auteur fait quelques allusions aux terribles événements qui s'accomplissent, puis il poursuit son œuvre légère, où la mythologie grecque, prise sur un ton badin, sert de prétexte à des madrigaux raffinés. Fontenelle a passé par là et Marivaux aussi. Mais Fontenelle avait à traduire une science jusque-là peu accessible au grand public, tandis que les plaisanteries de Demoustier sur les dieux gréco-romains n'avaient rien de bien nouveau à son époque. Les personnages de Marivaux se font aussi des compliments, mais ces compliments ont toujours une pointe qui les relève. Voyez plutôt le dialogue de Dorante et de la fausse Lisette dans le *Jeu de l'amour et du hasard*. Les madrigaux de Marivaux sont épicés; ceux de Demoustier sont sucrés. Marivaux, pour employer une autre comparaison, c'est l'abeille au vol décidé, qui se nourrit de fleurs aromatiques, fait du miel et porte aiguillon. Demoustier, c'est le papillon au vol mou et incertain, qui ne se nourrit que de fleurs douces et quelque peu fades, et qui ne pique jamais.

Marivaux aime les femmes, mais on le devine, il ne nous le dit pas. Demoustier le répète sur tous les tons, en papillonnant autour d'elles. La préface qu'il a mise en tête de sa comédie des *Femmes* peut servir à donner le *ton* général de ses œuvres :

> Une jeune femme très-aimable, mais qui se trompe quelquefois, me disait en sortant de ma comédie : Il faut que vous connaissiez bien les femmes? — Au contraire, madame. — Comment ! au contraire? — Oui, si je les connaissais, aurais-je essayé de les peindre? — Vous les jugez donc indéfinissables? — En général. — Et vous les aimez? — En particulier.

Demoustier est l'idéal de ce qu'on appelait sous le Directoire un homme aimable, un causeur spirituel et inoffensif, car il ne parle jamais de politique. Ses comédies sont très-pâles, mais son badinage est ingénieux dans les *Lettres à Émilie*, dans les dernières parties surtout. Seulement il fallait avoir un grand fonds de frivolité pour s'amuser à rimer des madrigaux à une pareille époque.

X

Delille fut moins étranger à son temps, puisqu'il a fait un poëme, la *Pitié,* sur les victimes de la Révolution ; mais sa sensibilité est étudiée, et il est aussi frivole que Demoustier; il n'y a de différence que dans la forme. Demoustier mettait sa coquetterie à bien tourner un compliment, tandis que Delille mettait la sienne à nommer en termes élégants des objets souvent peu dignes de la poésie. On connaît sa définition du cure-oreille et du cure-dent :

> La merveille
> Qui sert à rendre pure ou la bouche ou l'oreille;

et celle d'une fabrique d'où sortent

> ... ces milliers de dards dont les pointes légères
> Fixent le lin flottant sur le sein des bergères,

vulgairement des épingles. Il a deux définitions de l'horloge :

> 1. Là le temps prend un corps et marche sous nos yeux.
> 2. Les heures ont un corps et le temps une voix.

Il se plaît à rapetisser les grandes choses. Il nous dit à propos des études de Newton :

> La comète espérait échapper à ses yeux.

Après avoir loué la *hauteur* du dôme de Saint-Pierre de Rome, il ajoute :

> ... L'Éternel en descendant des cieux
> Habite avec plaisir ce dôme spacieux.

Dieu a moins de chemin à faire que si c'était plus bas.

Dans un autre ordre d'idées, il nous dit à propos des jeunes couples qui font connaissance au coin du feu :

> Là, Vénus s'aperçoit qu'elle est chère à Vulcain.
> L'Amour y vient forger les chaînes de l'hymen.

Aux yeux de Delille, le principal mérite est la difficulté vaincue, et la nature qu'il chantait n'était pour lui que le prétexte d'un exercice de style qui lui permit de briller sans avoir la peine de penser.

Ces trois écrivains diffèrent complétement par la nature des sujets traités. Ce qu'ils ont de commun, c'est le culte du joli, c'est la coquetterie dans les détails de la phrase, et sous ce rapport, ils ont leur place marquée à la suite de Marivaux. Ils sont démodés aujourd'hui, mais chacun d'eux a eu son moment de vogue, et chacun l'a méritée.

XI

Cependant s'ils se rattachent à Marivaux, c'est par un côté seulement. Si l'on veut à toute force trouver un disciple de Marivaux au dix-huitième siècle, ce n'est pas en France qu'il faut le chercher, c'est en Angleterre. En France, la propagande philosophique et politique absorbe la plupart des esprits. Les autres se noient dans la littérature sentimentale. Les Anglais, au contraire, font grand cas de Marivaux. Ils comparent son *Spectateur* au leur, ce qui est plus qu'aimable de leur part. On prétend même que leur *Pamela* n'eût jamais existé sans *Marianne*, bien qu'il soit difficile de trouver quelque rapport entre les deux ouvrages. L'Écossais Blair, dans ses *Leçons de rhétorique et de belles-lettres*, déclare que les romans de Marivaux, « surtout *Marianne*, prouvent une grande finesse d'esprit et une profonde connaissance du cœur humain; les nuances les plus délicates, les traits les plus déliés des caractères des hommes y sont dessinés avec un pinceau très-adroit [1] ». Quant au langage, qui semble subtil

---

[1] Tome II. Lecture 37.

aux Français, les Anglais sont peu frappés de ce défaut. Shakespeare, dans *Roméo et Juliette* et dans ses fantaisies, les a blasés sur les étrangetés du style.

Le Marivaux de l'Angleterre, c'est Sterne, toute proportion gardée. Seulement Sterne est le grossissement de Marivaux ; l'auteur français observe à la loupe, l'auteur anglais observe au microscope et donne au ciron les proportions de l'éléphant. Les différences entre eux sont considérables ; il faut en convenir, quelques-unes, et des plus importantes, tiennent à la différence des milieux. Marivaux vit au centre d'une société polie, réglée, réglementée minutieusement par le savoir-vivre, et il n'éprouve pas le besoin d'en sortir. Sterne vit, au contraire, dans un pays où les excentricités non-seulement sont permises, mais donnent souvent la célébrité. Il se livre par suite à tous ses caprices naturels, et il s'en fait d'artificiels ; il ajoute à son originalité native une originalité cherchée. Il y a bien aussi quelque chose de cela chez Marivaux, mais à un bien moindre degré. Du moment où il s'aperçoit qu'en suivant sa nature il arrive au succès, il va poussant de plus en plus loin l'observation minutieuse, et fleurissant de plus en plus son style ; mais il s'arrête au point au delà duquel il sent que ses compatriotes ne le suivraient plus.

L'auteur anglais, que rien n'arrête, fait en grand ce que le Français fait en petit : il emploie plusieurs pages à décrire un détail si mince que personne ne l'apercevrait, et qui se trouve pourtant avoir les plus graves conséquences. Il emploie un temps plus considérable encore à commenter ce fait, et vous êtes bouleversé en voyant les suites probables de cette circonstance que vous n'auriez même pas aperçue. Nous ne dirons pas : Lisez *Tristram Shandy,* où ce système de description et de dissertation minutieuse est poussé jusqu'à produire l'agacement, mais : Lisez le *Voyage sentimental,* où vous trouverez à chaque page l'exagération, on pourrait dire la charge de Marivaux.

La préoccupation de la singularité est égale chez tous deux ; mais où l'un se borne à des broderies capricieuses de langage, l'Anglais emploie des moyens matériels qui frappent les yeux : des chapitres de points, des lignes renversées, des extraits de livres bizarres, de longues dissertations sur des riens, etc.

D'autres différences tiennent au caractère des deux écrivains. Marivaux est chaste et respectueux de la morale; Sterne, tout pasteur qu'il est, a toujours dans l'esprit quelque polissonnerie, qu'il fait lire entre les lignes. Marivaux offre des narrations suivies ; Sterne interrompt à chaque instant les siennes. Marivaux fait rarement du sentiment, mais alors il est touchant et vrai ; Sterne nous touche aussi quelquefois, mais il descend jusqu'à la sensiblerie. Ce parallèle par différence pourrait longtemps se prolonger. Ce que les deux écrivains ont en commun, c'est leur goût de l'observation tenue, leur prétention à l'originalité, et aussi leur insouciance sur le sort des personnages qu'ils ont créés. Sterne a fait également deux romans, et il n'a achevé ni l'un ni l'autre.

XII

En Allemagne, les ouvrages de Marivaux étaient traduits à mesure qu'ils paraissaient. On fit au delà du Rhin une Fin à son *Paysan parvenu,* préférable à la Fin imprimée en France. Ses pièces furent jouées sur les théâtres allemands avec un grand succès. Nous avons cité quelques-unes des appréciations favorables de Lessing, et ces approbations ont d'autant plus de valeur que le savant critique avait déclaré la guerre à la littérature française. Une princesse allemande qui signe V. T. H. et T. O. S., Eugénie, de Berlin, fit insérer au *Mercure* une lettre à une amie, qu'elle engage à lire les œuvres de Marivaux. Nous extrayons quelques passages de cette lettre :

> Pour quelques endroits critiables (car je ne nie pas qu'il n'y en ait et même plusieurs dans chaque partie), vous trouverez certainement des parties originales, des manières de s'exprimer qui surprennent l'esprit et frappent agréablement l'oreille; des portraits si bien touchés qu'ils vous font connoître les gens comme si vous les aviez vus toute votre vie; des récits dont les circonstances sont ménagées si habilement qu'il vous semble être présent à tout; vous êtes témoins des moindres choses, rien n'échappe à votre imagination, et cela sans le moindre effort; vous n'avez qu'à la laisser aller, et vous voyez les lieux, les physionomies, je dirois presque les attitudes; vous lisez dans l'âme de chaque acteur, aucun des mouvements qui l'agitent ne vous est inconnu.

La princesse justifie aussi les réflexions qui coupent fréquemment les récits de Marivaux :

> Elles sont, dit-on, trop fréquentes. Je suis sûre que, à quelques-unes près, elles vous paraîtront venir à propos, vraies, bien exprimées, généralement parlant, car quelquefois je voudrois moins de paroles.

Elle ne nie pas qu'il n'y ait à reprendre chez Marivaux, mais elle juge que ces défauts lui vont à merveille :

> Il en est de Marivaux comme des belles personnes. On lui trouve des imperfections, même des défauts réels, mais en petit nombre; le tout fait cependant quelque chose de charmant, etc.

Cette épître est accompagnée d'une pièce de vers adressée à la princesse Eugénie par M. A. de C., dans laquelle on dit à Marivaux qu'un suffrage aussi éclairé doit suffire à le venger de tous ses envieux [1].

---

[1] *Œuvres diverses de Marivaux*, 1765, t. IV.

XIII

Marivaux n'était pas aussi bien traité en France à la même époque. Les critiques du dix-huitième siècle le tiennent en médiocre estime. Il faut dire que la plupart ont écrit quand son règne était déjà passé et son genre décrédité par de maladroits et fades maniéristes. Grimm est dur pour lui, Voltaire aussi. On trouve pourtant dans les *Anecdotes dramatiques* de Clément et de la Porte un jugement assez juste sur ses comédies :

> C'est, nous dit-on, une petite toile fort légère dont l'ingénieuse broderie ornée de traits plaisants, de pensées jolies, de situations neuves, de réparties agréables, de fines saillies, exprime ce que les replis du cœur ont de plus secret, ce que les raffinements de l'esprit ont de plus délicat..... Ce qui règne principalement [dans son théâtre], c'est un fond de philosophie dont les idées, développées avec finesse, filées avec art, et adroitement accommodées à la scène, ont toutes pour but le bien général de l'humanité.

Le critique dit ensuite que « si le style était moins ingénieux, il serait plus naturel ». Il trouve ennuyeux ces dialogues

> si spirituels entre des interlocuteurs qui regorgent d'esprit et manquent de sens, qui épuisent une idée et jouent sur le mot..., ; ces métaphores toujours neuves à la vérité, mais souvent hardies, quelquefois hasardées ; ces expressions détournées qui n'ont de piquant que la singularité de leur association, et qu'on désapprouve avec peine, comme certains criminels qu'on ne condamne qu'à regret[1].

D'Alembert a consacré à Marivaux une longue notice, — 126 pages, — que nous avons souvent citée et qui est en

---

[1] *Anecdotes dramatiques*, 3 v. in-8, 1771, t. III.

général très-favorable au confrère dont il s'était chargé de faire l'éloge posthume [1].

Palissot, qui a caractérisé le genre de Marivaux par deux vers souvent cités, sans qu'on en indique la provenance :

> Une métaphysique où le jargon domine,
> Souvent imperceptible à force d'être fine,

termine ainsi l'appréciation qu'il fait de son talent :

> C'est à la finesse extrême de ses observations, à la profonde connaissance qu'il avait du cœur des femmes, à l'analyse exacte qu'il a su faire de leurs mouvements cachés, qu'il a été redevable de ses succès. Car la vérité, qui ne ment jamais, fait vivre, malgré leurs défauts, la plupart de ses romans et de ses comédies, et M. de Marivaux sera toujours cité parmi les peintres de la nature ; mais il ne faut pas même songer à l'imiter [2].

La Harpe est moins favorable. Il reproche à Marivaux de n'avoir vu dans les femmes que de la coquetterie et dans l'amour que de l'amour-propre. Dans ses pièces de théâtre, les couleurs ne sont pas assez vives, les traits des personnages ne sont pas assez prononcés ; ses comédies sont des miniatures qu'il faut regarder à la loupe. L'auteur voit finement, mais il ne voit pas loin ; en écoutant ses pièces à la scène, on sourit, mais on bâille. Ses romans ont plus de valeur ; il peint certains détails de la vie avec une vérité d'expression qui voudrait ressembler à de la naïveté, mais qui laisse voir la finesse. Son style d'ailleurs est recherché, alambiqué, contourné ; il ne laisse pas passer une seule pensée qu'il ne l'ait gâtée par une surcharge inutile.

> Qui lui aurait dit qu'il est inférieur à Dancourt l'aurait bien étonné, ce qui est pourtant vrai.

---

[1] *Histoire des membres de l'Académie française morts depuis 1700 jusqu'en 1771*, tome VI.
[2] *Mémoires pour servir à l'histoire de notre littérature depuis François Ier jusqu'à nos jours*, 2 v. in-8, 1803.

La Harpe ne fait grâce qu'à *Marianne*, qu'il loue presque sans réserve[1].

Les comédies de Marivaux, négligées pendant la seconde moitié du dix-huitième siècle, sous le règne du drame sentimental, reparurent à l'époque révolutionnaire. Comme pour faire un contraste plus complet avec les événements, on reprit en 1793 les *Fausses Confidences*, en 1796 le *Jeu de l'amour et du hasard*, quelque temps après le *Legs*, et l'on continua de les jouer pendant le premier Empire.

Geoffroy, qui rédigeait sous le premier Empire le feuilleton du *Journal des Débats*, est plus sévère encore que La Harpe. Il trouve dans les comédies de Marivaux un tatillonnage agaçant et trop de bavardage. « Quand Marivaux fait parler une femme, il semble qu'il ouvre un robinet. » Geoffroy blâme aussi en lui la recherche du style et l'emploi de locutions familières pour exprimer des pensées recherchées. « Ses plus belles pensées sont revêtues de haillons. » Geoffroy trouve encore que les événements vont trop vite dans ses pièces; il reconnaît cependant que son analyse est vraie dans les petites choses, mais il la trouve trop subtile[2].

Geoffroy manquait complétement du genre de délicatesse dont il faut être doué pour sentir Marivaux. Barante a été mieux inspiré dans son *Tableau*, si superficiel d'ailleurs, *du dix-huitième siècle*. Il a trouvé une phrase heureuse pour caractériser l'auteur de tant de jolies comédies :

Une scène de Molière est une reproduction de la nature, une scène de Marivaux est un commentaire de la nature[3].

Villemain apprécie Marivaux très-convenablement :

Il est le créateur d'un genre nouveau de comédie amusant sans être gai.

---

[1] *Lycée ou Cours de littérature*, 24 v. in-12, 1804, t. XVI et XXI.
[2] *Cours de littérature dramatique*, 6 vol. in-8, t. III.
[3] *Tableau littéraire du dix-huitième siècle*.

> La partie élégante des mœurs du dix-huitième siècle n'a pas d'interprète plus piquant et plus fidèle que Marivaux. Il reproduit les grâces maniérées et l'amour à l'usage de la bonne société... Il est plus à l'aise dans le roman, il est peintre moraliste ; il est souvent pathétique et trouve dans un vif sentiment des misères humaines une éloquence naturelle... Son esprit pourrait se confondre avec celui du temps, son humeur est à lui, et il a empreint quelques pages d'un cachet qui ne s'effacera pas [1].

Villemain faisait cette leçon en 1829, au plus fort de la querelle des romantiques et des classiques. Marivaux, accueilli avec réserve par les classiques, fut complétement oublié par les romantiques. Il n'en pouvait être autrement. Le mouvement romantique s'était fait sur le terrain de la vérité vraie. Ce qu'on réclamait, c'était l'abolition de la convention dans la littérature, un retour au naturel qu'on accusait les classiques d'avoir renié, — car il est curieux de constater que les naturalistes qui bataillent maintenant contre les romantiques, arborent absolument le même drapeau que leurs adversaires à l'origine. Mais les chefs de l'école romantique, Victor Hugo, et à un plus faible degré Dumas père, étaient des poëtes épris du grandiose et du beau poétique ; ils cherchèrent des situations à développer, des occasions de montrer de hauts sentiments, des passions effrénées parvenues à leur paroxysme, et négligèrent de s'inquiéter des petits sentiers par où elles avaient passé avant d'en arriver là. Ils prenaient leurs personnages précisément au moment où Marivaux abandonnait les siens, et pour eux Marivaux restait forcément dans l'ombre.

Il eut toujours des fidèles, cependant. Le feuilletoniste des *Débats* Duviquet, un ardent classique à la vérité, entreprit une édition de Marivaux. J. Janin surtout fut pour l'auteur de *Marianne* un admirateur aussi sincère qu'éclairé, et l'on

---

[1] *Cours de littérature* du dix-huitième siècle, première partie, 13e leçon.

ne peut lui reprocher que trop d'enthousiasme. Pour lui, le théâtre de Marivaux est

> un répertoire de toutes sortes de grâces, de jolis mots, de fines réparties, d'études exquises du cœur humain... Marivaux a été le Molière du petit monde d'or et de soie d'une société éphémère, mais élégante, d'un monde à part, plein d'esprit, de loyauté et de courage.

Ailleurs il compare la comédie de Marivaux jouée aujourd'hui

> à ces bonnes vieilles ridées, mais non pas décrépites; elles ont des cheveux blancs dont elles se parent fièrement; elles ont perdu quelques-unes de leurs dents, mais leur bouche est encore fraîche et suffisamment garnie, leur regard vif encore... Cette comédie n'a plus sa fraîcheur première, mais elle est encore si jolie!

Il serait trop long et médiocrement intéressant de citer les opinions des critiques contemporains sur Marivaux. Nous avons mentionné en chemin l'appréciation sévère de G. Planche, les jugements favorables de MM. Arsène Houssaye, Fr. Sarcey, et surtout l'excellente étude de Sainte-Beuve dans ses *Causeries du lundi,* t. IX, le travail le meilleur et le plus complet dans sa brièveté qu'on ait fait sur l'auteur de *Marianne* et des *Fausses Confidences.*

XIV

Il n'existe que trois éditions des *OEuvres complètes de Marivaux* et une de son *Théâtre complet.*

Aucune de ces éditions, malgré les promesses du titre, ne contient tout ce que l'on connaît de l'auteur, et elles ont le défaut de n'avoir pas été faites avec une critique suffisante.

La première, celle de 1765, forme vingt et un volumes in-12; elle se compose de parties séparées, que l'on réunit. Le *Théâtre,* forme cinq volumes; *Marianne,* quatre; le

Spectateur, deux ; les *OEuvres diverses*, quatre ; etc. On a fait entrer dans ces quatre derniers volumes le *Don Quichotte moderne*, deux volumes ; l'*Iliade* et le *Télémaque travesti*, un volume ; l'*Éducation d'un prince*, le *Miroir*, l'*Apprentif coquet*, etc., et le *Dialogue de Sylla et d'Eucrate* ; l'*Histoire de mademoiselle Gothon*. La notice, non signée, est de l'abbé de la Porte.

L'édition de 1781, en douze volumes in-8°, est la plus belle et la plus complète, mais elle est fautive aussi en plusieurs points.

Elle contient, comme la précédente, dans le douzième volume, le *Dialogue de Sylla et d'Eucrate* et l'*Histoire de mademoiselle Gothon*. Le petit roman dont on n'a inséré qu'une partie dans l'édition précédente sous ce titre : l'*Apprentif coquet*, se trouve ici en entier sous le titre qu'il portait dans le *Mercure : Lettre à une dame*, etc. Mais en revanche on a négligé de prendre dans le *Mercure* de 1719 des *Réflexions sur divers sujets* ; dans celui de 1750, la *Colonie*, et dans celui de 1751, la *Provinciale*.

La préface qui devrait être devant le *Triomphe de l'amour* se trouve en tête d'*Annibal*.

Les douze parties de *Marianne*, les huit parties du *Paysan parvenu* sont imprimées de suite, avec les mêmes caractères et sans que rien indique que ces quatre parties ne sont pas de Marivaux.

L'édition Duviquet, 1826-1830, dix volumes, est moins complète et plus fautive. Non-seulement elle ne contient pas les trois écrits omis dans l'édition précédente, mais elle ne comprend ni l'*Iliade*, ni le *Télémaque, travesti*, ni les *Effets de la sympathie*, ni un certain nombre d'opuscules et pièces diverses, qui figurent dans la première.

Mais, ce qui est plus grave, on *affirme* dans cette édition que la douzième partie de *Marianne* est de madame Riccoboni, et que les trois dernières parties du *Paysan parvenu* sont de Marivaux. L'édition de 1781 se contentait de ne rien dire.

L'édition du *Théâtre complet,* publiée par Ed. Fournier, contient en plus la *Colonie,* mais non la *Provinciale* ni le prologue de l'*Amour et la Vérité.*

Les assertions sur la douzième partie de *Marianne,* sur les trois dernières parties du *Paysan parvenu,* sont répétées dans cette édition, bien que Fournier annonce qu'il a travaillé sur des documents nouveaux. Il aurait évité ces erreurs s'il avait pris le parti de feuilleter avec un peu de soin trois recueils qui se trouvent partout : le *Mercure,* la *Bibliothèque des romans,* et les *OEuvres de madame Riccoboni.* Cela rappelle un peu, — qu'on nous permettre de le dire, — ce personnage d'une fable russe qui, étant allé au musée d'histoire naturelle, racontait qu'il avait tout vu, même des animaux de la grosseur d'une tête d'épingle, mais qui n'avait pas vu l'éléphant [1].

XV

L'influence de Marivaux est notable sur un grand nombre d'écrivains de notre siècle.

Nous pouvons laisser de côté J. Janin, un pasticheur avoué de Marivaux et du dix-huitième siècle, dont le babillage amuse dans un feuilleton et fatigue dans un livre, et qui, malgré tous ses essais, n'est pas parvenu à créer un type ni à donner à un seul de ses personnages cette vie intense qui fait que nous reconnaissons en lui un de nos semblables.

---

[1] KRYLOVA BASNI, livre IV, fable xv.

Alfred de Vigny, au contraire, a créé des types vivants et composé des œuvres qui dureront. Or, Alfred de Vigny, dans la moitié de ses œuvres au moins, a subi puissamment l'influence de Marivaux.

Au premier abord, il semble qu'il n'y ait rien de commun entre ces deux écrivains. Vigny dans ses premiers écrits procède de Byron et de Lamartine, ou plutôt il procède de l'époque grave et rêveuse pendant laquelle il a débuté. Ses *Poëmes,* son *Cinq-Mars,* ont purement romantiques; à cette heure-là, il vise au beau, comme tous ses contemporains : c'est l'influence de l'éducation, mais la nature l'avait créé pour le joli. Il a dès le début l'amour de la phrase finement ouvragée; il y a chez lui du lapidaire qui polit minutieusement ses pierreries afin de leur donner tout l'éclat dont elles sont susceptibles; par degrés cette tendance devint prédominante. Peu sensible dans *Cinq-Mars,* nous la voyons se mettre à l'aise dans *Stello.* L'idée est grave au fond, amère même, mais la phrase est travaillée dans le goût le plus coquet, le plus contourné, le plus guilloché qu'on puisse imaginer. Qu'on se rappelle ce joli pastel où l'on voit d'un côté mademoiselle de Coulanges, et le roi Louis XV de l'autre :

> Ses joues étaient roses sans rouge, ses lèvres étaient rouges sans corail; son cou était blanc et bleu, sans bleu et sans blanc; sa taille, faite en guêpe, était à tenir dans la main d'une fille de douze ans, et son corps d'acier n'était presque pas serré, puisqu'il y avait place pour la tige d'un gros bouquet qui s'y tenait tout droit. Ah! mon Dieu! que ses mains étaient blanches et potelées! Ah! que ses bras étaient arrondis jusqu'au coude! Ces petits coudes étaient entourés de dentelles pendantes, et son épaule fort serrée par une petite manche collante. Ah! que cela était donc joli! Et cependant le roi dormait.

Il y a ici de l'exagération. Le Docteur noir s'amuse à faire la charge du style maniéré. Mais ce langage coquet et raffiné reparait dans la bouche d'autres personnages qui n'ont aucune pensée ironique. Loin de là. Quoi de plus mignard que l'histoire de Mathurin et de Pierrette dans la *Veillée de Vincennes?* Quoi de plus gracieusement tourmenté que le récit des amours de Laurette et de son mari dans le *Cachet rouge?* Vigny a ce style, — en prose bien entendu, — lors même qu'il parle en son nom. Rappelons-nous son analyse d'une pièce de Sedaine, le moins paré, le moins enrubanné, le plus naturel des auteurs dramatiques du dix-huitième siècle.

Madame de Clainville s'ennuie à la campagne.

C'est tout simple, il y arrive si peu de chose et l'on a tant d'heures à employer!... Elle n'a plus rien à faire. Comme Titus, elle a rempli sa journée, et il n'est encore que dix heures du matin! De désespoir et après avoir séché ses plumes et ses ailes, rentrée dans sa chambre à coucher, elle prend un livre (affreuse extrémité pour une femme du monde), et le mettant dans sa main droite, ouvert au hasard avec un doigt qu'elle y laisse, elle croise les bras de manière à couvrir ou couver plutôt l'heureux livre sous son épaule gauche, et s'appuyant sur son balcon, elle regarde pendant quatre heures la pluie tomber sur les passants.

Les jeux de mots de mauvais goût ne sont pas même absents :

Elle rentre dans sa chambre. Que trouver dans une chambre si ce n'est une femme de chambre? Aussi la prend-elle en horreur tout à coup [1].

Il y a dans tout ce style du Marivaux, mais il y a aussi du *Temple de Gnide.*

Ce qu'il y a de curieux, c'est que lorsque Vigny a voulu franchement pasticher le dix-huitième siècle, dans *Quittes pour la peur,* par exemple, il n'a que très-imparfaitement réussi. Les personnages de ce proverbe agissent comme au dix-huitième siècle, mais ils sentent et s'expriment comme au dix-neuvième.

[1] *De Sedaine et de la propriété littéraire.*

XVI

Alfred de Musset et M. Octave Feuillet ont également subi l'influence de Marivaux. Il y a toutefois une distinction à faire. M. O. Feuillet n'a pris de Marivaux que sa façon d'analyser minutieusement les sentiments; il ne lui a jamais pris son style. Alfred de Musset lui a quelquefois pris l'une et l'autre.

Les meilleures comédies de Musset sont des surprises de l'amour, comme les meilleures comédies de Marivaux. Chacun d'eux a, naturellement, marqué ses œuvres de l'empreinte de son esprit. Musset a une bien autre envergure que Marivaux; l'un est un peintre qui s'amuse parfois à tracer de petits tableaux fantaisistes, l'autre n'est qu'un peintre d'intérieur et de tableaux de chevalet. Il y avait dans notre contemporain une puissance d'émotion dont non-seulement Marivaux était incapable, mais qui était antipathique à sa nature. La comparaison ne peut donc s'établir qu'entre les grandes œuvres de Marivaux et les petites œuvres de Musset.

N'est-ce pas une surprise de l'amour que ces trois charmants petits actes : *On ne badine pas avec l'Amour?* Cette Camille, qui sort du couvent et veut absolument y retourner, et qui, dans cette conversation au bord de la fontaine, reconnaît qu'elle aime Perdican et se décide à l'épouser, n'est-elle pas dans le même cas que les héroïnes du *Triomphe de l'Amour,* du *Jeu de l'amour et du hasard,* de la seconde *Surprise de l'Amour,* etc.?

Dans le *Chandelier,* Fortunio est pris d'abord comme une sorte de paravent pour cacher une autre liaison, mais Jacqueline change peu à peu de sentiment; elle finit par aimer ce personnage, cru d'abord sans conséquence, et se laisse surprendre à l'amour, sans s'en douter, comme les héroïnes du *Dénoûment imprévu,* de la *Double Inconstance,* etc.

Le principal personnage de *Il ne faut jurer de rien* méprise les femmes, qu'il déclare toutes trompeuses; il ne se mariera pas, parce qu'il est sûr qu'en se présentant à une femme quelconque dans des circonstances romanesques, on se fait aimer immanquablement. Il tente sous un faux nom celle qu'on lui destine, et c'est lui-même qui tombe sous le charme. Ne reconnaît-on pas dans ce personnage Lélio de la première *Surprise de l'Amour,* Damis des *Serments indiscrets?*

Le *Caprice* nous présente un mari sur le point d'être volage, ramené à sa femme, qu'il aime, par des moyens qui rappellent en abrégé l'*Heureux Stratagème.* C'est encore une surprise de l'amour. Le mari aime mieux qu'il ne croyait la charmante femme à laquelle il revient.

Les bavardages, les tatillonages de *Il faut qu'une porte soit ouverte ou fermée,* ne rappellent-ils pas le *Legs ?*

Quant à la comédie posthume *l'Ane et le Ruisseau,* c'est le *Legs* lui-même avec d'autres circonstances. Il s'agit dans les deux pièces d'une déclaration à arracher, mais cette fois c'est Marivaux qui se montre le plus habile.

Musset ne se contente pas d'imiter Marivaux dans le caractère de ses pièces, il l'imite aussi dans le caractère de ses phrases :

1. Il a, comme lui, de bizarres rapprochements des mots :

Je commence à avoir trente ans, et je perds le talent de vivre.
Le soleil et la lune se battent pour entrer dans mes rimes.

2. Il a des métonymies inattendues :

Hum! voilà un manteau rabattu qui flaire quelque nouvelle.

Vous verrez qu'il sortira un drôle en habit vert de tous les pavés pour nous prier d'aller rire dans la lune.

Je croyais que l'expérience n'avait pas une barbe si blonde.

Tu as le mois de mai sur les joues, et le mois de janvier dans le cœur.

3. Il a des métaphores tantôt bizarres, tantôt charmantes :

Ma tête est une cheminée sans feu, où il n'y a que du vent et des cendres.

Le plus chétif objet suffit pour me changer en abeille et me faire voltiger çà et là avec un plaisir nouveau.

Comme je réfléchissais sur cette pauvre brebis (il s'agit d'une jeune fille) à qui on met un ruban au cou pour la mener à la boucherie !

4. Il saute brusquement par-dessus les intermédiaires :

Les chardons sortent de la mâchoire de l'âne pour s'inonder de sauce dans le plat d'argent d'un archevêque,

sous forme d'artichauts.

5. Il prend tout à coup au propre un mot figuré dans une locution proverbiale; il joue sur les mots :

Pour être revenu de tout, il faut être revenu de bien des endroits.

Je parle beaucoup au hasard, c'est mon plus cher confident.

.... Non pas à mes oreilles, mais à ma langue, vous vous trompez de sens. Il y a une faute de sens dans vos paroles.

6. Les phrases suivantes sont du Marivaux tout pur :

Je n'ai pas de raisons pour désirer votre mort, vous ne m'avez jamais prêté d'argent.

Peut-être cet amour n'était encore qu'à la mamelle, et vous, comme une sage nourrice, en le menant à la lisière, vous l'aurez laissé tomber la tête la première en le promenant par la ville.

Les phrases de Musset ont cependant généralement un parfum plus poétique. Il a vécu dans les champs, et Marivaux n'a fréquenté que les salons. Peut-être aussi son marivaudage lui vient-il un peu de Shakespeare, qui pratiquait largement le marivaudage avant que le mot fût inventé.

XVII

Le vrai domaine de Musset, c'est la passion profonde, ardente, inexorable, mêlée par moments d'une amère ironie. Il n'a touché à Marivaux qu'un moment et d'un certain côté. Sa force et sa puissance sont ailleurs. M. Octave Feuillet se rapproche de Marivaux d'un côté, mais de l'autre il se rapproche assez du Musset des *Comédies et Proverbes* pour qu'on l'ait surnommé le *Musset de familles*.

M. Octave Feuillet a l'aile plus forte que *Marivaux*; l'auteur de *Marianne* n'eût jamais fait *Dalila* ni tant d'autres ouvrages où la force s'allie à la grâce. Mais les deux écrivains ont peint à peu près le même monde et l'ont peint d'après les mêmes procédés. Ce que M. Feuillet aime à reproduire, c'est la bourgeoisie riche et distinguée, c'est la noblesse de province, et dans cette noblesse, c'est moins le sexe masculin que le sexe féminin. C'est des femmes, des raffinements de leurs sentiments, des aspirations secrètes et parfois inavouées de leur cœur, qu'il s'est fait le poëte charmant et spirituel. Seulement notre monde est plus vieux d'un siècle et demi; la philosophie du dix-huitième siècle, la révolution de 89, la réaction religieuse, l'action scientifique y ont laissé leur empreinte, et cela suffit pour expliquer comment, le mode d'analyser étant le même, les résultats sont différents.

Mêmes préoccupations morales chez les deux écrivains. Seulement chez Marivaux on se marie toujours au dénoûment; chez Feuillet on se réconcilie. L'un prend ses personnages avant le mariage; l'autre les prend après. Même finesse, même subtilité dans le dialogue. Seulement on causait autrefois; maintenant on discute.

Marivaux nous montre souvent des hommes mettant des femmes à l'épreuve. Chez M. Feuillet, ce sont plus souvent les femmes qui éprouvent leurs maris, leurs soupirants. Voyez le *Cheveu blanc*, la *Clef*, l'*Urne*, etc. Ce n'est pas là un simple hasard. C'est un signe des temps. Malgré quelques exceptions chevaleresques qu'on notait comme des singularités, la femme n'a commencé à devenir, dans l'opinion, l'égale de l'homme que depuis la *Nouvelle Héloïse*. Jusque-là, on voit, inconsciemment, dans la femme un être inférieur sur lequel il est naturel de faire des expériences. L'histoire de Griselidis a fait le tour du monde au moyen âge. Dans tous les récits, on admire la femme, mais dans aucun on ne voit un mot de blâme pour le mari qui la soumet à une épreuve si prolongée. Ce sentiment dominait encore au commencement du dix-huitième siècle, et mal en prit à Marivaux lui-même d'avoir plaidé le droit des femmes dans sa *Colonie*.

M. Octave Feuillet a aussi ses surprises de l'amour. L'*Ermitage*, par exemple, est une surprise de l'amour à la Marivaux. Paul et Hélène ont résolu l'un et l'autre de ne pas se marier, et ils se marient à la fin, mais après une longue et piquante dissertation philosophique, que Marivaux eût aimé à soulever peut-être, mais que le public d'alors n'eût pas supportée.

La *Fée* est encore une surprise de l'amour. Un jeune homme veut se tuer par dégoût de la vie et aussi pour ne pas épouser une jeune fille qu'on lui destine et qu'il ne rendra pas heureuse. La jeune fille se déguise en vieille, et quand elle lui a arraché une déclaration, elle lui montre qu'elle est jeune, belle, et lui avoue qu'elle est la fiancée dont il n'a pas voulu. N'est-ce pas là un thème à la Marivaux ?

M. Feuillet a-t-il pensé aux *Fausses Confidences* en inventant son *Roman d'un jeune homme pauvre ?* Il est probable que non, d'autant plus que les fausses confidences ne jouent aucun rôle dans son livre ; mais ici encore il y a une surprise de l'amour. Marguerite aime son intendant ; elle lutte contre ce sentiment, elle éprouve, elle maltraite même celui qu'elle aime, avant de se décider à un aveu. Les circonstances et les mœurs seules sont différentes. Nous avons déjà mentionné la comparaison que M. Sarcey a établie entre Marguerite et Araminte : celle-ci calme, en femme du dix-huitième siècle ; celle-là agitée et nerveuse, en jeune fille du dix-neuvième ; l'une songeant à peine à la fortune, l'autre faisant de la question d'argent sa principale préoccupation.

Nous pourrions continuer l'histoire du marivaudage chez nos contemporains ; nous pourrions le montrer chez les Parnassiens, qui en abusent ; nous devrions peut-être le montrer dans une école où l'on ne s'attendrait pas à le trouver, dans l'école *réaliste, naturaliste,* chez MM. de Goncourt, chez MM. Zola, A. Daudet et autres, dans les œuvres desquels le marivaudage se marie parfois à la crudité d'une manière assez bizarre.

Les circonstances en effet sont redevenues à certains égards analogues à ce qu'elles étaient au commencement du dix-huitième siècle. On sortait de l'école classique comme nous sortons de l'école romantique ; on avait eu le culte de la phrase ample et sonore, comme nous avons eu le culte de l'image. La rhétorique avait régné au dix-septième siècle comme elle a régné pendant le second quart du dix-neuvième siècle. A une époque de poésie abondante succédait une époque de prose sèche et scientifique. On s'éprit du joli, du raffiné ; nous en sommes là également aujourd'hui. Dans la littérature dramatique, MM. Pailleron, Gondinet, Meilhac et Halévy marivaudent à qui mieux mieux. Il arrive même à M. Émile Augier de marivauder, mais par exception.

Il serait très-intéressant de suivre cette filière, de développer ce que nous ne faisons qu'indiquer ; mais cela nous mènerait loin, et ce travail n'est que trop long. Il est temps de finir.

CHAPITRE XII

L'HOMME ET L'OEUVRE.

I. L'HOMME. I. Caractère de Marivaux d'après ses écrits. Il cache sa vie. — II. Il est timide avec les femmes et avec les hommes. — III. Dans la vie, il est plus observateur qu'acteur. — IV. Cause de son antipathie pour Voltaire.
II. L'OEUVRE. V. Retour sur ses écrits. Son domaine est le royaume de Coquetterie. — VI. Cause unique de ses défauts et de ses qualités, sa faculté maîtresse. — VII. Grandeur et décadence de Marivaux. — VIII. Sa prétendue uniformité. — IX. Sa langue et son genre d'observation ne font qu'un. Charme de son œuvre.

I

Nous avons jusqu'ici étudié surtout l'écrivain. Disons quelques mots de l'homme. La tâche est assez difficile; Marivaux a suivi à la lettre le précepte du poëte :

> Ami, cache ta vie et montre ton esprit.

Son esprit, il l'a montré, on l'accuse même de l'avoir trop montré; mais sa vie, il l'a aussi trop cachée. Nous le voyons aller dans le monde pour briller; nous le voyons aller à la campagne pour faire des économies d'esprit; nous le voyons en rapports fréquents avec les principaux hommes de lettres de son temps. Mais ce monde des lettres, de l'aristocratie, de la finance, au milieu duquel il passait, nous ne sachons pas qu'il l'ait laissé pénétrer chez lui. On ne lui connaît ni ami intime ni amie, même parmi les actrices qui jouaient dans ses pièces et qui n'étaient rien moins qu'inaccessibles. L'histoire de la jeune fille au miroir, qu'il nous a racontée, l'histoire de l'ami aux lettres raturées que d'Alembert nous rapporte, ne supposent pas chez Marivaux un bien vif sentiment d'amour ni d'amitié. Si les sentiments eussent été sérieux, la jeune fille aurait expliqué qu'elle n'étudiait ses regards que dans la crainte de ne pas lui plaire assez; l'ami lui aurait expliqué que s'il recommençait ses lettres, c'est parce qu'il ne trouvait pas du premier coup le mot exprimant le sentiment qu'il éprouvait pour lui, — et que le soin qu'il prenait de les recopier prouvait simplement la haute estime en laquelle il tenait son ami, — et il n'y eût eu rupture ni dans un cas ni dans l'autre. Quant à sa fille, on se souvient qu'il la mit au couvent.

II

Marivaux était cependant susceptible d'un sentiment profond. On trouve dans l'histoire du père abandonné de ses enfants; dans la scène de Marianne perdue au milieu de Paris; dans la peinture du désespoir de cette femme qui veut rester fidèle à son mari et que l'amour affole; de cette religieuse qui sent que si elle revoit celui qui veut l'enlever, elle ne résistera pas; dans le tableau des perplexités d'Angélique de la *Mère confidente,* — de ces mots, de ces accents qu'on ne devine pas, s'ils ne partent pas du cœur. Il y avait chez Marivaux une sensibilité plus profonde que cette bienveillance instinctive et superficielle qui lui faisait jeter l'argent au jeune paresseux ou payer la dot de la jeune comédienne. Mais cette sensibilité, il paraît l'avoir refoulée en lui-même par honte d'avoir été dupe et surtout par timidité.

Cette timidité se décèle dans tous ses écrits et dans tous ses actes. A part ses petits-maîtres, qui ne cherchent pas à faire naître l'amour, mais qui le supposent, aucun de ses personnages ne prend l'initiative en face d'une femme. Qu'il s'agisse d'amour légitime, comme dans les comédies et le plus souvent dans les romans, ou d'amour interlope, comme dans quelques scènes du *Paysan parvenu*, c'est toujours la femme qui fait les premiers pas, qui encourage l'homme et qui souvent se déclare la première. Marivaux a même fait sanctionner cette initiative par une loi dans l'*Ile de la Raison*. Quelques cas de ce genre ne prouveraient rien sans doute, mais la constance du procédé montre que c'est de cette manière que les choses se présentaient à son esprit.

Si Marivaux était timide avec les femmes, il l'était aussi avec les hommes; il l'était dans toutes les circonstances. Ici nous pouvons invoquer non-seulement ses écrits, mais tout ce que nous savons de sa vie. Jamais ses personnages ne s'affrontent, ne se défient. Dans son premier roman, les méchants ne tuent pas leurs ennemis par l'épée, ils les empoisonnent. Ses héros ne dégainent jamais qu'à la dernière extrémité. Jacob, surpris chez la Rémy, devrait tirer l'épée; il n'y songe que plus tard. Le principal grief d'Arlequin contre la noblesse, c'est que, s'il était noble, il lui faudrait se battre contre ceux qui l'insulteraient. Lorsque Valville trouve Climal aux pieds de Marianne, il y avait là une belle scène à faire, où les deux rivaux auraient montré leur caractère; Marivaux n'a pas osé l'aborder. Il en est de même dans sa vie. Croit-il avoir à se plaindre de quelqu'un? il ne provoque jamais une explication, même amicale. Il n'en demande ni à la jeune fille au miroir, ni à l'ami aux lettres raturées Quand il se juge offensé par Marmontel, c'est à madame Geoffrin qu'il va conter l'affaire, et lorsque Marmontel vient au-devant de l'explication, il cherche à l'esquiver. De même, quand il répond aux critiques, c'est toujours indirectement, soit dans une dissertation théorique, soit obliquement à l'aide d'un interlocuteur fictif, comme dans la leçon qu'il entreprend de donner à Crébillon fils.

C'est aussi par suite de cette timidité de caractère qu'il nous montre ses personnages, au lieu d'aller directement au but, s'avançant par des voies détournées. Dans la crainte d'un insuccès, ils veulent se ménager le moyen de reculer. Marivaux agit comme ses personnages : il ne veut pas qu'on annonce ses pièces d'avance, il les donne anonymes, il se dissimule sous des pseudonymes. Voltaire en faisait bien autant, mais Voltaire avait peur de la Bastille, dont il avait tâté, tandis que Marivaux, dont les écrits sont complétement inoffensifs au point de vue de la religion et de la politique, n'avait rien à craindre de l'autorité. S'il se dérobait, c'est par suite de ce mélange d'amour-propre et de timidité que nous voyons présider à tous ses actes.

Ces allures tortueuses n'étaient pas chez lui de la ruse. Elles se conciliaient avec la loyauté la plus absolue. Il n'aurait pour rien au monde consenti à s'attribuer le travail d'autrui : c'est même une des raisons qui l'ont préservé de toute imitation ; on le voit, sous ce rapport comme sous les autres, porter la délicatesse jusqu'au scrupule. Sa timidité seule lui donnait ces apparences de dissimulation ; il ne se dissimulait pas, il se contentait de ne pas se mettre en avant. Sa susceptibilité provenait aussi de là. Comme il ne voulait pas répondre, toute attaque était pour lui une offense, et il en gardait rancune. Avec un peu plus d'audace, il aurait riposté, et oublié.

III

Il avait le sentiment de sa valeur, il se surfaisait même, puisqu'il croyait son Angélique de l'*École des mères* supérieure à Agnès, et M. de Climal mieux étudié que Tartuffe; puisqu'il entreprenait de renverser la statue d'Homère. Marmontel et Piron nous le représentent sans cesse occupé de briller dans la conversation, et Collé, insatiable de compliments. Mais il avait passé par les déceptions : ses premiers ouvrages étaient restés inaperçus, ses publications périodiques étaient mortes faute d'acheteurs, plusieurs de ses pièces avaient été mal reçues; tout cela l'avait porté à se replier, et à se désintéresser de la vie active. Il ne perdit jamais sa confiance en lui-même, mais il cessa de la manifester. Il se tint pour ainsi dire sur la défensive. Il écrivait même très-peu de lettres, puisque, quelques années seulement après sa mort, l'auteur de l'*Esprit de Marivaux* se félicite, comme d'une bonne fortune, de s'en être procuré *deux*, très-différent en cela d'un célèbre écrivain de nos jours, aussi discret que Marivaux pendant sa vie, mais qui se dédommageait dans une riche correspondance, qu'on s'est empressé de publier après sa mort. Marivaux se prête au monde, il ne se donne pas. Il se renferme dans son rôle d'observateur; comme La Bruyère au siècle précédent, il s'y consacre tout entier et y applique toute sa perspicacité. Il y a perdu en bonheur peut-être, mais nous y avons gagné. Plus actif dans la vie, il aurait été probablement moins naïf, moins aisé à tromper; il aurait peut-être mieux compris certaines choses importantes, mais il n'aurait pas si bien apprécié les petites. Il n'aurait pas si bien vu les voies de la passion s'il l'avait ressentie lui-même. L'émotion eût nui à la netteté de son coup d'œil. L'observation est faussée lorsque l'observateur est ému : tous ceux qui font des observations scientifiques l'ont éprouvé.

Il vécut donc presque complétement par l'intelligence, mais cette intelligence se concentra sur certains points, en dehors desquels elle restait comme émoussée. Marivaux était complétement inapte, par exemple, à s'occuper d'affaires d'argent. Il put laisser les autres spéculer pour lui, mais il ne spécula jamais lui-même, comme Voltaire, Beaumarchais et d'autres. Il ne sut même pas régler ses dépenses d'après ses revenus, qui lui auraient suffi largement, s'il s'était astreint à calculer.

Puis il était fort mauvais critique des ouvrages d'autrui. Il ne comprenait que son genre d'esprit et son genre de style. De là son antipathie pour Voltaire.

IV

Nous avons déjà parlé de ce sentiment d'hostilité qu'il éprouvait pour l'auteur de la *Henriade*. Cette antipathie, les quelques épigrammes de Voltaire dans le *Temple du Goût* et ailleurs purent l'aviver, mais n'auraient pas suffi à la faire naître. Ce sentiment avait des causes plus profondes et tenait au genre de talent des deux écrivains.

Marivaux était jaloux de Voltaire. Au premier abord cela peut paraître étrange, puisqu'ils suivaient tous deux des carrières différentes. Il y avait entre eux cependant un terrain commun. Voltaire était un peu plus jeune, mais ils avaient débuté tous deux presque en même temps; la renommée de Voltaire n'avait pas tardé à éclipser celle de Marivaux, et

Marivaux trouvait cela souverainement injuste. Marivaux était sensible surtout au style, à la forme de l'idée : il observait minutieusement, et il écrivait de même, épluchant tous ses mots, ne donnant accès à une locution commune que lorsqu'il pouvait l'enchâsser savamment. Voltaire au contraire ne semblait prendre aucun souci du style : il parlait la langue de tout le monde; il répétait volontiers les idées des autres quand elles entraient dans son raisonnement, et ne cherchait nullement à innover dans la forme, se contentant d'arriver à « la perfection des idées communes ». En analysant la phrase de Voltaire, Marivaux n'avait pas de peine à constater l'absence de cet art dont il se faisait une loi; les idées se suivent et s'appellent, mais sans former une chaîne compacte; l'auteur saute brusquement de l'une à l'autre sans les lier et les pondérer. Le plus souvent Voltaire se borne à indiquer légèrement son idée, assez pour que l'esprit ait le temps de la saisir, pas assez pour qu'il s'en lasse, et il passe immédiatement à une autre, qu'il traite de même. De tout ce qu'il a lu, appris, pensé, il dégage l'essence, et il nous l'offre sous sa forme la plus saillante et la plus condensée; dans une seule phrase, vive, alerte, fugitive, il déroule sous nos yeux une foule de faits, d'images, d'idées, et nous fait parcourir tout un monde. Marivaux ne sentait pas le charme qui résulte pour l'esprit de cette brillante accumulation; il ne comprenait pas cette puissance de l'effet d'ensemble. Il prisait le style de Montesquieu, parce qu'il y voyait le travail; il tenait en mépris celui de Voltaire, d'où le travail semble absent, et il en voulait à Voltaire d'être arrivé à une si haute renommée en paraissant se donner si peu de peine.

V

Le domaine de Marivaux, c'est le cœur féminin, et dans le cœur féminin, un sentiment surtout, la coquetterie. Au milieu du dix-septième siècle, l'abbé d'Aubignac publia le récit d'un voyage dans le pays de la coquetterie [1]. Mais l'abbé n'avait vu ce monde qu'en passant et en voyageur pressé d'arriver. Marivaux a vécu toute sa vie, toute sa vie littéraire du moins, dans ce pays-là; il en a scruté tous les recoins, il n'y a là antre, cachette ou petit sentier qu'il n'ait scrupuleusement examiné et décrit, et ce sont les douze volumes de ses œuvres qui, beaucoup mieux que le badinage de l'abbé, ont droit de s'appeler : *Relation du royaume de Coquetterie*.

Marivaux est coquet en tout, coquet dans ses sujets, dans son style, dans sa conversation, dans sa personne, dans ses habitudes, dans ses relations, dans son mode d'observation. Cette coquetterie, cette finesse dans l'observation, est la clef de son caractère, de ses défauts et de ses qualités. Ses yeux, habitués à observer les petites choses, voient tous les détails à la fois, et quand il décrit, il ne peut se décider à en sacrifier un seul; de là, cette délicatesse dans l'expression des nuances, mais aussi cette surabondance de traits, dans les portraits, dans les descriptions, dans les réflexions, dans le style; de là, ces méandres sans fin par lesquels il fait passer une pensée. Il ne croit jamais avoir tout dit : il aperçoit toujours quelque chose qu'il n'a pas exprimé; il impatiente le spectateur par la lenteur avec laquelle l'action dramatique se déroule, et le lecteur par la richesse exubérante des réflexions dont il parsème son récit. Disons pourtant que ces

---

[1] *Relation du royaume de Coquetterie* (sans nom d'auteur), 1668, in-12.

réflexions ne sont pas une superfétation ; elles sont le plus souvent l'essence même du livre. Les aventures de Marianne, par exemple, nous l'avons déjà fait remarquer, ne valent guère que par les réflexions morales et l'étude philosophique dont elles fournissent l'occasion. Le tort de l'auteur n'est pas de leur avoir donné place, mais de leur avoir donné trop de place.

VI

De là aussi, un autre défaut. L'habitude de regarder méticuleusement les petites choses, de regarder de près, l'a rendu myope. S'il distingue très-bien les objets microscopiques, il ne voit pas les grands. Il parle de la poésie en aveugle ; il ne comprend ni l'Homère antique dans sa rudesse primitive, ni la Grèce modernisée par Fénelon ; il ne comprend même pas le large comique de Molière. Toute grandeur l'éblouit. Sa prunelle, dilatée pour saisir les demi-teintes, ne sait pas se remettre au point de la vision normale. Il se trouve dans le cas de l'homme qui passe subitement de l'obscurité au soleil du midi. La grandeur, l'élévation, la poésie, sont totalement absentes de ses ouvrages, et il n'apprécie pas ces qualités dans les ouvrages d'autrui. Dans les uns comme dans les autres, il n'apprécie que la finesse et l'ingéniosité. C'est l'ingéniosité qu'il admire chez Fontenelle et La Motte, et dont l'absence le frappe chez Voltaire, ingénieux d'une autre façon que lui. C'est par leur degré d'ingéniosité qu'il apprécie ses propres ouvrages. Sa préoccupation, c'est de tirer beaucoup de peu, de faire pousser des fleurs sur un sol ingrat.

C'est l'habitude d'observer les petites choses qui explique aussi pourquoi Marivaux a laissé ses romans inachevés. Tant qu'il n'a eu à s'occuper que des faits de la vie habituelle finement observés, tant qu'il n'a eu qu'à commenter des passions naissantes et tortueuses dans leur marche, il s'est complu, il s'est délecté dans son œuvre; mais lorsqu'il s'est vu en face de scènes plus fortes, de scènes où la coquetterie d'observation ne suffisait plus, lorsqu'il a reconnu la nécessité d'entrer décidément dans le drame ou la haute comédie, il a reculé. Il a reculé devant la nécessité de réconcilier Valville et Marianne. Il a reculé surtout devant la nécessité de combiner des événements propres à faire retrouver à la jolie orpheline la famille dont elle a été si romanesquement séparée; il a entrevu là des scènes dramatiques à développer, et il s'est arrêté. De même pour le *Paysan parvenu*. Après avoir posé spirituellement les personnages et le théâtre de l'action, il a laissé achever cet ouvrage, comme *Marianne*, par des mains inhabiles, effrayé à l'idée de se lancer en plein dans l'action.

VII

Son talent n'était pas prime-sautier; quoi que l'on raconte de la comédie par laquelle il débuta, il faut bien reconnaître qu'il n'y avait en lui rien de l'improvisateur. L'histoire de sa production fournit un nouvel exemple de ce que peuvent et ne peuvent pas la volonté et le travail. Ses débuts furent pénibles, et ses dernières années furent tristes. Il travailla longtemps sans parvenir à sortir de son obscurité, et il y rentra longtemps avant de mourir. En revanche, le milieu de sa vie fut brillant. Si l'arbre ne fut pas précoce et se découronna avant le temps, pendant vingt-deux années, de 1720 à 1742, il se couvrit d'une riche végétation de feuilles et de fleurs parfumées. On voit pleuvoir alors, avec une profusion charmante, les fines esquisses, les comédies piquantes, les combinaisons ingénieuses, les bons mots, les saillies, les romans coquettement caressés. Puis la séve s'épuise, l'arbre s'obstine à fleurir cependant, mais ses dernières fleurs sont maigres et grêles, et ses fruits sans saveur. Ses derniers écrits sont entachés de sécheresse et d'obscurité. La volonté agissait toujours, la force défaillait.

VIII

Si le domaine préféré de Marivaux est le cœur féminin et la coquetterie : la coquetterie dans les jeunes, pour conquérir des hommages ; dans les vieilles, pour conquérir de l'amour, le monde amoureux n'est pourtant pas le seul qu'il ait peint : il a finement esquissé les financiers, les gens d'église, les bourgeois et même les marchands et les paysans, — ceux de son temps surtout, mais aussi ceux de tous les temps. On ne s'inonde plus les cheveux de poudre, on ne parsème plus son visage de mouches; mais à cela près, les types que Marivaux fait passer devant nous sont toujours vivants : coquettes, ingénues, petits-maîtres éventés, Valville l'inconstant de bonne foi, Climal le libertin hypocrite, madame Dutour la marchande naïve, rusée et maladroite, et nombre d'autres figures que l'on n'oublie pas. Rappelons aussi ses revendications libérales, sa campagne en faveur de tous les opprimés : le pauvre intelligent, la femme, le serviteur, le paysan. N'oublions pas non plus ses jolies allégories, ses thèses discutées au tribunal des dieux ou des hommes, ses esquisses de comédies de caractère, à côté de ses surprises de l'amour. Ceux qui trouvent Marivaux uniforme ne l'ont vu que de loin. De près, cette uniformité n'est plus qu'une harmonie de couleurs, comparable à cette lumière dorée qui baigne les tableaux de Titien, à la teinte argentée qui caractérise les œuvres de Véronèse ou de Téniers. Ce n'est pas de l'uniformité, c'est l'unité de ton, la marque du maître.

IX

Marivaux a son style à lui, fin, perlé, raffiné. Il est moins vif cependant, moins étincelant que celui de ses confrères en style recherché, La Bruyère, Hamilton, Dufresny même, en ses bonnes pages. Dufresny cherche surtout à faire étinceler les idées, Marivaux se préoccupe plus des mots, il est plus terne, et ses personnages ont moins de relief. Ils n'en sont pas moins vrais, ils sont même plus vrais en général, car il ne pousse jamais jusqu'à la caricature. Seulement ces écrivains se bornent à user de la métaphore ingénieuse, et Marivaux en abuse. Il en abuse comme Théophile Gautier abuse de la métaphore pittoresque. Tous deux rappellent ces cathédrales ogivales de la fin du quinzième siècle, de l'époque des rosaces flamboyantes, des clefs pendantes et de la dentelle de pierre, où les ornements sont semés avec trop de profusion. Mais Marivaux l'emporte sur Gautier en ce qu'ayant plus d'idées, il fatigue moins. Ajoutons que la phrase de Marivaux, toute maniérée qu'elle soit, ne descend jamais jusqu'à la fadeur, comme celle de Demoustier et consorts, et n'est pas de nature à fournir de ces formules que les Prud'hommes de toute sorte s'approprient pour les gâter. L'inattendu des rapprochements et des sous-entendus maintient à son style une saveur originale. Cette langue-là ne risque jamais de devenir vulgaire.

On peut protester au nom du goût pur et classique contre

le marivaudage comme procédé de composition et comme forme de style; la grandeur de Corneille, l'élan lyrique de Victor Hugo, le comique large et épanoui de Molière, sont d'ordre supérieur sans doute, mais le marivaudage a bien aussi son charme. Soyons tolérants, ménageons nos ressources littéraires. Raphaël est bien beau, Rubens bien splendide; mais c'est une bien délicieuse toile que l'*Embarquement pour Cythère,* de Watteau.

APPENDICES

I

LA PROVINCIALE [1]

SCENE PREMIÈRE

MADAME LÉPINE, LE CHEVALIER, LA RAMÉE.

Ils entrent en se parlant.

MADAME LÉPINE. Ah! vraiment il est bien temps de venir : je n'ai plus le loisir de vous entretenir; il y a une heure que je vous attends, et que vous devriez être ici.

LE CHEVALIER. C'est la faute de ce coquin-là, qui m'a éveillé trop tard.

LA RAMÉE. Ma foi, c'est que je ne me suis pas éveillé plus tôt. Quand on dort, on ne se ressouvient pas de se lever.

MADAME LÉPINE. Madame la Thibaudière est presque habillée : elle ou Lisette peut descendre dans cette salle-ci, et il faut être plus exact.

LE CHEVALIER. Ne vous fâchez pas. De quoi s'agit-il? Mettez-moi au fait en deux mots : qu'est-ce que c'est d'abord, que madame la Thibaudière?

---

[1] Voir l'histoire de cette pièce, page 246.

MADAME LÉPINE. Une femme de province, qui n'est ici que depuis huit jours; qui est venue occuper un très-grand appartement, précisément dans l'hôtel où je suis logée; avec qui j'ai lié connaissance le surlendemain de son arrivée; qui est veuve depuis un an; qui a presque toujours demeuré à la campagne, qui jamais n'a vu Paris ni quitté la province; qui depuis six mois a hérité d'un oncle qui la laisse prodigieusement riche, et qui, le jour même où je la connus, reçut un remboursement de plus de cent mille livres, qu'elle a encore.

LE CHEVALIER. Qu'elle a encore?

LA RAMÉE. Qu'elle a encore... cela est beau!

LE CHEVALIER. Et c'est cette femme-là, sans doute, avec qui je vous rencontrai avant-hier à midi dans la boutique de ce marchand, où j'étois moi-même avec ces deux dames?

MADAME LÉPINE. Elle-même. Vous comprenez à présent pourquoi j'affectai tant de vous connoître et de vous saluer; pourquoi je vous glissai à l'oreille de la lorgner beaucoup, et de vous trouver le même jour au Luxembourg, où je serois avec elle, et d'y continuer vos lorgneries.

LE CHEVALIER. Oui, je commence à être au fait.

LA RAMÉE. Parbleu, cela n'est pas difficile! le remboursement rend cela plus clair que le jour.

LE CHEVALIER. Vous me dîtes aussi d'envoyer La Ramée le lendemain à votre hôtel, à l'heure de votre dîner, sous prétexte de savoir à quelle heure je pourrois vous voir aujourd'hui. Quelle étoit votre idée, madame Lépine?

MADAME LÉPINE. Que La Ramée entrât dans la salle où nous dînions, madame la Thibaudière et moi; qu'elle le reconnût pour l'avoir vu la veille avec vous, et qu'elle se doutât que vous ne vouliez venir me parler que pour tâcher de la voir encore, comme en effet elle s'en est doutée.

LA RAMÉE. J'entends quelqu'un.

MADAME LÉPINE. Je vous le disois bien; c'est elle-même! et je ne vous ai pas dit la moitié de ce qu'il faut que vous sachiez. Mais heureusement je pense qu'elle va sortir pour quelque achat qu'elle doit faire ce matin. Contentez-vous à présent de la saluer en homme qui ne vient voir que moi.

LE CHEVALIER. Ne vous inquiétez point.

SCÈNE II

MADAME LÉPINE, LE CHEVALIER, LA RAMÉE,
MADAME LA THIBAUDIÈRE, CATHOS, *suivante.*

MADAME LA THIBAUDIÈRE. Je vous cherchois, madame Lépine, pour vous emmener avec moi. Mais vous avez compagnie, et je ne veux point vous déranger.

Tous les acteurs se saluent.

LE CHEVALIER. Déranger, madame? Quant à moi, je ne sache rien qui m'arrange tant que le plaisir de vous voir.

MADAME LA THIBAUDIÈRE. Cela est fort galant, monsieur, mais vous pouvez avoir quelque chose à vous dire; je suis pressée, et je crois devoir vous laisser en liberté. Adieu, madame Lépine : je ne serai pas longtemps absente, et nous nous reverrons bientôt.

La Ramée salue Cathos avec affectation.

SCÈNE III

LE CHEVALIER, MADAME LÉPINE, LA RAMÉE.

LE CHEVALIER. Oh! oui, madame Lépine : à vue de pays, nous viendrons à bout de cette femme-là. Elle a des façons qui nous le promettent, et je prévois que nous la subjuguerons, en la flattant d'avoir de bons airs.

MADAME LÉPINE. Je n'en doute pas, moi qui la connois.

LE CHEVALIER, *tirant une lettre.* Elle me paroît faite pour la lettre que je lui ai écrite, en supposant que je ne la visse pas chez vous, et qu'elle ne refusera pas de prendre de votre main.

MADAME LÉPINE *la reçoit.* Oui, mais elle va revenir, et je ne veux pas qu'elle vous retrouve. Laissez-moi seulement La Ramée, que je vais instruire de ce qu'il est bon que vous sachiez. Il ira vous rejoindre, et vous reviendrez ensemble.

LE CHEVALIER. Soit. (A *La Ramée.*) Je vais donc t'attendre chez moi.

LA RAMÉE. Oui, monsieur.

MADAME LÉPINE, *rappelant le chevalier.* Chevalier, un mot... Souvenez-vous de nos conventions après le succès de cette aventure-ci au moins.

LE CHEVALIER. Pouvez-vous vous méfier de moi ?

Il part.

LA RAMÉE, *le rappelant.* Monsieur, monsieur, un autre petit mot, s'il vous plaît.

LE CHEVALIER, *revenant.* Que me veux-tu ?

LA RAMÉE. Vous oubliez un règlement pour moi.

LE CHEVALIER. Qu'appelles-tu un règlement ? tu nous parles comme à des fripons.

LA RAMÉE. Non pas, mais comme à des espiègles dont j'ai l'honneur d'être l'associé. Vous allez attaquer un cœur novice dont vous aurez le pillage ; vous serez les chefs de l'action : regardez-moi comme un soldat qui demande sa paye.

LE CHEVALIER. Assurément.

MADAME LÉPINE. Oui, il a raison. Allons, La Ramée, on récompensera bien tes services, je te le promets.

LA RAMÉE. Grand merci, mon capitaine. Et votre lieutenant, quelle est sa pensée un peu au net ?

LE CHEVALIER. Il y aura cinquante pistoles pour toi ; adieu.

SCÈNE IV

MADAME LÉPINE, LA RAMÉE.

LA RAMÉE. Madame Lépine, il s'agit ici d'une espèce de parti-bleu honnête contre une cassette ; et par ma foi, cinquante pistoles, ce n'est pas assez. Si je désertois chez l'ennemi, ma désertion me vaudroit davantage.

MADAME LÉPINE. Déserter ! garde-t'en bien, La Ramée !

LA RAMÉE. Oh ! ne craignez rien ; ce n'est qu'une petite réflexion dont je vous avise.

MADAME LÉPINE. Tu seras content du chevalier et de moi ; je te le garantis : ton payement sera le premier levé.

LA RAMÉE. Tant mieux.

MADAME LÉPINE. Dis-moi : cette lettre qu'il m'a laissée, est-elle dans le goût que j'ai demandé ?

LA RAMÉE. Comptez sur le billet doux le plus cavalier, le plus leste, le plus dégagé... vous verrez! Vous verrez! Ce n'est pas pour me vanter, mais j'y ai quelque part. Il n'a pas plus de sept ou huit lignes ; et, en honneur, c'est un chef-d'œuvre d'impertinence. Soyez sûre qu'une femme sensée, en pareil cas, en feroit jeter l'auteur par les fenêtres.

MADAME LÉPINE. Et voilà précisément comme il nous le faut avec notre provinciale, préparée comme elle l'est! c'est cette impertinence-là qui en fera le mérite auprès d'elle.

LA RAMÉE. Il est parfait, vous dis-je : il est écrit sous ma dictée ; bien entendu que ladite marquise soit assez folle pour le soutenir. Le succès dépend de l'état où vous avez mis sa tête.

MADAME LÉPINE. Oh! rien n'y manque.

LA RAMÉE. Et puis, c'est une tête de femme, ce qui prête beaucoup. Et le chevalier, à propos, l'avez-vous fait de bonne maison, tout fils de bourgeois qu'il est?

MADAME LÉPINE. Oh! c'est un de nos galants du bel air, et des plus répandus, que j'aie jamais connus chez tout ce qu'il y a de plus distingué.

LA RAMÉE. Et en quelle qualité êtes-vous avec elle? Ne seroit-il pas nécessaire de le savoir?

MADAME LÉPINE. Mon enfant, dans une qualité assez équivoque, et j'allois te le dire. Je ne suis ni son égale ni son inférieure.

LA RAMÉE. On peut vous appeler un ambigu.

MADAME LÉPINE. Elle a voulu que je demeurasse avec elle : elle me loge, me nourrit, m'a déjà fait quelques petits présents, que j'ai d'abord refusés par décence, et que j'ai acceptés par amitié. Voici mon histoire : Je suis une jeune dame veuve, qui étoit à son aise, mais qui a de la peine à présent à soutenir Noblesse, à cause de la perte d'un grand procès, qui me force à vivre retirée. Avant mon mariage, j'ai passé quelques années avec des duchesses et même des princesses, dont j'avois l'honneur d'être la compagne gagée et qui me menoient partout, ce qui m'a acquis une expérience consommée sur les usages du beau monde, en vertu de laquelle je gouverne notre provinciale.

LA RAMÉE. Le joli roman!

MADAME LÉPINE. Mais comme, d'un autre côté, la fortune lui

donne de grands avantages sur une dame ruinée, j'ai la modestie de négliger les cérémonies avec la marquise de la Thibaudière, de lui céder les honneurs du pas, et de laisser entre elle et moi une petite distance qui me gagne sa vanité, et qui ne coûte que des égards et quelques flatteries, de façon que je suis tour à tour et sa complaisante et son oracle.

LA RAMÉE. Quel génie supérieur! Ah! madame de Lépine, avec un pareil don du ciel, le patrimoine du prochain sera toujours le vôtre!

MADAME LÉPINE. Votre marquise, au reste, n'a encore reçu de visite que d'un de ses parents, homme de province assez âgé, et qui, pour terminer une grande affaire qu'elle a ici, vient la marier avec un homme de considération, qu'il doit lui amener incessamment, et qui la fixeroit à Paris. Entends-tu?

LA RAMÉE. Malepeste! voilà un mariage qu'il faut gagner de vitesse, de peur que le remboursement ne change de place, et ne soit stipulé dans le contrat. Mais, madame Lépine, au lieu de nous en tenir à ces petits bénéfices de passage, si nous épousions la future; si nous tâchions de saisir le gros de l'arbre, au lieu des branches?

MADAME LÉPINE. Ce seroit trop difficile, et puis j'irois directement contre mes préceptes : je lui ai déjà dit que, pour le bon air, il étoit indécent d'aimer son mari, et qu'il ne falloit garder l'amour que pour la galanterie, et non pas pour le mariage : ainsi il n'y a pas moyen. Adieu, va-t'en, tout est dit.

LA RAMÉE. Je sors donc, songez à mes intérêts.

MADAME LÉPINE. Tu peux t'en fier à moi, pars. (Et puis elle le rappelle.) St, st, La Ramée? je rêve que nous aurions besoin d'une femme, qui sur le pied d'amante de ton maître et d'amante jalouse, se douteroit de son intrigue avec la marquise, et viendroit hardiment ici, ou pour l'y chercher ou pour examiner sa rivale, et lui diroit en même temps de le suivre chez un notaire, afin d'y achever le payement d'un régiment qu'il achèteroit.

LA RAMÉE, riant. D'un régiment fabuleux, de votre invention?

MADAME LÉPINE. Oui, que je lui donne, et qu'on supposera.

LA RAMÉE, rêvant. Je ferai votre affaire. Il s'agit d'une *virtuose*, et nous en connaissons tant... je vous en fournirai une, moi...

Elle ne sera pas de votre force, madame Lépine; mais elle ne sera pas mal. Sont-ce là tous les outils qu'il vous faut?... Quand voulez-vous celui-là?

MADAME LÉPINE. Tantôt, quand le chevalier sera revenu.

LA RAMÉE. Vous serez servie.

MADAME LÉPINE. Adieu donc.

LA RAMÉE, feignant de s'en aller. Adieu. (Et puis se retournant.) N'avez-vous plus rien à me dire?

MADAME LÉPINE. Non.

LA RAMÉE. Je ne suis pas de même... je rêve aussi, moi.

MADAME LÉPINE. Parle.

LA RAMÉE. Vous avez une lettre du chevalier à rendre à la marquise... oserois-je en toute humilité vous en confier une pour mon petit compte?

MADAME LÉPINE. Qu'est-ce que c'est qu'une pour toi? Est-ce que tu écris aussi à la marquise?

LA RAMÉE. Non, c'est une porte plus bas; c'est à Cathos dont je ne sais le nom que de tout à l'heure, à ce petit minois de femme de chambre, qui étoit avec vous chez ce marchand, qui me parut niaise, mais jolie, et avec qui, par inspiration, j'ébauchai une petite conversation de regards, où elle joua assez bien sa partie; et hier, quand le chevalier m'envoya chez vous, en redescendant, je la trouvai sur la porte d'un entre-sol, où je repris le fil du discours par un : *Votre valet très-humble, mademoiselle,* et par une ou deux révérences, aussi bien troussées, soutenues d'un déhanchement aussi parfait!... Je sentis, en vérité, que cela lui alloit au cœur... Nous venons encore de nous entre-saluer ici; et à l'exemple de mon maître, dont vous rendrez le billet, voici un petit bout de papier que j'ai écrit, et que je vous supplierai de lui remettre par la même commodité.

MADAME LÉPINE. Par la même commodité!... Mons de la Ramée, vous me manquez de respect.

LA RAMÉE. Oh! vous êtes si fort au-dessus de cette puérile délicatesse-là; vous êtes si serviable!

MADAME LÉPINE. Mais à quoi vous conduira cet amour-là?

LA RAMÉE. Hélas! à ce qu'il pourra. Je ne m'attends pas qu'on ait rien remboursé à Cathos; mais si vous vouliez, chemin faisant, la mettre un peu en goût d'être du bel air avec mo , je n'aurai point de régiment à acheter, mais j'aurai quelque payement à faire, et tout m'est bon : je glanerai; ce qui viendra, je le prendrai.

MADAME LÉPINE. Soit; je glisserai à tout hasard quelques mots en votre faveur. A l'égard de votre papier, faites-lui votre commission vous-même, puisque la voilà qui vient; et puis, partez pour rejoindre votre maître.

LA RAMÉE. Vous allez voir mon aisance.

SCÈNE V

MADAME LÉPINE, LA RAMÉE, CATHOS.

CATHOS. Nous sommes revenues, et madame la marquise s'est arrêtée dans le jardin. Vous avez donc encore du monde?

MADAME LÉPINE. Oui; c'est M. de la Ramée qui m'apporte un billet que M. le chevalier avoit oublié de me donner.

LA RAMÉE, saluant Cathos. Et il m'en reste encore un dont l'objet de mes soupirs aura, s'il vous plaît, la bonté de me défaire.

CATHOS, saluant. Est-ce moi que monsieur veut dire?

LA RAMÉE. Et qui donc? divine brunette! Vous n'ignorez pas l'objet que j'aime !

CATHOS, riant niaisement. Je me doute qui c'est, par-ci, par-là.

MADAME LÉPINE, riant. Ha, ha, ha, courage!... Mons de la Ramée est un illustre au moins, un garçon très-couru.

LA RAMÉE, à Cathos. Et ce garçon si couru, c'est vous qui l'avez attrapé.

CATHOS. Je ne cours pourtant pas trop fort; et vous me contez des fleurettes, monsieur.

LA RAMÉE. Oh ! palsambleu, beauté sans pair, vous avez lu dans mes yeux que je vous adore, et je requiers de pouvoir en lire autant dans les vôtres.

CATHOS. Ah! dame! il faut le temps de faire réponse.

LA RAMÉE. Vous m'avez promis dans un regard ou deux que je n'attendrois pas, et je suis impatient. C'est ce que vous verrez dans cette petite épître qui vous entretiendra de moi jusqu'à mon retour, et que je n'ai pu qu'adresser à mademoiselle, mademoiselle, en blanc, faute d'être instruit de votre nom. Comment vous appelle-t-on, mes amours, afin que je l'écrive?

CATHOS, saluant. Il n'y a qu'à mettre Cathos, pour vous servir si j'en suis capable.

LA RAMÉE, tirant un crayon. Très-capable, extrêmement capable! (Il écrit.) Madame Lépine, je vous demande pardon de la liberté que je prends devant vous, mais ce petit minois m'étourdit; il est céleste, il m'égare; il s'agit d'amour, et cela passe partout... N'est-ce pas Cathos que vous dites, charme de ma vie?

CATHOS. Oui, monsieur.

LA RAMÉE, écrivant. Ce nom-là m'est familier; je connais une des plus belles pies du monde qui s'appelle de même.

CATHOS. Oh! mais je m'appelle aussi Charlotte.

LA RAMÉE, lui donnant sa lettre. La pie n'a pas cet honneur-là, et tous vos noms sont des enchantements. Prenez, Charlotte (en lui présentant la lettre), prenez cette lettre, et souvenez-vous que c'est Charlot de la Ramée qui vous la présente, et qui brûle d'en avoir réponse. Adieu, bel œil; adieu, figure triomphante; adieu, bijou tout neuf!

MADAME LÉPINE. Je pense comme toi, La Ramée.

LA RAMÉE. Madame, votre approbation met le comble à son éloge. (Et puis à Cathos.) A propos; j'oubliais votre main... donnez-moi, que je la baise.

CATHOS, retirant sa main. Ma main; eh! mais, c'est de bonne heure.

SCÈNE VI

M. LORMEAU, LES ACTEURS PRÉCÉDENTS.

LA RAMÉE, sans le voir, et à Cathos. Hé bien, je vous fais crédit jusqu'à tantôt.

M. LORMEAU, qui a entendu. Qu'est-ce que c'est que cet homme-là, Cathos? (Et à la Ramée.) A qui donc parlez-vous de faire crédit ici?

LA RAMÉE, en s'en allant. A la merveilleuse Cathos, suivante de madame la marquise, monsieur.
(Il part.)

M. LORMEAU. Ce drôle-là a l'air d'un fripon; madame Lépine, que signifie ce crédit et cette marquise?

CATHOS. Bon, du crédit! c'est qu'il raille; c'est ma main qu'il vouloit baiser, et qu'il ne baisera que tantôt.

M. LORMEAU. Qu'il ne baisera que tantôt, qu'est-ce que cela signifie?

CATHOS. Oui, l'affaire est remise. A l'égard du garçon, c'est l'homme de chambre d'un jeune chevalier de nos amis; et la marquise, c'est madame, voilà tout.

M. LORMEAU. Quelle madame? Ma parente?

CATHOS. Elle-même.

M. LORMEAU. Eh! depuis quand est-elle marquise? de quelle promotion l'est-elle?

CATHOS. D'avant-hier matin : cela se conclut une heure après son dîner.

M. LORMEAU, à madame Lépine. Madame, ne m'apprendrez-vous pas ce que c'est que ce marquisat?

MADAME LÉPINE. Madame la Thibaudière m'a dit qu'elle avoit une terre qui portoit ce titre, et elle l'a pris elle-même, ce qui est assez d'usage.

CATHOS. Pardi, on se sert de ce qu'on a.

M. LORMEAU. Elle n'y songe pas. Est-elle folle? Je ne l'appellerai jamais que madame Riquet; c'est son nom, et non pas la Thibaudière.

CATHOS. Bon! Madame Riquet, pendant qu'on a un château de qualité!

M. LORMEAU. Fort bien! en voilà une à qui la tête a tourné aussi. Madame Lépine, voulez-vous que je vous dise? je crois que vous me gâtez la maîtresse et la servante.

MADAME LÉPINE. Je les gâte, monsieur, je les gâte?... Vous ne mesurez pas vos discours, et ces termes-là ne conviennent pas à une femme comme moi.

CATHOS. Madame sait les belles compagnies sur le bout de son doigt; elle nous apprend toutes les pratiques galantes, et la coutume des marquises, comtesses et duchesses : voyez si cela peut gâter le monde.

M. LORMEAU. Vous êtes en de bonnes mains à ce qu'il me semble, et vous me paroissez déjà fort avancée. Au surplus, madame Riquet est sa maîtresse. Où est-elle? peut-on la voir? n'y aura-t-il point quelque coutume galante qui m'en empêche?

CATHOS. Tenez, la voilà qui vient.

SCÈNE VII

MADAME LA THIBAUDIÈRE, les Acteurs précédents.

M. LORMEAU. Bonjour, ma cousine.

MADAME LA THIBAUDIÈRE. Ah! bonjour, monsieur, et non pas mon cousin.

M. LORMEAU, les premiers mots à part. Autre pratique galante!... (Et à madame la Thibaudière.) D'où vient donc?

MADAME LA THIBAUDIÈRE. C'est qu'on n'a ni cousin ni cousine à Paris, mon très-cher... A cela près, que me voulez-vous?

M. LORMEAU. Est-il vrai que vous avez changé de nom?

MADAME LA THIBAUDIÈRE. Point du tout... De qui tenez-vous cela?

M. LORMEAU. De Cathos, qui m'a voulu faire accroire que vous avez pris le nom de marquise de la Thibaudière.

MADAME LA THIBAUDIÈRE. Il est vrai; mais ce n'est pas là changer de nom : c'est prendre celui de sa terre.

MADAME LÉPINE. Il n'y a rien de si commun.

MADAME LA THIBAUDIÈRE. Oui, mais M. Lormeau ne sait point cela, il faut l'en instruire; il est dans les simplicités de province. Allez, monsieur, rassurez-vous, nous n'en serons pas moins bons parents... A propos, vous vis-je hier? Comment vous portez-vous aujourd'hui?

M. LORMEAU. Vous voyez, assez bien, Dieu merci... mais, ma cousine, encore un petit mot. Feu M. Riquet...

MADAME LA THIBAUDIÈRE, à madame Lépine, à part. Ce bonhomme, avec sa cousine et son Riquet! (Madame Lépine sourit.)

CATHOS, riant tout haut. Ha, ha, ha!

MADAME LA THIBAUDIÈRE, riant aussi. Eh bien, que souhaite le cousin de la cousine?

M. LORMEAU, levant les épaules. Madame, ou marquise... Lequel aimez-vous le mieux?

MADAME LA THIBAUDIÈRE. Madame est bon, marquise aussi, toujours l'un ou l'autre, c'est la règle. Achevez.

M. LORMEAU. Feu votre mari s'appeloit M. Riquet, n'est-il pas vrai? il s'ensuit donc que vous êtes la veuve Riquet.

MADAME LA THIBAUDIÈRE, avec dédain. Prenez donc garde! veuve

Riquet et marquise n'ont jamais été ensemble. Veuve Riquet se dit de la marchande du coin. Mon mari, au reste, s'appeloit M. Riquet, j'en conviens ; mais, depuis sa mort, j'ai hérité du marquisat de la Thibaudière, et j'en prends le nom, comme de son vivant il l'auroit pris lui-même, s'il avoit été raisonnable. Allons, n'en parlons plus. Que devenez-vous aujourd'hui ? Avez-vous des nouvelles de mon affaire ?

M. LORMEAU. Oui, marquise ; et je venois vous dire que je vous amènerai tantôt la personne avec qui je travaille à vous marier, pour vous éviter le procès que vous auriez ensemble touchant votre succession ; c'est un homme de distinction qui vous donnera un assez beau rang. Mais, de grâce, ne changez rien aux manières que vous aviez il n'y a pas plus de huit jours ; et laissez là les pratiques galantes, et la coutume des comtesses, marquises et duchesses... Adieu, cousine.

MADAME LA THIBAUDIÈRE. Salut au cousin.

SCÈNE VIII

MADAME LA THIBAUDIÈRE, MADAME LÉPINE, CATHOS.

MADAME LA THIBAUDIÈRE. Les pratiques galantes et la coutume des comtesses, marquises et duchesses : les plaisantes expressions !... c'est que nos manières sont de l'arabe pour lui.

CATHOS. C'est moi qui lui ai enseigné cet arabe-là pour rire.

MADAME LÉPINE. Ha ! que ce gentilhomme est grossier, marquise ! que M. votre cousin est campagnard !

MADAME LA THIBAUDIÈRE. Ha ! d'un campagnard, d'un rustique !...

CATHOS. D'un lourd, d'un malappris !

MADAME LÉPINE. Savez-vous bien, au reste, que vous venez de m'étonner, marquise ?

MADAME LA THIBAUDIÈRE. Comment ?

MADAME LÉPINE. Oui, m'étonner ! Je vous admire ! Vous avez eu tout à l'heure des façons de parler aussi distinguées, d'un aussi bon ton, des tours d'une finesse et d'une ironie d'un aussi bon goût qu'il y en ait à la cour. Vous excellerez, marquise, vous excellerez.

MADAME LA THIBAUDIÈRE. Est-il possible? c'est à vous à qui j'en ai l'obligation.

CATHOS. J'avance aussi, moi, n'est-ce pas? je me polis.

MADAME LÉPINE. Pas mal, Cathos, pas mal.

MADAME LA THIBAUDIÈRE. Madame Lépine, si Cathos changeoit de nom. Cathos me déplaît, ai-je tort?

MADAME LÉPINE. Vous me charmez! Il faut que je vous embrasse, marquise, je n'y saurois tenir. Voilà un dégoût qui part du sentiment le plus exquis, et que vous avez sans le secours de personne, ce qui est particulier... Oui, vous avez raison : Cathos ne vaut rien, il rappelle son ménage de province.

MADAME LA THIBAUDIÈRE. Justement. Allons, plus de Cathos, entendez-vous? Cathos, je vous fais Lisette.

MADAME LÉPINE. Fort bien.

CATHOS. Quel plaisir! Je serai Lisette par-ci, Lisette par-là... Ce nom me dégourdit.

MADAME LA THIBAUDIÈRE. Vous croyez donc, madame Lépine, que je puis à présent me produire?

MADAME LÉPINE. Au moment où nous parlons, vous faites peut-être plus de bruit que vous ne pensez.

MADAME LA THIBAUDIÈRE. Moi, du bruit? sérieusement! du bruit?

MADAME LÉPINE. Je sais un cavalier des plus aimables, qui vous donne actuellement la préférence sur nombre de femmes, qui en sont bien piquées. Voyez-vous cette lettre-là qu'on est venu tantôt à genoux me prier de vous rendre?

MADAME LA THIBAUDIÈRE. A genoux! voilà qui est passionné.

CATHOS. En voyez-vous une qu'on m'a donnée seulement debout, mais avec des civilités?

MADAME LA THIBAUDIÈRE. Quoi, déjà deux lettres?

CATHOS. Oui, marquise, chacune la nôtre.

MADAME LÉPINE. Celle-ci est du chevalier, qui, sans contredit, est l'homme de France le plus à la mode.

MADAME LA THIBAUDIÈRE. Ah! joli homme! il a je ne sais quelle étourderie si agréable; mais je l'ai donc frappé? Je le soupçonnois, madame Lépine; c'est ici où j'ai besoin d'un peu d'instruction. Comment traiterai-je avec lui? Quoi qu'il en dise, dans le fond, notre liaison n'est presque rien ; cependant il m'écrit, et me parle d'amour apparemment. Dans mon pays, cela me paroîtroit impertinent; ici, ce n'est peut-être qu'une liberté de savoir-vivre. Mais recevrai-je son billet? je crois que non?

MADAME LÉPINE. Ne pas le recevoir? Je serois curieuse de savoir sur quoi vous fondez cette opinion-là.

MADAME LA THIBAUDIÈRE. C'est-à-dire que ma difficulté est encore un reste de barbarie. Ah! maudite éducation de province, qu'on a peine à se défaire de toi! Sachez donc que parmi nous on ne peut recevoir un billet doux du premier venu sans blesser les bonnes mœurs.

CATHOS. Dame! oui, voilà ce que la vertu de chez nous en pense.

MADAME LÉPINE. La plaisante superstition! Quel rapport y a-t-il d'une demi-feuille de papier à de la vertu?

CATHOS. Quand ce seroit une feuille tout entière?

MADAME LA THIBAUDIÈRE. Que voulez-vous? j'arrive, à peine suis-je débarquée, et je sors du pays de l'ignorance crasse.

MADAME LÉPINE. Renvoyer un billet! vous seriez perdue; il n'y auroit plus de réputation à espérer pour vous. A Paris, manquez-vous de mœurs? on en rit, et on vous le pardonne. Manquez-vous d'usage? vous n'en revenez point, vous êtes noyée.

CATHOS. Et cela, pour un chiffon de papier.

MADAME LA THIBAUDIÈRE. Oh! j'y mettrai bon ordre! M'écrive à présent qui voudra, je prends tout, je reçois tout, je lis tout.

CATHOS. Oh! pardi; pour moi, je n'ai pas fait la bégueule.

MADAME LÉPINE, *lui présentant la lettre.* Allons, marquise, femme de qualité, ouvrez le billet et lisez ferme.

MADAME LA THIBAUDIÈRE, *ouvrant vite.* Tenez, voilà comme j'hésite. Ai-je la main timide?

MADAME LÉPINE. Non; pourvu que vous répondiez aussi hardiment, tout ira bien.

MADAME LA THIBAUDIÈRE. Répondre?... cela est violent.

MADAME LÉPINE. Quoi?

MADAME LA THIBAUDIÈRE. Je dis violent, en province.

MADAME LÉPINE. Je vous ai crue étonnée, j'ai craint une rechute.

MADAME LA THIBAUDIÈRE. Étonnée pour une réponse? Si vous me piquez, j'en ferai deux.

MADAME LÉPINE. Une suffira.

CATHOS, ouvrant sa lettre. Allons, voilà la mienne ouverte, et si je ne la lis ni ne réponds, je vous prends à témoin que c'est que je ne sais ni lire ni écrire.

MADAME LÉPINE. Garde-la; je te la lirai.

CATHOS. Grand merci! il faudra bien, afin de sauver ma réputation.

MADAME LÉPINE. Eh bien, marquise, êtes-vous contente du style du chevalier?

MADAME LA THIBAUDIÈRE, riant. Il est charmant, je dis charmant! mais bien m'en prend d'être avertie : quinze jours plus tôt, j'aurois pris cette lettre-là pour une insulte, madame Lépine, pour une insulte! car elle est hardie, familière. On diroit qu'il y a dix ans qu'il me connoît.

MADAME LÉPINE. Je le crois. Le chevalier, qui sait son monde, vous traite en femme instruite.

MADAME LA THIBAUDIÈRE. Vraiment, je ne m'en plains pas; il me fait honneur... tenez, lisez-le.

CATHOS. Je crois aussi que celle de mon galant aura bien des charmes, car il va si vite dans le propos; il me considère si peu que c'est un plaisir, le petit folichon qu'il est.

MADAME LÉPINE lit haut celle de la marquise. « Êtes-vous comme moi, marquise? je n'ai fait que vous voir, et je me meurs; je ne saurois plus vivre; dites, ma reine, en quel état êtes-vous? à peu près de même, n'est-ce pas? je m'en doute bien; mon cœur ne seroit pas parti si vite, si le vôtre avoit dû vous rester. C'est ici une affaire de sympathie; notre étoile étoit de nous aimer : hâtons-nous de la remplir; j'ai besoin de vous voir; vous m'attendez sans doute? A quelle heure viendrai-je?

« Le tendre et respectueux chevalier DE LA THIBAUDIÈRE. »

MADAME LÉPINE, après avoir lu et froidement : C'est assez d'une pareille lettre, pour illustrer toute la vie d'une femme.

CATHOS. Quel trésor!

MADAME LA THIBAUDIÈRE, riant. Que dites-vous de cette étoile qui veut que je l'aime?

MADAME LÉPINE. Et qui ne met rien sur le compte de son mérite! remarquez la modestie.....

MADAME LA THIBAUDIÈRE. Et cet endroit où il dit que je l'attends;

le joli mot! je l'attends! de sorte que je n'aurai pas la peine de lui dire : Venez. Que cette tournure-là met une femme à son aise!

CATHOS. Elle trouve tout fait : il n'y a plus qu'à aller.

MADAME LÉPINE. Point de sot respect.

MADAME LA THIBAUDIÈRE. Sinon qu'à la fin, de peur qu'il ne gêne le corps de la lettre... Mais je pense que quelqu'un vient. Madame Lépine, puisque ce billet-là m'est si honorable, il n'est pas nécessaire que je le cache.

MADAME LÉPINE. Gardez-vous-en bien! qu'on le voie si on veut; la discrétion là-dessus seroit d'une platitude ignoble.

SCÈNE IX

LES ACTEURS PRÉCÉDENTS, M. LORMEAU, M. DERVAL.

M. LORMEAU. Madame, voici M. Derval que je vous présente. On ne peut rien ajouter à l'empressement qu'il avoit de vous voir.

M. DERVAL. Je sens bien que j'en aurai encore davantage.

MADAME LA THIBAUDIÈRE. Vous êtes bien galant, monsieur... Des siéges à ces messieurs.

M. DERVAL. Mais, madame, ne prenons-nous pas mal notre temps? je vois que vous tenez une lettre, qui demande peut-être une réponse prompte.

MADAME LA THIBAUDIÈRE. J'avoue que j'allois écrire.

M. DERVAL. Nous ne voulons point vous gêner, madame. (A M. Lormeau.) Sortons, monsieur; nous reviendrons.

M. LORMEAU. S'il s'agit de répondre à des nouvelles de province, le courrier ne part que demain.

MADAME LA THIBAUDIÈRE. Non, c'est un billet doux, que je viens de recevoir, mais qui est extrêmement léger et joli; et monsieur, qui est de Paris, sait qu'il faut y répondre.

M. LORMEAU. Un billet doux, madame, vous plaisantez; vous ne vous en vanteriez pas.

MADAME LA THIBAUDIÈRE, riant. He, hé, hé... vous voilà donc bien épouvanté, notre cher parent? je ne le dis point pour m'en vanter non plus : je le dis comme une aventure toute simple, et dont une femme du monde ne fait point mystère; demandez à monsieur. (Elle rit.) Hé, hé, hé...

Madame Lépine rit à part.

CATHOS rit haut. Hé, hé, hé...

M. DERVAL. Madame est la maîtresse de ses actions.

MADAME LA THIBAUDIÈRE. Oh! je vous avertis que M. Lormeau n'entend point raillerie là-dessus.

M. LORMEAU. Dès qu'il ne s'agit que d'en badiner, à la bonne heure! mais je craignois que ce fût quelque jeune étourdi qui eût eu l'impertinence de vous écrire.

MADAME LA THIBAUDIÈRE. Ah! s'il vous faut un Caton, ce n'en est pas un. C'est un étourdi, j'en conviens; et s'il ne l'étoit pas, qu'en feroit-on?

M. LORMEAU. Vous ne songez pas, madame, que ce billet doux peut inquiéter M. Derval.

MADAME LA THIBAUDIÈRE. Hé, hé, hé! de quelle inquiétude provinciale nous parlez-vous là? Tâchez donc de n'être plus si neuf. Monsieur en veut à ma main, et le chevalier ne poursuit que mon cœur; ce sont deux choses différentes, et qui n'ont point de rapport.

M. DERVAL. Je me trouverois cependant fort à plaindre si le cœur ne suivoit pas la main.

MADAME LA THIBAUDIÈRE. Vraiment, il faudra bien qu'il la suive; il n'y manquera pas : mais je pense entre nous que ce n'est pas là le plus grand de vos soucis, monsieur, et que nous ne nous chicanerons pas là-dessus; nous savons bien que le cœur est une espèce de hors-d'œuvre dans le mariage.

M. LORMEAU, à part. Que veut-elle dire avec son hors-d'œuvre? (Se levant.) Ce ne seroit pas trop là mon sentiment, mais nous retenons madame qui veut écrire, monsieur; et nous aurons l'honneur de la revoir.

MADAME LA THIBAUDIÈRE. Quand il vous plaira, monsieur.

M. DERVAL, à M. Lormeau, à part. Quelqu'un abuse de la crédulité de votre parente.

M. LORMEAU, à part, à madame la Thibaudière. On vous a renversé l'esprit, cousine.

Ils s'en vont.

MADAME LA THIBAUDIÈRE, *riant, et à part à M. Lormeau qui sort.* Croyez-vous? hé, hé, hé... (*Et quand ils sont partis.*) M. Lormeau n'en revient point!

SCÈNE X

MADAME LA THIBAUDIÈRE, MADAME LÉPINE, CATHOS.

MADAME LA THIBAUDIÈRE, *continuant.* Mais qu'en dites-vous, madame Lépine? je trouve que mon prétendu a assez bonne façon.

MADAME LÉPINE. Eh bien, qu'importe? avez-vous envie de l'aimer, d'être amoureuse de votre mari? Prenez-y garde.

MADAME LA THIBAUDIÈRE. Ah! doucement! je ne mériterai jamais votre raillerie. Mais je l'aimerois encore mieux que le chevalier, si c'étoit l'usage.

CATHOS. Oüi, mais en cas d'époux, cela est défendu.

MADAME LÉPINE. Il n'est pas même question d'aimer avec le chevalier; il ne faut en avoir que l'air; on ne nous demande que cela. Est-ce que les femmes du monde ont besoin d'un amour réel, en fait de galanterie? Non, marquise; quand il y en a, on le prend; quand il n'y en a point, on en contrefait, et quelquefois il en vient.

MADAME LA THIBAUDIÈRE, *riant.* J'entends.

MADAME LÉPINE. On s'étourdit de sentiments imaginaires. Je crois vous l'avoir déjà dit.

MADAME LA THIBAUDIÈRE. C'est justement à quoi j'en suis avec le chevalier; quoiqu'il ne m'aït pas fort touchée, je me figure que je l'aime : je me le fais accroire, pour m'aider à soutenir la chose avec les airs convenables. Oh! je sais m'étourdir aussi.

MADAME LÉPINE. Tout ceci n'est fait que pour votre réputation.

Un valet entre.

SCÈNE XI

LES ACTEURS PRÉCÉDENTS, LE VALET.

LE VALET. Marquise, il y a là-bas un monsieur...

MADAME LÉPINE, *l'interrompant.* Attendez... ce garçon-ci fait une faute dont il est important de le corriger. (*Au valet.*) Mon enfant, quand vous parlez à votre maîtresse, ce n'est pas à vous à l'appeler marquise tout court ; c'est un manque de respect. Dites-lui madame, entendez-vous?

LE VALET. Ah! pardi, c'est pourtant ce nom-là qu'on nous a ordonné l'autre jour.

MADAME LÉPINE. C'est-à-dire que c'est sous ce nom-là que vous devez la servir, et que les étrangers doivent la demander.

CATHOS. Comprends-tu bien ce qu'on te dit là, Colin?

LE VALET. Oui, Cathos.

CATHOS. Cathos! avec ta Cathos : il t'appartient bien de parler de la manière. Madame Lépine, le respect ne veut-il pas que la livrée m'appelle mademoiselle tout court?

MADAME LÉPINE. Sans difficulté. Comment donc! la suivante de madame!

MADAME LA THIBAUDIÈRE. Eh bien, qu'on donne ordre là-bas que tous mes gens vous appellent mademoiselle. Je vous en charge, Colin.

COLIN. Oui, notre maîtresse... non, non ; oui, marquise, hé, je veux dire, madame.

CATHOS. Le benêt!

MADAME LÉPINE. Otez-lui aussi le nom de Colin, qui sonne mal et qui est campagnard.

MADAME LA THIBAUDIÈRE. J'y pensois. (A Colin.) Et vous, au lieu de Colin, soyez Jasmin, petit garçon, et achevez ce que vous veniez me dire.

LE VALET *ou* COLIN. C'est qu'il y a là-bas un beau monsieur, bien mis, qui est jeune, qui se carre, et qui est venu, disant : Madame la marquise y est-elle? Moi, je lui ai dit que oui ; et là-dessus il vouloit entrer sans façon ; mais moi, je l'ai repoussé. Bellement, monsieur! lui ai-je fait ; je vais voir si c'est sa volonté que vous entriez. Qui êtes-vous d'abord?... Va, butor, a-t-il fait, va lui dire que c'est moi dont elle a reçu un billet ce matin par madame Lépine.

MADAME LA THIBAUDIÈRE. Ah! madame, c'est sans doute le chevalier! et il est là-bas, depuis que tu nous parles!

COLIN. Eh pardi oui, droit sur ses jambes, dans le jardin, où il se promène.

MADAME LÉPINE. Tant pis! la réception lui aura paru étrange.

MADAME LA THIBAUDIÈRE. Ah! juste ciel, que va-t-il penser? un homme de qualité repoussé à ma porte! Misérable que tu es, sais-tu bien que ta rusticité me déshonore? Il faut que je change tous mes gens. Madame Lépine : si Lisette alloit le recevoir, et lui faire excuse?

MADAME LÉPINE. Je voulois vous le conseiller.

MADAME LA THIBAUDIÈRE. Allez, Lisette; allez, courez vite.

CATHOS. Oh! laissez-moi faire; je m'entends à présent à la civilité. (Cathos et Colin sortent.)

SCÈNE XII

MADAME LA THIBAUDIÈRE, MADAME LÉPINE.

MADAME LA THIBAUDIÈRE. Voilà qui est désolant! une réception brutale, un billet qui est encore sans réponse. Il va me prendre pour la plus sotte, pour la plus pécore de toutes les femmes.

MADAME LÉPINE. Tranquillisez-vous; un moment de conversation racommodera tout. A l'égard du billet vous y répondrez.

MADAME LA THIBAUDIÈRE. Vous me serez témoin que j'ai eu dessein d'y répondre, sans qu'il m'en ait coûté le moindre scrupule... Vous m'en serez témoin.

MADAME LÉPINE. Je le certifierai.

MADAME LA THIBAUDIÈRE. Ne puis-je pas aussi lui dire que je vais dans mon cabinet pour cette réponse?

MADAME LÉPINE. Oui-da! il reviendra. Aussi bien ai-je encore quelques préparations essentielles à vous donner.

MADAME LA THIBAUDIÈRE. Eh! voilà ce que c'est. Je ne suis pas encore assez forte pour risquer un long entretien avec lui. Le respect qu'on a ici avec les femmes, et qui est à la mode, je ne le connois pas; et je crains toujours ma vertu de province.

MADAME LÉPINE. Eh bien, congédiez votre soupirant après les premiers compliments.

MADAME LA THIBAUDIÈRE. C'est-à-dire, deux ou trois mots folâtres. Et puis, je suis votre servante.

SCÈNE XIII

MADAME LÉPINE, MADAME LA THIBAUDIÈRE, CATHOS, LE CHEVALIER, LA RAMÉE.

LE CHEVALIER. Enfin! vous voici donc, marquise? mon amour a bien de la peine à percer jusqu'à vos charmes : il y a longtemps qu'il attend à votre porte. Eh! depuis quand l'Amour est-il si mal venu chez sa mère?

 Cathos et la Ramée se font du geste et des yeux beaucoup d'amitié.

MADAME LA THIBAUDIÈRE. Pardon, chevalier, pardon! la mère de l'Amour est très-fâchée de votre accident, et va donner de si bons ordres que l'Amour n'attendra plus.

LE CHEVALIER. Ne me disputez pas l'entrée de votre cœur, et je pardonne à ceux qui m'ont disputé l'entrée de votre chambre.

MADAME LA THIBAUDIÈRE. Oh! pour moi, je n'aime pas à disputer.

LE CHEVALIER. A propos de cœur, marquise, j'ai à vous quereller. Je suis mécontent.

MADAME LA THIBAUDIÈRE. Quoi, vous me boudez déjà, chevalier?

LE CHEVALIER. Oui, je gronde. Madame Lépine a sans doute eu la bonté de vous remettre certain billet pressant; et cependant vous êtes en arrière; il ne m'est pas venu de revanche. D'où vient cela, je vous prie? C'est la marquise de France la plus aimable et la plus dégagée que j'attaque ce matin, et qui laisse passer deux mortelles heures, sans donner signe de vie!

MADAME LA THIBAUDIÈRE. Deux mortelles heures, madame Lépine! deux heures!... sur quel cadran se règle-t-il donc?

LE CHEVALIER. Deux heures, vous dis-je! l'amour sait compter. Qu'est-ce que c'est donc que cette paresse dans les devoirs les plus indispensables de galanterie? (Et d'un air ironique.) Seroit-ce que vous me tenez rigueur? et qu'une femme de qualité recule?

MADAME LA THIBAUDIÈRE. Moi reculer! moi tenir rigueur!

LE CHEVALIER. Il n'est pas croyable que mon billet ait été pour vous un sujet de scandale; votre sagesse sait vivre apparemment et n'est ni bourgeoise ni farouche.

MADAME LA THIBAUDIÈRE. Ah ciel! Eh mais, chevalier, vous allez jusqu'à l'injure. Attendez donc qu'on s'explique. Parlez-lui, madame Lépine, parlez.

MADAME LÉPINE. Non, chevalier, madame n'a point tort.

CATHOS. Oh! pour cela non : il n'y a pas de sagesse à cela; pas un brin.

MADAME LÉPINE. C'est que madame la marquise a toujours été en affaire, et n'a pas eu le temps d'écrire.

MADAME LA THIBAUDIÈRE. Absolument pas le temps! mais, au surplus, le billet est charmant, il m'a réjouie, il m'a plu, vous me plaisez vous-même plus que vous ne méritez dans ce moment-ci, petit mutin que vous êtes! et pour vous punir de vos mauvais propos, notre entretien ne sera pas long. Je vous quitte tout à l'heure pour aller vous répondre... Voyez, je vous prie, ce qu'il veut dire avec sa femme de qualité qui recule.

LE CHEVALIER. Pardon, marquise! pardon à mon tour : votre conduite est d'une aisance incontestable; on ne sauroit moins disputer le terrain que vous ne le faites, ni se présenter de meilleure grâce à une affaire de cœur; et je vais, en réparation de mes soupçons, annoncer à la ville et aux faubourgs que vous êtes la beauté de l'Europe la plus accessible et la plus légère de scrupules et de modestie populaire.

MADAME LA THIBAUDIÈRE. Vous me devez cette justice-là, au moins.

MADAME LÉPINE. Et le témoignage du chevalier sera sans appel.

LE CHEVALIER. On en fait quelque cas dans le monde. Adieu, reine; je m'éloigne pour un quart d'heure; je reviendrai prendre votre billet moi-même; et je m'attends à n'y pas trouver plus de réserve que dans vos façons.

MADAME LA THIBAUDIÈRE. Je n'y serai que trop bonne.

Elle sort.

SCÈNE XIV

MADAME LÉPINE, LE CHEVALIER, CATHOS, LA RAMÉE.

LE CHEVALIER. Ne m'oubliez pas, ma chère madame Lépine, et servez-moi auprès de la marquise, car mon cœur est pressé... Jusqu'au revoir, notre chère amie.

MADAME LÉPINE. Un moment... L'affaire de votre régiment est-elle terminée, monsieur le chevalier?

LE CHEVALIER. Il ne me faut plus que dix mille écus; et je vais voir si mon notaire me les a trouvés.

Il sort.

LA RAMÉE, à Cathos. C'est une bagatelle, et nous les aurons tantôt.

SCÈNE XV

LA RAMÉE, CATHOS, MADAME LÉPINE.

LA RAMÉE, continuant, à Cathos. Je laisse partir M. le chevalier, pour avoir une petite explication avec mes amours. Soubrette de mon âme! je boude aussi, moi.

MADAME LÉPINE, riant. Ha, ha, ha!... encore un boudeur.

CATHOS. Et à cause de quoi donc?

LA RAMÉE. Ne suis-je pas en avance avec vous d'un certain poulet?

CATHOS. Un poulet? je n'ai point vu de poulet.

LA RAMÉE. J'entends certain billet.

CATHOS. Ah! cela s'appelle un poulet! Oh! je le sais bien, mais laissez faire. Ce n'est pas la modestie qui me tient; je ne recule pas plus qu'une marquise : mais il faut du temps, et vous n'avez qu'à vous en aller un peu, vous aurez votre affaire toute griffonnée.

LA RAMÉE. Griffonnez, brunette; je vous donne vingt minutes pour m'exprimer vos transports. Je vais en attendant haranguer certain cabaretier, à qui je dois vingt écus, et qui a comme envie de manquer de patience avec moi. S'il m'honoroit d'une assignation, il faudroit encore la payer; j'aime mieux la boire. Mais il n'y a que vingt écus. Est-ce trop, madame Lépine? Ce n'est pas tant que dix mille.

MADAME LÉPINE. Hélas! mon enfant, je souhaite que non.

LA RAMÉE, à Cathos. Et mon ange qu'en pense-t-il? Chacun à son régiment : voilà le mien.

CATHOS. Bon, vingt écus! avec soixante francs de monnoie vous en serez quitte.

LA RAMÉE. Eh oui, c'est de la mitraille! j'aime à vous voir mépriser cette somme-là : cela sent la soubrette de cour, qui ne s'effraye de rien. (Et en s'écriant.) La belle âme que Cathos!

CATHOS. Eh dame, on est belle âme tout comme un autre.

LA RAMÉE. Je suis si content de votre façon de penser, que je me repens de n'avoir pas bu davantage. Adieu, mes yeux noirs! je vous rejoins incessamment. Madame Lépine, protégez-moi toujours auprès de ce grand cœur, qui regarde vingt écus comme de la monnoie.

MADAME LÉPINE. Va, va, elle sait ce que tu vaux.

SCÈNE XVI

MADAME LÉPINE, CATHOS.

CATHOS. Ah çà, notre chère dame, pendant que nous sommes seules, ouvrons le billet; vous savez bien que vous m'avez promis de le lire?

MADAME LÉPINE. Volontiers, Lisette.

CATHOS. Voyons ce qu'il chante.

MADAME LÉPINE lit. « Vantez-vous-en, mignonne : le minois que vous portez est le plus subtil filou que je connoisse; il lui a suffi de jouer un instant de la prunelle, pour escamoter mon cœur. »

CATHOS, riant. Qu'il est gentil avec cette prunelle qui le filoute! Il me filoutera aussi, moi!

MADAME LÉPINE, riant. C'est bien son intention. Mais continuons.

Elle lit.

« Il lui a suffi de jouer un instant de la prunelle pour escamoter mon cœur. Ce sont vingt nymphes de compte fait, qui en mourront de douleur; qu'elles s'accommodent! Mais, à propos de cœur, si vous avez perdu le vôtre, n'en soyez point en peine; c'est moi qui l'ai trouvé, ma mie Cathos. Je vous l'ai soufflé pendant que vous rafliez le mien. Ainsi il faudra que nous nous ajustions là-dessus. »

CATHOS. Cet effronté! savez-vous qu'il ne ment pas d'un mot, madame Lépine!

MADAME LÉPINE. Comment?

CATHOS. Oui, je pense qu'il est mon souffleur. Or çà, la réponse, vous me la ferez donc?

MADAME LÉPINE. Cela ne vaudroit rien, Lisette. Mais voilà la marquise. Attends; je te dirai comment tu t'en tireras.

SCÈNE XVII

MADAME LÉPINE, MADAME LA THIBAUDIÈRE, CATHOS.

MADAME LÉPINE. Avez-vous écrit, marquise?

MADAME LA THIBAUDIÈRE. Oui, j'ai brouillé bien du papier, et n'ai rien fini; je ne suis pas assez sûre du ton sur lequel il faut que je le prenne, et je vous prie de me donner quelques avis là-dessus. Quel papier tenez-vous là, Cathos?

CATHOS, riant. C'est mon poulet, à moi, où il est dit que mon minois est un larron, et que ma prunelle escamote le cœur du monde.

MADAME LA THIBAUDIÈRE, riant. Ha, ha, je t'en félicite, Lisette, tu deviendras fameuse. Mais revenons à ce qui m'amène et réglons d'abord ma réponse. Doit-elle être sérieuse, ou badine, ou folle?

MADAME LÉPINE. Folle, très-folle, marquise; de l'étourdi, il n'y a pas à opter. C'est une preuve d'usage et d'expérience.

MADAME LA THIBAUDIÈRE. Je m'en suis doutée. J'avois d'abord mis du tendre; mais j'ai eu peur que cela ne sentît sa femme novice qui fait trop de façon avec l'amour.

MADAME LÉPINE. Et dont le cœur n'est pas assez déniaisé. La réflexion est bonne. Le tendre a quelque chose d'écolier, à moins qu'il ne soit emporté. L'emportement le corrige.

MADAME LA THIBAUDIÈRE. Et il n'est pas temps que je m'emporte; nous ne sommes encore qu'au premier billet.

CATHOS. Cela viendra au second. On ne perd pas l'esprit tout d'un coup.

MADAME LA THIBAUDIÈRE. Je m'en tiendrai donc d'abord au simple étourdi ; et sur ce pied-là mon billet est tout fait.

MADAME LÉPINE. Voyons.

MADAME LA THIBAUDIÈRE. Il n'est que dans ma tête, et le voici à peu près. Il me dit qu'il se meurt. Vivez, chevalier, vivez, lui dirai-je, vous me faites peur, mon cher enfant ; je vous défends de mourir : il faut m'aimer. Votre étoile le veut. Si la mienne entend que je vous le rende, eh bien, qu'à cela ne tienne, on vous le rendra, monsieur, on vous le rendra ; et deux étoiles n'en auront pas le démenti. (A madame Lépine.) Qu'en dites-vous ?

MADAME LÉPINE. Admirablement !

CATHOS, répétant les derniers mots. On vous le rendra, monsieur, on vous le rendra. Les jolies paroles ! Elles sont toutes en l'air.

MADAME LA THIBAUDIÈRE. On croiroit que je l'aime ; et cependant il n'en est rien : je ne fais qu'imiter.

MADAME LÉPINE. Eh oui, il ne s'agit que d'être sur la liste des jolies femmes qui ont occupé le chevalier. Il n'y a rien d'aussi brillant, en fait de réputation, que d'avoir été sur son compte. Oh ! vous jouez de bonheur.

MADAME LA THIBAUDIÈRE. Oui, si on savoit qu'il m'aime ; mais il n'aura garde de s'en vanter à cause de mes rivales.

MADAME LÉPINE. Lui se taire ? Oh ! soyez en repos là-dessus ; tout le monde saura qu'il vous aime, et qui plus est que vous l'aimez.

MADAME LA THIBAUDIÈRE. Que je l'aime, moi ? Est-ce qu'il le dira ? Serai-je jusque-là dans ses caquets ?

MADAME LÉPINE. Si vous y serez ! Oui, certes ; vous préserve le ciel de n'y être pas ! Eh, s'il n'étoit pas indiscret, je ne vous l'aurois pas donné. C'est son heureuse indiscrétion qui vous fera connoître, qui vous mettra en spectacle. Votre célébrité dépend de là.

MADAME LA THIBAUDIÈRE. Je n'y suis plus !

CATHOS. Il y a une finesse là-dessous.

MADAME LÉPINE. Vous n'y êtes plus ? Eh mais, ce qui caractérise une femme à la mode, et du bel air, c'est de soutenir audacieusement le bruit qui se répand d'elle ; c'est de le répandre elle-même. On sait bien qu'une provinciale ou qu'une petite bourgeoise ne s'en accommoderoit pas ; et vous n'avez qu'à voir si vous voulez qu'on dise que vous fuyez le chevalier; qu'une intrigue vous fait peur; que vous vous en faites un monstre? vous n'avez qu'à voir.

MADAME LA THIBAUDIÈRE. Ah! juste ciel, tout est vu. Vous me faites trembler! vous avez raison... que j'étois stupide!

CATHOS. Voyez, je vous prie! si on ne dit pas que vous êtes amoureuse, c'est tant pis pour votre honneur... Ce que c'est que l'ignorance!

MADAME LA THIBAUDIÈRE. Mais, êtes-vous bien sûre qu'il se vantera de son amour? car pour moi, je le dirai à qui voudra l'entendre.

MADAME LÉPINE. Il n'est pas capable d'y manquer; c'est la règle.

MADAME LA THIBAUDIÈRE. Vous me rassûrez. Hé, dites-moi, madame Lépine, dans la conversation faut-il un peu de folies aussi?

MADAME LÉPINE. En deux mots, voici un modèle que vous suivrez. Supposez que je suis le chevalier. J'arrive; je vous salue; je m'arrête... Mais, marquise, je n'y comprends rien! vous êtes encore plus belle que vous ne l'étiez il y a une heure; un cœur ne sait que devenir avec vous; vous ne le ménagez pas; vous l'excédez; il en faudroit une douzaine pour y suffire. (A madame la Thibaudière.) Répondez.

MADAME LA THIBAUDIÈRE. Que je réponde?... Est-il vrai, chevalier, ne me trompez-vous point? Etes-vous de bonne foi? M'aimez-vous autant que vous le dites? (Et puis se reprenant.) Fais-je bien?

MADAME LÉPINE. A merveille!

CATHOS. Comme un charme.

MADAME LÉPINE. Je reprends... Moi! vous aimer, marquise, vous n'y songez pas. Qu'est-ce que c'est qu'aimer? Est-ce qu'on vous aime? Ah! que cela serait mince... Eh non, ma reine, on vous idolâtre. (Elle lui prend la main : madame la Thibaudière la retire.)

MADAME LÉPINE, s'interrompant. Doucement, vous n'y êtes plus. Il ne faut pas retirer la main.

MADAME LA THIBAUDIÈRE, avançant la main. Oh! tenez, qu'il prenne.

MADAME LÉPINE. Ce n'est qu'une main après tout.

MADAME LA THIBAUDIÈRE. Oui, mais je sors d'un pays où l'on a les mains si rétives, si roides! On va toujours les retirant.

CATHOS. Jour de Dieu! des mains chez nous, ce n'est pas des prunes.

MADAME LA THIBAUDIÈRE. Je n'ai plus qu'à savoir, en cas que je trouve quelqu'une de mes rivales, comment je traiterai avec elle.

MADAME LÉPINE. Avec une politesse aisée, tranquille et riante, qui ravalera ses charmes, qui marquera le peu de souci que vous en avez, et la supériorité des vôtres.

MADAME LA THIBAUDIÈRE. Oh! je sais ces manières-là de tout temps. Mais si on vouloit m'enlever le chevalier, et qu'il chancelât; je ne serois donc pas jalouse?

MADAME LÉPINE. Comme un démon! jalouse avec éclat; jusqu'à faire des scènes.

MADAME LA THIBAUDIÈRE. Oui, mais cet orgueil de ma beauté?

MADAME LÉPINE. Oh! cet orgueil alors va comme il peut chez les femmes; il ne raisonne point. Jalouse avec fracas, vous dis-je : point de mollesse là-dessus. Rien en pareil cas ne fait aller une réputation si vite... C'est là le fin de votre état.

MADAME LA THIBAUDIÈRE. Laissez-moi faire.

CATHOS. Morbleu! que les bégueules ne s'y frottent pas, avec madame : elle vous les revirerait...

MADAME LÉPINE. Il y a une chose que j'omettois, et qui vous mettroit tout d'un coup au pair de tout ce qu'il y a de plus distingué en fait de femmes à la mode, et qui est même nécessaire, qui met le sceau à la bonne renommée... ne plaignez-vous pas l'argent?

MADAME LA THIBAUDIÈRE. C'est selon. J'aime à le dépenser à propos.

MADAME LÉPINE. Vous ne le dépenserez pas : on vous le rendra presque de la main à la main. Je sais qu'il manque encore une somme au chevalier pour achever de payer un régiment dont il est en marché. La circonstance est heureuse pour rendre votre nom fameux. Prêtez-lui la somme qu'il lui faut, pourvu qu'il y consente; car il faudra l'y forcer. D'ailleurs ces sortes d'emprunts sont sacrés.

MADAME LA THIBAUDIÈRE. De tous les moyens de briller, voilà, à mon gré, le plus difficile.

MADAME LÉPINE. Eh bien, prenez que je n'ai rien dit. C'est une voie que je vous ouvrois pour abréger. Le chevalier ne sera pas en peine; et il y a vingt femmes qui ne manqueront pas ce coup là.

MADAME LA THIBAUDIÈRE. Il y a toujours quelque rabat-joie dans les choses!

MADAME LÉPINE. N'en parlons plus, vous dis-je. Puisque la grande distinction ne vous tente pas, il n'y a qu'à aller plus terre à terre.

CATHOS. Allons, courage, madame, on n'a rien pour rien. Il n'y a qu'à avoir un bon billet par-devant notaire.

MADAME LÉPINE. Non pas, s'il vous plaît, Lisette ; on a mieux que cela. Le notaire, ici, c'est l'honneur : et le billet, c'est la parole du débiteur. Voilà ce qu'on appelle des sûretés. Il n'y a rien de si fort.

MADAME LA THIBAUDIÈRE. S'il ne falloit pas une si grande somme...

MADAME LÉPINE. Petite ou grande, n'importe, dès que c'est l'honneur qui engage ; et puis, ce n'est point précisément par besoin qu'un cavalier emprunte en pareil cas ; c'est par galanterie ; pour faire briller une femme ; c'est un service qu'il lui rend. Mais laissons ce que cela répand d'éclat ; contentons-nous d'une célébrité médiocre : vous serez au second rang parmi les subalternes.

MADAME LA THIBAUDIÈRE. Nous verrons ; je me consulterai. Je vais toujours écrire ma lettre ; et, à tout hasard, je mettrai sur moi des billets de plusieurs sommes.

MADAME LÉPINE. Comme vous voudrez, marquise : j'ai fait l'acquit de ma conscience.

SCÈNE XVIII

CATHOS, MADAME LÉPINE.

CATHOS. Pardi, allez ! voilà une belle place que le second rang ! Si j'étois aussi riche qu'elle, je serois bientôt au premier étage.

MADAME LÉPINE. Il ne tient qu'à toi de t'y placer parmi celles de ton état.

CATHOS. Oui ! tout ce que vous avez dit pour elle, est-ce donc aussi pour moi ?

MADAME LÉPINE. C'est la même chose, proportion gardée. Adieu. Je suis d'avis d'aller lui aider à faire sa lettre.

CATHOS. Ah ! mais la mienne ?

MADAME LÉPINE. Dis à la Ramée que tu écris si mal, qu'il n'auroit pu lire ton écriture.

CATHOS. Attendez donc, madame Lépine ! vous dites que tous vos enseignements à madame me regardent aussi. Quoi, la politesse glorieuse avec mes rivales, la folie des paroles en devisant, et les mains qu'on baise?...

MADAME LÉPINE. Sans doute!

CATHOS. Et l'argent aussi?

MADAME LÉPINE. Oui, suivant tes moyens.

CATHOS. Et l'honneur de la Ramée pour notaire?

MADAME LÉPINE. Il n'y a nulle différence, sinon qu'il te sera permis d'être jalouse, jusqu'à décoiffer tes rivales.

CATHOS. Ha! les masques... je vous les détignonnerai...

MADAME LÉPINE. Et que tu observeras de tutoyer la Ramée, comme il te tutoiera lui-même; c'est l'usage. Adieu, le voilà qui vient, je te laisse.

SCÈNE XIX

CATHOS, LA RAMÉE.

LA RAMÉE, en l'abordant. Mon épître et point de quartier.

CATHOS. Oh! dame, passez-vous-en, mon cher homme; je ne sais faire que des pieds de mouche, et j'aime mieux vous donner mon écriture en paroles; il n'y a pas tant de façon. Votre billet est bien troussé, il m'a été fort agréable; c'est bien fait de me l'avoir mandé. Il dit que ma mine vous a filouté, j'en suis bien aise; c'est queuci, queumi. Vous demandez la jouissance de mon cœur, et vous l'aurez. Es-tu content, mon mignon?

LA RAMÉE. Comblé, ma mie! je vois bien que tu m'aimes, ma petite merveille.

CATHOS. Si je t'aime? pour qui me prends-tu donc? est-ce que tu crois que l'amour me fait peur? oh que nenni! je t'aime comme une étourdie; je ne sais à qui le dire.

LA RAMÉE. Je me reconnois au désordre de ta tête : il est digne de mon mérite, et tu me ravis... tu vaux ton pesant d'or.

CATHOS, lui tendant la main. Quand tu voudras baiser ma main, ne t'en fais point faute. Est-ce la droite? est-ce la gauche? prends, on sait bien que ce n'est que des mains.

LA RAMÉE. Tu me les donnes à si bon marché que je les prendrai toutes deux.

CATHOS, *lui donnant les deux mains.* Tiens! je ne barguigne point, car je sais vivre...

LA RAMÉE. Oh! il y paroît, malepeste! il est rare de trouver une honnête fille qui pousse la civilité aussi loin que toi. Tu es une originale, ma Cathos.

CATHOS. Fort peu de Cathos. C'est à présent Lisette.

LA RAMÉE. C'est bien fait : tu es taillée pour la dignité de ce nom-là. Mais j'en reviens à ton cœur... conte-moi un peu ce qui s'y passe.

CATHOS. Je t'aime d'abord par inclination. Cela est bon, cela?

LA RAMÉE. Délicieux.

CATHOS. Et puis par belles manières.

LA RAMÉE. Tu me remues, tu m'attendris. (Et puis à part :) Quel dommage d'être un fourbe avec elle!

CATHOS. Écoute : je prétends que mon amour soit connu d'un chacun. N'en fais pas un secret, au moins : ne me joue pas ce tour-là.

LA RAMÉE. Non, ma brebis, je te ferai afficher.

CATHOS. Ai-je bien des rivales?

LA RAMÉE. On ne sauroit les compter; Paris en fourmille.

CATHOS. Montrez-m'en quelqu'une, afin que je la méprise poliment, ou bien que je la décoiffe.

LA RAMÉE. Va, ma petite cervelle, tu en verras tant que tu voudras. Hélas! il ne tient qu'à moi de les ruiner toutes.

CATHOS. Oh! merci de ma vie! c'est moi qui veux être ruinée toute seule, en attendant restitution.

LA RAMÉE. Ma poule, je t'accorde la préférence. Quant à la restitution, je te la garantis sur mon honneur.

CATHOS. Son honneur!... voilà le notaire. As-tu fini avec ton cabaretier?

LA RAMÉE. Pas encore, parce qu'il y a une certaine Marthon plus opiniâtre qu'un démon, qui veut à toute force que j'accepte sa monnoie pour payer le vin que j'ai bu.

CATHOS. Elle est bien osée. (Elle tire une bague de son doigt.) Allons, prends cette bague qui m'a coûté trente bons francs.

LA RAMÉE, *la prenant.* Ta bague à mon cabaretier? le coquin n'a pas à ses deux pattes un seul doigt qui ne soit plus gros que ta main.

CATHOS. Eh bien, attends-moi; je vais te chercher quelques louis d'or que j'ai dans mon coffre... en prendra-t-il?

LA RAMÉE. Oh oui! il est homme à s'en accommoder.

CATHOS. Je vais revenir : prends toujours la bague.

SCÈNE XX

LA RAMÉE, LE CHEVALIER.

LA RAMÉE. Vous voilà déjà, monsieur?

LE CHEVALIER. Oui; sais-tu si nos affaires sont avancées?

LA RAMÉE, lui montrant la bague. Ma foi, je crois que nous sommes au jour de l'échéance. La soubrette vient d'entrer en payement avec moi, et j'attends un peu d'or qu'elle va m'apporter encore.

LE CHEVALIER. Tout de bon?

LA RAMÉE. Oh! la débâcle arrive, monsieur. Vous êtes-vous fait annoncer?

LE CHEVALIER. Oui : on est allé avertir la marquise, avec qui je n'aurai pas une longue conversation; car, à te dire vrai, cette folle-là m'ennuie; et j'arrive avec la personne que tu sais, que j'ai laissée dans un fiacre là-bas, et qui doit entrer quelques instants après moi.

LA RAMÉE. Doucement! je vois la marquise.

SCÈNE XXI

LE CHEVALIER, LA RAMÉE, MADAME LA THIBAUDIÈRE, MADAME LÉPINE.

MADAME LA THIBAUDIÈRE, tenant une lettre. Eh bien, chevalier? la voici enfin, cette réponse! Direz-vous encore qu'on vous tient rigueur?

LE CHEVALIER. Eh mais, que sait-on? cela dépend des termes du billet. Y verrai-je que vous m'aimez? que vous n'aimez que moi?

MADAME LÉPINE. Lisez, lisez, monsieur le méfiant... vous y verrez vos questions résolues.

Le Chevalier lit.

MADAME LÉPINE, pendant qu'il lit. Il y a apparence qu'il ne se plaindra pas, car il rit.

LE CHEVALIER, baisant la lettre. Vous me transportez, marquise! vous me pénétrez! quel feu d'expressions! je veux les apprendre à tout l'univers, afin que tout l'univers me porte envie. C'est l'Amour même qui vous les a dictées; c'est lui qui vous a tenu la main. Que cette main m'est chère! Me sera-t-il permis?...

Pendant qu'il achève ces mots, la marquise avance tout doucement la main, comme voulant la lui donner.

MADAME LA THIBAUDIÈRE. On vous le permet, remerciez-la.

LE CHEVALIER. Donnez! que mille baisers lui marquent mes transports.

SCÈNE XXII

CATHOS, surnommée Lisette; UNE DAME INCONNUE; MARTHON, suivante de la dame; LES ACTEURS PRÉCÉDENTS.

LISETTE, au chevalier. Voici une dame qui demande M. le chevalier.

MADAME LA THIBAUDIÈRE. Quoi, jusque chez moi?

L'INCONNUE, au chevalier, regardant la marquise. Ha! je vous y prends, monsieur!... voilà donc pour qui vous me négligez? (Et à la marquise.) Comptez-vous sur son cœur, madame?

MADAME LA THIBAUDIÈRE, d'un air moqueur, et riant. Vous êtes si dangereuse que je ne sais plus qu'en penser.

L'INCONNUE. Je vous avertis que j'ai sur lui des droits, qui me paraissent un peu meilleurs que les vôtres.

MADAME LA THIBAUDIÈRE, ironiquement. Meilleurs que les miens! et c'est vous qui êtes obligée de le venir enlever de chez moi, le petit fuyard! Contez-nous la sûreté de vos droits; je compatis beaucoup à la fatigue qu'ils vous causent. (Elle appelle:) Un fauteuil... Prenez la peine de vous asseoir, madame; vous en gronderez plus à votre aise, et nous en écouterons plus poliment la triste histoire de vos droits.

L'INCONNUE. Eh non, madame; je n'ai pas dessein de vous rendre visite. Allons, chevalier. On est venu chez moi pour une affaire de la dernière conséquence qui vous regarde, et qui doit absolument finir aujourd'hui. C'est de votre régiment dont il est question; un autre presse pour l'acheter : son argent est tout prêt, m'a-t-on dit; on diffère, par amitié pour vous, de conclure avec lui jusqu'à ce soir; c'est notre ami le marquis qui est venu m'en informer. Vous avez encore dix ou douze mille écus à donner, et je les ai chez mon notaire, où l'on nous attend pour terminer le marché... Partons.

MADAME LA THIBAUDIÈRE. Qu'est-ce que cela signifie, partons? Savez-vous bien que je me fâcherai à la fin?

MARTHON, suivante de l'Inconnue. Un instant de patience, madame; que je parle à mon tour: (A la Ramée.) Et vous, mons de la Ramée, qui vous amusez ici à tourner la tête de ce petit oison de chambrière, qu'on détale, et qu'on marche devant moi tout à l'heure, pour aller payer ce marchand de vin avec l'argent que je porte et qu'un huissier vous demande!

CATHOS, dite Lisette. Avec l'argent que vous portez, bavarde? Ha, votre cornette vous pèse! et vous voulez qu'on vous détignonne...

Elle veut aller à Marthon.

L'INCONNUE. Comment, des violences!

MADAME LA THIBAUDIÈRE. Je suis dans une fureur!... Chevalier, congédiez cette femme-là, je vous prie. Vous avez besoin de dix mille écus, m'a-t-on dit, et non pas de douze, comme elle le prétend. Ne vous inquiétez pas, nous tâcherons de vous les faire.

L'INCONNUE. Elle tâchera, dit-elle? elle tâchera! et on les demande ce soir, sans remise. Eh bien, je ne tâche point, moi; il n'est pas question qu'on tâche, il faut de l'expédition, et j'ai la somme toute comptée.

LE CHEVALIER. Eh! mesdames, vous me mortifiez. Gardez votre argent, je vous conjure. Je n'en veux point; ma somme est trouvée.

MADAME LA THIBAUDIÈRE. Ha! cela étant, il n'y a plus à se débattre. Qu'elle s'en aille!

LE CHEVALIER. Quand je dis trouvée, du moins m'a-t-on comme assuré qu'on me la donneroit peut-être ce soir.

L'INCONNUE. Peut-être! votre régiment dépend-il d'un peut-être? il ne sera plus temps demain.

LE CHEVALIER. D'accord.

L'INCONNUE. Partons, vous dis-je.

MADAME LA THIBAUDIÈRE. Attendez... puisqu'on me met le poignard sur la gorge, et que j'ai affaire à la jalouse la plus incommode et la plus haïssable, oui, la plus haïssable...

L'INCONNUE. S'il hésite encore, je ne le verrai de ma vie.

MADAME LA THIBAUDIÈRE. Retirez-vous... N'est-ce pas dix mille écus?... si on avoit le temps de marchander, et qu'on ne fût pas prise comme cela au pied levé; car enfin tout se marchande, et on tireroit peut-être meilleur parti...

LE CHEVALIER. Eh, laissez donc, marquise!... et vous, n'insistez point, comtesse.

L'INCONNUE. N'êtes-vous pas honteux de me mettre en parallèle avec une femme qui parle de marchander un régiment comme on marchande une pièce de toile? Vous n'avez guère de cœur.

LE CHEVALIER. Oh! votre emportement décide : vous insultez madame; et pour la venger, j'avouerai que je l'aime, et c'est son argent que j'accepte. Donnez, marquise, donnez tout à l'heure, afin que la préférence soit éclatante. Sont-ce des billets que vous avez dans le portefeuille?

MADAME LA THIBAUDIÈRE. Oui, chevalier. (En ouvrant le portefeuille.) Attendez que je les tire. Il y en a de différentes sommes et plus qu'il n'en faut.

LA RAMÉE. Allons, Cathos, amène... je te venge aussi, moi. Et toi, Marthon, va te cacher.

MARTHON. Double coquin!

L'INCONNUE, pendant que madame la Thibaudière cherche. Perfide!

CATHOS, sautant de joie. Les laides, avec leur pied de nez!

L'INCONNUE. Je suis désespérée.

SCÈNE DERNIÈRE

Tous les Acteurs précédents, M. DERVAL, M. LORMEAU, DEUX DAMES.

M. LORMEAU, à la marquise. Ma cousine, voici les sœurs de M. Derval qu'il vous amène, et qui ont voulu vous prévenir... Mais à qui en a cette dame-là qui paroît si emportée?

Madame la Thibaudière salue les deux dames.

M. LORMEAU, continuant. Et que faites-vous de ce portefeuille?

MADAME LA THIBAUDIÈRE. Voilà qui va être fait. Pardonnez, mesdames; j'arrange pour dix mille écus de billets que cette dame si désespérée vouloit fournir à M. le chevalier pour achever de payer un régiment qu'il achète. Il me donne la préférence sur elle... et je la paye assez cher!

M. DERVAL, montrant le chevalier. Qui? monsieur? lui, un régiment? lui, chevalier?

MADAME LA THIBAUDIÈRE. Lui-même... le connaissez-vous?

M. DERVAL. Si je le connais? c'est le fils de mon procureur.

MADAME LA THIBAUDIÈRE. De votre procureur? Ha!... je suis jouée.

Tout s'enfuit, l'inconnue, madame Lépine, sa suivante Marthon, et la Ramée, que Cathos arrête.

CATHOS. Doucement! arrête là.

LA RAMÉE. Tiens, reprends ta bague : je n'ai pas reçu d'autre à-compte.

LE CHEVALIER, en s'en allant. Le prend-on sur ce ton-là?... je ne m'en soucie guère.

M. LORMEAU, à La Ramée que Cathos tient toujours. Fripons que vous êtes!

LA RAMÉE. Non, monsieur, nous ne sommes que des fourbes; je vous le jure!

M. DERVAL. Eh, pourquoi tirer dix mille écus de madame?

LA RAMÉE. Pour la mettre en vogue; pour lui donner de belles manières.

UNE DES DAMES, souriant. L'aventure est curieuse.

LA RAMÉE. Oh! tout à fait jolie. C'est dommage qu'elle ait manqué. La réputation de madame!.. y perd.

CATHOS. Quels misérables avec leur réputation!

M. LORMEAU. Renvoyons ce maraud-là, et qu'il ne soit plus parlé de cette malheureuse affaire.

La Ramée s'enfuit.

MADAME LA THIBAUDIÈRE, à M. Derval. Soyez vous-même notre arbitre dans les discussions que nous avons ensemble, monsieur... Adieu, je vais me cacher dans le fond de ma province!

II

DIALOGUE

ENTRE L'AMOUR ET LA VÉRITÉ

PROLOGUE [1]

L'AMOUR. Voici une dame que je prendrois pour la Vérité, si elle n'étoit si ajustée.

LA VÉRITÉ. Si ce jeune enfant n'avoit l'air un peu trop hardi, je le croirois l'Amour.

L'AMOUR. Elle me regarde.

LA VÉRITÉ. Il m'examine.

L'AMOUR. Je soupçonne à peu près ce que ce peut être; mais soyons-en sûr. Madame, à ce que je vois, nous avons une curiosité mutuelle de savoir qui nous sommes; ne faisons point de façon de nous le dire.

LA VÉRITÉ. J'y consens, et je commence. Ne seriez-vous pas le petit libertin d'Amour, qui depuis si longtemps tient ici-bas la place de l'Amour tendre? enfin n'êtes-vous pas l'Amour à la mode?

L'AMOUR. Non, madame, je ne suis ni libertin ni par conséquent à la mode, et cependant je suis l'Amour.

LA VÉRITÉ. Vous, l'Amour !

L'AMOUR. Oui, le voilà. Mais vous, madame, ne tiendriez-vous pas lieu de la Vérité parmi les hommes? N'êtes-vous pas l'Erreur ou la Flatterie?

---

[1] Voir p. 242.

LA VÉRITÉ. Non, charmant Amour, je suis la Vérité même; je ne suis que cela.

L'AMOUR. Bon, nous voilà deux divinités de grand crédit! je vous demande pardon de vous avoir scandalisée, vous dont l'honneur est de ne le pas être.

LA VÉRITÉ. Ce reproche me fait rougir; mais je vous rendrai raison de l'équipage où vous me voyez, quand vous m'aurez rendu raison de l'air libertin et cavalier répandu sur vos habits et sur votre physionomie même. Qu'est devenu cet air de vivacité tendre et modeste? Que sont devenus ces yeux qui apprivoisoient la vertu même, qui ne demandoient que le cœur? Si ces yeux-là n'attendrissent point, ils débauchent.

L'AMOUR. Tels que vous les voyez cependant, ils ont déplu par leur sagesse; on leur en trouvoit tant, qu'ils en étoient ridicules.

LA VÉRITÉ. Et dans quel pays cela vous est-il arrivé?

L'AMOUR. Dans le pays du monde entier. Vous ne vous ressouvenez peut-être pas de l'origine de ce petit effronté d'Amour, pour qui vous m'avez pris. Hélas! c'est moi qui suis caus qu'il est né.

LA VÉRITÉ. Comment cela?

L'AMOUR. J'eus une querelle un jour avec l'Avarice et la Débauche. Vous savez combien j'ai d'aversion pour ces deux divinités; je leur donnai tant de marques de mépris, qu'elles résolurent de s'en venger.

LA VÉRITÉ. Les méchantes! et que firent-elles?

L'AMOUR. Voici le tour qu'elles me jouèrent. La Débauche s'en alla chez Plutus, le dieu des richesses, le mit de bonne humeur, fit tomber la conversation sur Vénus, lui vanta ses beautés, sa blancheur, son embonpoint, etc. Plutus, à ce récit, prit un goût de conclusions; l'appétit vint au gourmand, il n'aima pas Vénus. Il la désira.

LA VÉRITÉ. Le malhonnête!

L'AMOUR. Mais, comme il craignoit d'être rebuté, la Débauche l'enhardit, en lui promettant son secours et celui de l'Avarice auprès de Vénus. Vous êtes riche, lui dit-elle, ouvrez vos trésors à Vénus, tandis que mon amie l'Avarice appuiera vos offres auprès d'elle, et lui conseillera d'en profiter. Je vous aiderai de mon côté, moi.

LA VÉRITÉ. Je commence à me remettre votre aventure.

L'AMOUR. Vous n'avez pas un grand génie, dit la Débauche à Plutus; mais vous êtes un gros garçon assez ragoûtant. Je ferai faire à Vénus une attention là-dessus, qui peut-être lui tiendra lieu de tendresse; vous serez magnifique, elle est femme. L'Avarice et moi, nous vous servirons bien, et il est des moments où il n'est pas besoin d'être aimé pour être heureux.

LA VÉRITÉ. La plupart des amants doivent à ces moments-là toute leur fortune.

L'AMOUR. Après ce discours, Plutus impatient courut tenter l'aventure. Or, argent, bijoux, présents de toute sorte, soutenus de quelques bredouilleries, furent auprès de Vénus les truchements de sa belle passion. Que vous dirai-je enfin, ma chère? un moment de fragilité me donna pour frère ce vilain enfant qui m'usurpe aujourd'hui mon empire; ce petit Dieu plus laid qu'un diable, et que les hommes appellent Amour.

LA VÉRITÉ. Eh bien! est-ce en lui ressemblant que vous avez voulu vous venger de lui?

L'AMOUR. Laissez-moi achever; le petit fripon ne fut pas plutôt né, qu'il demanda son apanage. Cet apanage, c'étoit le droit d'agir sur les cœurs. Je ne daignai pas m'opposer à sa demande; je lui voyois des airs si grossiers; je lui remarquois un caractère si brutal, que je ne m'imaginai pas qu'il pût me nuire. Je comptois qu'il feroit peur en se présentant, et que ce monstre seroit obligé de se rabattre sur les animaux.

LA VÉRITÉ. En effet, il n'étoit bon que pour eux.

L'AMOUR. Ses premiers coups d'essai ne furent pas heureux. Il insultoit, bien loin de plaire; mais ma foi, le cœur de l'homme ne vaut pas grand'chose; ce maudit amour fut insensiblement souffert; bientôt on le trouva plus badin que moi; moins gênant, moins formaliste, plus expéditif. Les goûts se partagèrent entre nous deux; il m'enleva de mes créatures.

LA VÉRITÉ. Eh! que devîntes-vous alors?

L'AMOUR. Quelques bonnes gens crièrent contre la corruption; mais ces bonnes gens n'étoient que des invalides, de vieux personnages qui, disoit-on, avoient leurs raisons pour haïr la réforme; gens à qui la lenteur de mes démarches convenoit, et qui prêchoient le respect, faute, en le perdant, de pouvoir réparer l'injure.

LA VÉRITÉ. Il en pouvoit bien être quelque chose.

L'AMOUR. Enfin, madame, ces tendres et tremblants aveux d'une passion, ces dépits délicats, ces transports d'amour d'après les plus innocentes faveurs, d'après mille petits riens précieux; tout cela disparut. L'un ouvroit sa bourse, l'autre gesticuloit insolemment auprès d'une femme; et cela s'appeloit une *déclaration*.

LA VÉRITÉ. Ah! l'horreur!

L'AMOUR. A mon égard, j'ennuyois, je glaçois; on me regardoit comme un innocent qui manquoit d'expérience, et je ne fus plus célébré que par les poëtes et les romanciers.

LA VÉRITÉ. Cela vous rebuta?

L'AMOUR. Oui, je me retirai, ne laissant de moi que mon nom dont on abusoit. Or il y a quelque temps que, rêvant à ma triste aventure, il me vint dans l'esprit d'essayer si je pourrois me rétablir, en mitigeant mon air tendre et modeste; peut-être, disois-je en moi-même, qu'à la faveur d'un air plus libre et plus hardi, plus conforme au goût où sont à présent les hommes, peut-être pourrois-je me glisser dans ces cœurs? ils ne me trouveront pas si singulier, et je détruirai mon ennemi par ses propres armes. Ce dessein pris, je partis, et je parus dans la mascarade où vous me voyez.

LA VÉRITÉ. Je gage que vous n'y gagnâtes rien.

L'AMOUR. Oh vraiment! je me trouvai bien loin de mon compte: tout grenadier que je pensois être, dès que je me montrai, on me prit pour l'amour le plus gothique qui ait jamais paru; je fus sifflé dans les Gaules, comme une mauvaise comédie, et vous me voyez de retour de cette expédition: Voilà mon histoire.

LA VÉRITÉ. Hélas! je n'ai pas été plus heureuse que vous; on m'a chassée du monde.

L'AMOUR. Hé! qui? les chimistes, les devins, les faiseurs d'almanachs, les philosophes?

LA VÉRITÉ. Non, ces gens-là ne m'ont jamais nui. On sait bien qu'ils mentent, ou qu'ils sont livrés à l'erreur, et je ne leur en veux aucun mal; car je ne suis point faite pour eux.

L'AMOUR. Vous avez raison.

LA VÉRITÉ. Mais que voulez-vous que les hommes fassent de moi? le mensonge et la flatterie sont en si grand crédit parmi eux qu'on est perdu dès qu'on se pique de m'honorer. Je ne suis bonne qu'à ruiner ceux qui me sont fidèles; par exemple, la flatterie rajeunit les vieux et les vieilles; mais je leur donne l'âge qu'ils ont. Cette femme, dont les cheveux blanchissent à son insu, singe maladroit de l'étourderie folâtre des jeunes femmes; qui provoque la médisance par des galanteries qu'elle ne peut faire aboutir; qui se lève avec un visage de cinquante ans, et qui voudroit que ce visage n'en eût que trente. Quand elle est ajustée, ira-t-on lui dire : Madame, vous vous trompez dans votre calcul; votre somme est de vingt ans plus forte? non, sans doute, les amis souscrivent à la distraction. Telle a la physionomie d'une *guenon*, qui se croit du moins jolie; iriez-vous mériter sa haine en lui confiant à quoi elle ressemble, pendant que, pour être un honnête homme auprès d'elle, il suffit de lui dire qu'elle est piquante? Cet homme s'imagine être un esprit supérieur; il se croit indispensablement obligé d'avoir raison partout; il décide, il redresse les autres; cependant ce n'est qu'un brouillon qui jouit d'une imagination déréglée. Ses amis feignent de l'admirer; pourquoi? ils en attendent, ou lui doivent leur fortune.

L'AMOUR. Il faut bien prendre patience.

LA VÉRITÉ. Ainsi je n'ai plus que faire au monde. Cependant, comme la flatterie est ma plus redoutable ennemie, et qu'en triomphant d'elle je pourrois insensiblement rentrer dans tous mes honneurs, j'ai voulu m'humaniser : je me suis déguisée, comme vous voyez; mais j'ai perdu mon étalage : l'amour-propre des hommes est devenu d'une complexion si délicate, qu'il n'y a pas moyen de traiter avec lui; il a fallu m'en revenir encore. Pour vous, mon bel enfant, il me semble que vous aviez un asile, et le mariage...?

L'AMOUR. Le mariage! y songez-vous? ne savez-vous pas que le devoir des gens mariés est de s'aimer?

LA VÉRITÉ. Eh bien! c'est à cause de cela que vous régnez plus aisément parmi eux.

L'AMOUR. Soit, mais des gens obligés de s'aimer ne me conviennent point. Belle occupation pour un espiègle comme moi que de faire les volontés d'un contrat! Achevons de nous conter tout. Que venez-vous faire ici?

LA VÉRITÉ. J'y viens exécuter un projet de vengeance; voyez-vous ce puits? voilà le lieu de ma retraite; je vais m'enfermer dedans.

L'AMOUR. Ah! ah! le proverbe sera donc vrai, qui dit *que la vérité est au fond du puits*. Et comment entendez-vous vous venger là?

LA VÉRITÉ. Le voici. L'eau de ce puits va par moi recevoir une telle vertu que quiconque en boira sera forcé de dire tout ce qu'il pense, et de découvrir son cœur en toute occasion; nous sommes près de Rome; on vient souvent se promener ici; on y chasse; le chasseur se désaltère, et à succession de temps, je garnirai cette grande ville de gens naïfs, qui troubleront par leur franchise le commerce indigne de complaisance et de tromperie que la flatterie y a introduit plus qu'ailleurs.

L'AMOUR. Nous allons donc être voisins, car pendant que votre rancune s'exercera dans ce puits, la mienne agira dans cet arbre. Je vais y entrer; les fruits en sont beaux et bons, et me serviront à une petite malice qui sera tout à fait plaisante. Celui qui en mangera tombera subitement amoureux du premier objet qu'il apercevra. Que dites-vous de ce guet-apens?

LA VÉRITÉ. Il est un peu fou.

L'AMOUR. Bon; il est digne de vous; mais adieu, je vais dans mon arbre.

LA VÉRITÉ. Et moi dans mon puits.

III

FRAGMENTS DE LA *FEMME FIDÈLE* [1]

Cette comédie fut jouée en 1755 à Bercy, chez le comte de Clermont, nous dit le *Dictionnaire* du duc de la Vallière. Elle n'a jamais été imprimée en entier. M. Jules Cousin en a retrouvé, à la Bibliothèque de l'Arsenal, des fragments assez étendus qu'il a publiés, avec une analyse, dans l'ouvrage qu'il a consacré au comte de Clermont[2]. Nous en reproduisons les parties les plus saillantes.

Le sujet de la *Femme fidèle* est un de ceux que la poésie populaire a le plus souvent traités : Un mari qui a été longtemps absent sans donner de ses nouvelles, et qui revient le jour où sa femme va se remarier. Ce thème pouvait assurément fournir d'agréables développements. Marivaux ne les a pas trouvés ; la marche de sa pièce est trop unie, trop peu scénique, et le ton en est trop uniformément larmoyant.

Nous voyons d'abord apparaître le marquis et Frontin, déguisés en captifs déguenillés. Ils viennent, disent-ils, apporter à la marquise des nouvelles de son mari longtemps captif avec eux en Algérie. Ils sont rencontrés par le jardinier Colas.

COLAS. Hélas ! le pauvre M. le marquis ! Je savons bien qu'il est défunt... C'est la peste qui l'a étouffé.

FRONTIN. Nous pensâmes en mourir aussi.

COLAS. Hélas ! il ne pensit pas, li, il en mourut tout à fait.

LE MARQUIS. On le regrette donc beaucoup ici ?

COLAS. Ah ! monsieur ! Je ne l'aurons jamais en oubliance !

---

[1] Voir p. 246.
[2] *Le Comte de Clermont, sa cour et ses maîtresses, etc.* 2 vol. in-18. Académie des bibliophiles, 1867 ; tiré à 414 exemplaires.

jamais je ne verrons son pareil. C'est un hasard que nout' dame n'en ait pas perdu l'esprit. La mort de l'homme fut quasiment l'enterrement de la femme. Et depuis qu'elle est réchappée, elle a beau faire, cette misérable peste lui est toujours restée sur le cœur.

LE MARQUIS. Que je la plains! Quand son mari mourut, il me chargea de lui rendre une lettre qu'il écrivit, de lui dire même de certaines choses, si j'étois assez heureux pour revenir dans ma patrie, et je viens m'acquitter de ma commission, malgré l'âge où je suis.

COLAS. C'est l'effet de vot' bonté, car vous paraissez bien caduc et bien cassé. Vous avez donc été tous deux pris des Turcs, vot' valet et vous, avec nout' maître? M'est avis que c'est du vilain monde, ces Turcs? Et dites-moi, braves gens, ce pauvre Frontin qui s'embarquit en compagnie avec not' maître, que lui est-il arrivé? Est-il mort empesté itou?

FRONTIN, étourdiment. Qui? moi, maître Colas?

COLAS. Comment, vous? Est-ce que vous êtes Frontin?... Boutez-vous là, que je vous contemple... ah! morgué, il n'y a barbe qui tienne; à c't heure que j' vous r'garde, i' vais parier qu' vous êtes le défunt... Jarnigué! c'est li, vous dis-je... Et ça me fait rêver itou que son camarade... Oh! palsangué! monsieur, c'est encore vous!... C'est M. le marquis, c'est Frontin! Je me moque des barbes, ce n'est que des manigances... J' sis trop aise, ça me transporte, il faut que je crie. Faut que j'aille conter ça... Queu plaisir!... Faut que tout le village danse, c'est moi qui mènerai le branle... V'là M. le marquis! V'là Frontin! V'là les défunts qui n' sont pas morts! Allons, morgué, de la joie! Je vais dire qu'on sonne le tocsin.

Le marquis le calme, et lui demande le secret. A l'aide de ce déguisement, il veut savoir si la marquise l'aime encore.

COLAS. Il est certain qu'elle vous aime autant que ça se peut pour un trépassé, et dès qu'elle vous verra, qu'elle vous touchera, m'est avis qu'il y aura de la pâmoison dans la revoyance.

LE MARQUIS. Elle va pourtant se remarier, Colas. On me l'a dit dans le village.

COLAS. Que voulez-vous, nout' maître?... Elle a été quatre ans dans les syncopes, et puis encore deux ou trois ans dans les mélancolies... pas étique... pas chétive... pas langoureuse... alle faisoit compassion à tout le monde. Elle n'avoit d'appétit à rien ; un oiseau mangeoit plus qu'elle. Il n'y avait pas moyen de la ragoûter. Sa mère lui en faisoit reproche... Eh mais, mon enfant, qu'est-ce que c'est que ça ? Queu train menez-vous donc ? Il est vrai que voul' homme est mort, mais il en est tant d'autres, il y en a tant qui le valent. Et nonobstant tout ce qu'on lui reprochoit, la pauvre femme n'amendoit point. A la parfin, il y a deux ans, je pense, que sa mère, vers la moisson, amenit au château une troupe de monde, parmi quoi il y avoit un grand monsieur qui en fut affolé dès qu'il l'envisagit, et c'est stilà qui va la prendre pour femme.

Le marquis se retire en voyant arriver la marquise avec Dorante, son futur, et madame Argante, sa mère. Frontin demande à la marquise si elle veut recevoir un captif qui lui apporte des nouvelles de son mari. A l'instant même, répond-elle, et voyant apparaitre le marquis : « J'aurois à me plaindre de vous, monsieur, lui dit-elle. Vous étiez bien en droit de regarder la maison de M. le marquis comme la vôtre et de descendre ici tout d'un coup sans vous arrêter au village. »

Malgré cet encouragement, le marquis sent que l'auditoire lui est hostile, et il hésite à s'acquitter de sa commission.

— A dire vrai, monsieur, lui dit madame Argante en désignant Dorante, voilà monsieur, à qui vous auriez bien fait grand plaisir de la négliger : il va épouser ma fille, mettez-vous à sa place.

La marquise s'interpose, elle insiste pour être instruite de tout ce qui est arrivé à son mari. Le marquis veut se retirer, à charge de revenir quand la marquise sera seule.

MADAME ARGANTE. Eh non, monsieur, achevons, que peut-il vous rester tant ? Le marquis l'aimoit beaucoup, il vous l'a dit, il est mort en vous le répétant. Ce doit être là tout, il ne sauroit guère y avoir davantage.

Malgré le mauvais vouloir de madame Argante et le mécontenttement plus contenu du futur, l'entrevue des deux époux a lieu; c'est la scène capitale. M. Jules Cousin l'a retrouvée tout entière, et nous la donnons d'après lui.

LA MARQUISE. Eh bien, monsieur, nous voici seuls, et vous pouvez en liberté me parler de mon mari; ne prenez point garde à ma douleur, elle m'est mille fois plus chère que tous les plaisirs du monde.

LE MARQUIS. Non, madame, j'ai changé d'avis, dispensez-moi de parler. Mon ami, s'il pouvoit savoir ce qui se passe, approuveroit lui-même ma discrétion.

LA MARQUISE. D'où vient, monsieur? quel motif avez-vous pour me cacher le reste?

LE MARQUIS. Ce que vous voulez savoir n'est que pour une épouse qui seroit restée veuve. M. le marquis ne l'a adressé qu'à un cœur qui se seroit conservé pour lui.

LA MARQUISE. Ah! monsieur, comment avez-vous le courage de me tenir ce discours, dans l'attendrissement où vous me voyez? que pourroit-il lui-même me reprocher, le marquis? Je le pleure depuis que je l'ai perdu, et je le pleurerai toute ma vie.

LE MARQUIS. Vous allez cependant donner votre main à un autre, madame, et ce n'est point à moi à y trouver à redire; mais je ne saurois m'empêcher d'être sensible à la consternation où il seroit lui-même. Son épouse est prête à se remarier! Ce n'est pas un crime, et cependant il en mourroit, madame. « Je finis ma vie dans les plus grands malheurs, me disoit-il, mais mon cœur a joui d'un bien qui les a tous adoucis. C'est la certitude où je suis que la marquise n'aimera jamais que moi. » Et cependant il se trompoit, madame, et mon amitié en gémit pour lui.

LA MARQUISE. Hélas! monsieur, j'aime votre sensibilité et je la respecte; mais vous n'êtes pas instruit. C'est l'ami de mon mari même que je vais prendre pour juge. Ne vous imaginez pas que mon cœur soit coupable : que le vôtre ne gémisse point, le marquis ne s'est point trompé.

LE MARQUIS. Il est question d'un mariage, madame, et suivant toute apparence vous ne vous mariez point sans amour.

LA MARQUISE. Attendez, monsieur, il faut s'expliquer. Oui, les apparences peuvent être contre moi, mais laissez-moi vous dire... Je mérite bien qu'on m'écoute... Je connoissois bien le marquis, et j'ai peut-être porté la douleur au delà même de ce qu'un cœur comme le sien l'auroit voulu. Oui, je suis persuadée qu'il aimeroit mieux que je l'oubliasse que de savoir ce que je souffre encore.

LE MARQUIS, à part. Ah! j'ai peine à me contraindre.

LA MARQUISE. Vous me trouvez prête à terminer un mariage, et je ne vous dis pas que je trahisse celui que j'épouse, non, je ne le trahis pas, j'aurois tort : c'est un honnête homme; mais ne pensez-vous pas que je l'épouse avec une tendresse dont mon mari pût se plaindre? Ai-je pour lui des sentiments qui puissent affliger le marquis? Non, monsieur, non, je n'ai pas le cœur épris, je ne l'ai que reconnaissant de tous les services qu'il m'a rendus et qui sont sans nombre. C'est d'ailleurs un homme qui, depuis près de deux ans, vit avec moi dans un respect, dans une soumission, avec une déférence pour ma douleur, enfin dans des chagrins, dans des inquiétudes pour ma santé, qui est considérablement altérée, dans des frayeurs de me voir mourir, qu'à moins d'avoir une âme dépouillée de tout sentiment, cela a dû faire une impression sur moi. Mais quelle impression, monsieur? la moindre de toutes. Je l'ai plaint, et il m'a fait pitié, voilà tout.

LE MARQUIS. Et vous l'épousez?

LA MARQUISE. Dites que j'y consens, cela est bien différent, et que j'y consens, tourmentée par ma mère, à qui je suis chère, et qui me doit l'être, qui n'a jamais rien aimé que moi, et que mes refus désolent. On n'est pas toujours la maîtresse de son sort, monsieur. Il y a des complaisances inévitables dans la vie, des espèces de combats qu'on ne sauroit toujours soutenir. J'ai vu cette mère mille fois désespérée de mon état; elle tomba malade, j'en étois cause; il ne s'agissoit pas moins que de lui sauver la vie : car elle se mouroit, mon opiniâtreté la tuoit. Je ne sais point être insensible à de pareilles choses, et elle m'arracha une promesse d'épouser Dorante. J'y mis cependant une condition, qui étoit de renvoyer une seconde fois en Alger; et tout ce qu'on m'en apporta fut un nouveau certificat de la mort du marquis. J'avois promis cependant. Ma mère me somma de ma parole, il fallut me rendre, et je me rendis. Je me sacrifiai, monsieur, je me sacrifiai. Est-ce là de l'amour? Est-ce là oublier le marquis? Est-ce là épouser avec tendresse?

LE MARQUIS, à part. Voyons si elle rompra. (Haut.) Non. Je conçois même par ce détail que vous seriez bien aise de voir le marquis.

LA MARQUISE, avec transport. — Ah! monsieur, le revoir! Hélas, il n'en faudrait pas tant! La moindre lueur de cette espérance arrêteroit tout; il y a dix ans que je ne vis pas, et je vivrois!

LE MARQUIS. Je n'hésiterai donc plus à vous donner cette lettre; elle ne viendra point mal à propos, elle vous convient encore.

LA MARQUISE. Une lettre de lui, monsieur?

LE MARQUIS. Oui, madame, et qu'il vous écrivit en mourant; j'étois présent.

LA MARQUISE, baisant la lettre. Ah! cher marquis! (Elle pleure.)

LE MARQUIS, à part. Ah! madame, je commence à craindre de vous avoir trop attendrie.

LA MARQUISE. Je ne sais plus où j'en suis. Lisons. (Elle lit.)

« Je me meurs, chère épouse, et je n'ai pas deux heures à vivre, et je vais perdre le plaisir de vous aimer... (Elle s'arrête.) C'est le seul bien qui me restoit, et c'est après vous le seul que je regrette... » (S'interrompant.)

Il faut que je respire. (Elle lit.) « Consolez-vous, vivez; mais restez libre, c'est pour vous que je vous en conjure; personne ne sauroit le prix de votre cœur. »

Je reconnois le sien. (Elle continue.) « Une foiblesse me force de finir. Mon ami part, on l'entraîne, et il ne peut sans risquer sa vie attendre mon dernier soupir. » (Au marquis.)

Comment, monsieur, il vivoit encore quand vous l'avez quitté?

LE MARQUIS. Oui, madame, on s'est trompé. Il est vrai que la plus grande partie des captifs mourut à Alger pendant que nous y étions, mais nous trouvâmes le moyen de nous sauver, et c'est notre disparition qui a fait l'erreur. Je suis dans le même cas, et le marquis mourut dans notre fuite, ou du moins il se mouroit quand je fus forcé de le quitter.

LA MARQUISE. Mais vous n'êtes donc sûr de rien?... Il a donc pu revenir? Parlez, monsieur. Déjà je romps tout, plus de mariage! Mais de quel côté iroit-on? Quelles mesures prendre? Où pourroit-on le trouver? Vous êtes son ami, monsieur, l'abandonneriez-vous?

LE MARQUIS. Vous souhaitez qu'il vive?

LA MARQUISE. Si je le souhaite!... Ne me promettez rien que de vrai, j'en mourrois!

LE MARQUIS. S'il n'avoit hésité de paroître que dans la crainte de n'être plus aimé?... S'il m'avoit prié de venir ici pour pouvoir l'informer de vos dispositions?...

LA MARQUISE. Tout mon cœur est à lui! Où est-il? menez-moi où il est.

LE MARQUIS, un moment sans répondre. Il va venir... dans un instant... et vous l'allez voir.

LA MARQUISE. Je vais le voir! Je vais le voir! marchons, hâtons-nous! allons le trouver... Je me meurs de joie. Je vais le voir!... Vous êtes après lui ce qui me sera le plus cher.

LE MARQUIS, ôtant sa barbe et se jetant à genoux. Je vous suis aussi cher qu'il vous l'est lui-même.

LA MARQUISE. Qu'est-ce donc? qui êtes-vous? (Se jetant dans ses bras.) Ah! cher marquis! (Elle le relève : ils s'embrassent encore.) Que je suis heureuse!

Madame Argante se réconcilie avec son gendre, Dorante s'éloigne, et Frontin fait la paix avec Lisette, quoique pendant son absence elle n'ait pas, il s'en faut, mérité la qualification que porte le titre de la comédie.

IV

SUITE DE *MARIANNE*

PAR MADAME RICCOBONI[1]

I

Vous voilà bien surprise, bien étonnée, madame : je vois d'ici la mine que vous faites. Je m'y attendois : vous cherchez, vous hésitez; il me semble vous entendre dire : Cette écriture est bien la sienne, mais cela ne se peut pas, la chose est impossible! — Pardonnez-moi, madame, c'est elle; c'est Marianne, oui, Marianne elle-même. — Quoi! cette Marianne si fameuse, si connue, si chérie, si désirée, que tout Paris croit morte et enterrée? eh! ma chère enfant, d'où sortez-vous? vous êtes oubliée, on ne songe plus à vous; le public, las d'attendre, vous a mise au rang des choses perdues sans retour.

A tout cela je répondrai que je ne m'en soucie guère : j'écris pour vous, je vous ai promis la suite de mes aventures, je veux vous tenir parole; si cela déplaît à quelqu'un, il n'a qu'à me laisser là. Au fond j'écris pour m'amuser, j'aime à parler, à causer, à babiller même : je réfléchis, tantôt bien, tantôt mal; j'ai de l'esprit, de la finesse, une espèce de naturel, une sorte de naïf; il n'est peut-être pas du goût de tout le monde, mais je ne l'en estime pas moins; il fait le brillant de mon caractère : ainsi, madame, imaginez-vous bien que je serai toujours la même, que le temps, l'âge, ou la raison, ne m'ont point changée, ne m'ont seulement pas fait désirer de me corriger. A présent, reprenons mon histoire.

Je vous disois donc que, grâce au ciel, la cloche sonna, et que

[1] Voir p. 198.

ma religieuse me quitta : je dis grâce au ciel, car en vérité son récit m'avoit paru long : et la raison de cela, c'est qu'en m'occupant des chagrins de mon amie, je ne pouvois pas m'occuper des miens. Bien des gens croient qu'il faut être malheureux soi-même pour compatir aux infortunes des autres ; il me semble à moi que cela n'est pas vrai. Dans une situation heureuse on voit avec attendrissement les personnes qui sont à plaindre, on écoute avec sensibilité le récit de leurs peines, on est touché, on les trouve considérables, la comparaison les grossit à nos yeux : dans l'état contraire, le cœur, rempli de ses propres chagrins, s'intéresse foiblement à ceux des autres ; ils lui paroissent plus faciles à supporter que les siens, et j'ai senti cela, moi qui vous parle.

Quelques revers qu'eût éprouvés cette religieuse, elle avoit un nom, des parens, des amis, un amant ; elle s'en étoit vue aimée dans un temps où elle pouvoit l'obliger : eh ! quel bonheur d'obliger ce qu'on aime ! Cet amant lui devoit la fortune dont il jouissoit : étoit-ce là de quoi se comparer à Marianne ? à Marianne inconnue, devant tout à la compassion, à la charité d'autrui ? à Marianne abandonnée, et peut-être méprisée de Valville ? Étoit-il rien de plus humiliant pour moi que ce détail qu'il avoit fait à ma rivale ? Il me sembloit lui entendre conter mes aventures ; j'imaginois le ton dont il disoit à mademoiselle Varthon : Oui, je l'avoue, j'ai eu du goût pour Marianne, mais un goût passager, un goût qui fait honneur à ma façon de penser. Mettez-vous à ma place, cette petite fille se casse le cou à ma porte, puis-je ne pas la secourir ? Je la vois ajustée, les mains nues, sans valet, sans suivante ; je prends cela pour une bonne fortune de rencontre, et la preuve, c'est que je lui propose de dîner chez moi : comme vous voyez, mon procédé étoit assez cavalier. Cependant je lui trouve de la fierté, de la hauteur même ; elle rougit de dire qu'elle loge chez une lingère : je ne sais trop pourquoi ; car en sortant de son village, madame Dutour ne devoit pas lui paroître si peu de chose. Mon oncle vient, je crois m'apercevoir qu'ils se connoissent, la curiosité s'en mêle, je veux m'instruire : je les surprends dans un tête-à-tête ; la petite personne s'offense des idées qui s'élèvent dans mon esprit, à la vue de mon oncle ; elle me détrompe, sa vertu me touche : instruit du malheureux état où elle est réduite, l'intérêt que j'y prends me paroît un sentiment généreux, raisonnable ; je m'y livre, je crois être amoureux, passionné même! je vous vois, mademoiselle, je sens que je me trompois, que j'avois de la compassion; voilà tout. A présent j'ai de la tendresse, et j'en sens bien la différence; je suis engagé pourtant, et c'est pour moi le comble du malheur.

Et tout ce raisonnement, je croyois l'entendre, vous dis-je, et j'y répondois. Engagé? vous ne l'êtes point, non, monsieur, non; vous n'épouserez point Marianne : elle ne sera pas un obstacle à votre satisfaction; elle a trop de fierté, de noblesse, pour s'appuyer contre vous des bontés de votre mère; ne craignez point ses reproches, elle ne vous en fera jamais; vous ne serez point importuné de ses larmes, vous n'entendrez point ses regrets, elle saura étouffer ses soupirs, cacher sa douleur : cette *petite fille* vous paroîtra bien grande un jour.

Malgré cette fermeté que je me promettois d'avoir, je sentois mon cœur se révolter à la seule idée d'oublier l'infidèle : il m'étoit encore bien cher. Je me rappelois ce temps, cet heureux temps, où je l'occupois si vivement; je me peignois ses transports, son respect, sa tendresse, mille petits soins, que l'on remarque si bien, qui ne sont rien, et qui prouvent tant; je m'affligeois, mes larmes couloient, le dépit cédoit au sentiment, et Valville me paroissoit bien moins coupable que mademoiselle Varthon qui me l'enlevoit si cruellement.

Au milieu de mon chagrin, je me souvins de cet officier, ami de madame d'Orsin, qui s'appeloit le comte de Saint-Agne. Son amour, ses propositions devenoient une ressource pour ma vanité; Valville n'étoit pas le seul homme qui pût changer mon sort : on m'offroit un rang, des richesses; je pouvois m'élever sans lui, devenir son égale, et me venger de ses mépris. Mais cette façon de le punir n'étoit pas de mon goût, ma petite tête méditoit un plus grand dessein : en épouser un autre, c'étoit lui laisser croire que sa fortune m'avoit touchée autant que son amour; je voulois qu'il ne pût douter de la générosité de mon cœur; il falloit, pour me contenter, qu'il dît : *Marianne m'aimoit, elle m'aimoit sincèrement.* Je me flattois que le sacrifice où je me déterminois, répandroit une amertume éternelle sur tous les instans de la vie d'un ingrat; qu'il regretteroit sans cesse la tendre, l'infortunée, la courageuse Marianne.

Oui, Valville, lui dis-je, comme s'il eût été là, je vais lever tous les obstacles qui s'opposent à vos désirs; les chaînes que je vais prendre, vont vous donner la liberté d'en former de nouvelles.

Ouvrez les yeux, contemplez cette orpheline, autrefois si chère à votre cœur; sa jeunesse, sa beauté, ses grâces, son esprit, ses sentimens, rien n'est changé; regardez-la, voyez quelle victime s'immole à votre bonheur; donnez du moins des larmes à ce qu'elle fait pour vous; que votre estime soit le prix, la récompense de sa vertu; chérissez-la; qu'un tendre souvenir la rappelle sans cesse à votre mémoire; qu'un trait si grand, si digne d'elle, grave son idée dans votre cœur : et vous, ma mère, mon adorable mère, connoissez votre fille en la perdant; applaudissez-vous du parti qu'elle prend, il vous justifie aux yeux de ces parens orgueilleux qui rougissoient de l'alliance de Marianne : un Dieu lui permet d'aspirer au nom de son épouse. C'est lui qui me préserva d'une mort terrible et prématurée, je n'ai connu de père que lui; les hommes ont voulu faire mon bonheur; ils ne l'ont pu; leurs vains efforts m'avertissent de ne le chercher qu'en lui seul.

Et vous jugez bien que je pleurois en m'arrêtant à ce projet; mais je versois des larmes de tendresse, de ces larmes consolantes qui coulent aisément et soulagent un cœur oppressé; je jouissois déjà des louanges qu'on me donneroit, de l'admiration de mes amis, des regrets de Valville, et là-dessus je me couchai et je m'endormis profondément.

Je devois voir madame de Miran le lendemain, comme je vous l'ai dit. Vers les quatre heures on m'avertit qu'elle m'attendoit au parloir. Je m'y rendis. Je fus frappée de l'air triste et abattu de ma protectrice. « Eh! bon Dieu, qu'avez-vous donc, ma mère? lui dis-je. — Valville ne paroît point, il m'évite, répondit-elle; je suis désolée, sa conduite me désespère. — Eh quoi, ma mère, ma tendre mère, vous vous affligez donc, repris-je, et c'est moi qui suis la cause du trouble et de la douleur où je vous vois? Ah, Seigneur! est-il possible que ce soit moi qui vous chagrine! moi qui voudrois, aux dépens de mes jours, assurer le bonheur et la tranquillité des vôtres; moi, que vous avez voulu rendre si heureuse! moi qui le serois en vérité, sans la façon dont vous prenez tout ceci! »

« Tu serois heureuse, mon enfant, reprit-elle, toi heureuse! tu étois bien faite pour l'être, et tu le serois sans doute, si tu n'avois jamais vu mon fils : pauvre petite, ajouta-t-elle, en me regardant avec une tendresse inexprimable, est-il possible qu'elle ait trouvé un infidèle! assurément Valville a perdu l'esprit; cette aventure n'est pas naturelle; mademoiselle Varthon, quoique jolie, n'approche pas de toi; mais, ma fille, son aveuglement peut cesser, rien n'est désespéré; je ne saurois me persuader que ce soit une chose faite; il reviendra peut-être. — Ah! madame, lui dis-je, je n'ai pas la vanité de m'en flatter, je ne m'y attends pas, assurément; et quand il reviendroit à moi, pourrois-je oublier qu'il a été capable de m'abandonner, et dans quel temps encore? quand une mort prochaine paroissoit devoir nous séparer pour jamais. M. de Valville m'a été bien cher, je l'avoue, et je ne rougis point de cet aveu. La première impression qu'il avoit faite sur mon cœur, quoique vive, auroit pu s'effacer; c'étoit un goût que j'aurois combattu, dont je devois triompher; vous m'autorisâtes à m'y livrer, madame, et je suivis sans contrainte un penchant si doux. J'aimai dans M. de Valville un homme aimable, un homme qui daignoit s'abaisser jusqu'à moi, à qui j'allois tout devoir : l'estime, la reconnaissance, l'amour, se joignirent ensemble et devinrent un seul sentiment. Je voyois dans M. de Valville un ami, un amant, un époux, un bienfaiteur : ce n'est pas tout, j'y voyois le fils de madame de Miran, qualité qui me le rendoit encore plus cher, encore plus respectable. Non, madame, non, sa fortune ne m'a point attirée, je n'ai point envisagé le brillant d'un établissement, et j'ose dire que je n'en regrette pas la perte. On m'en offre un, moins avantageux à la vérité, mais pourtant bien au-dessus des espérances d'une fille telle que moi; mon dessein n'est pas de l'accepter; mais avant de le refuser entièrement, j'ai voulu vous parler, madame; je vous dois trop pour ne pas mettre mes intérêts entre vos mains : il est bien juste que vous décidiez du sort d'une fille que vous avez bien voulu regarder comme la vôtre, et qui, par sa tendresse, sa reconnaissance et son respect, seroit peut-être digne de l'être en effet. »

« Que j'ai bien voulu regarder! s'écria madame de Miran; dis donc que je regarde et que je regarderai toujours comme ma fille, et comme une fille qui me devient chaque jour plus chère. Je saurai bien te dédommager des extravagances de mon fils. A te dire la vérité, si Valville est étourdi, éventé, volontaire, c'est un peu ma faute; je veux bien en convenir avec toi, Marianne, j'ai gâté cet enfant-là. Je n'avois que lui, il étoit joli; je l'aimois; je suis bonne, trop bonne même; bien des gens me l'ont dit : mais que veux-tu? je suis née comme cela. On acquiert des façons, l'usage du monde impose une conduite, donne une sorte d'esprit, l'expérience apprend quelque chose; mais avec tout cela on est toujours ce qu'on étoit d'abord : on ne se fait point un caractère, on l'a comme on l'a, l'éducation ne le change point; c'est un tableau qu'on retouche, et dont le fond reste toujours le même : après tout, si c'est un défaut d'être trop bon, c'est celui qu'il faudroit souhaiter à tout le monde. Je te disois donc que j'aimois mon fils; je l'aime bien encore, quoique je sois fort en colère, à cause de mon amitié pour toi; je lui ai passé mille folies, il faudra bien encore lui passer celle-ci, quoiqu'elle me tienne plus au cœur que toutes les autres; mais tu n'y perdras rien, je te le promets. Eh bien, voyons, qu'est-ce que c'est que cet établissement? »

Je lui contai alors ma conversation avec l'ami de madame d'Orsin. « Vraiment, ma fille, dit vivement madame de Miran, le comte de Saint-Agne est un très-honnête homme, fort estimé, fort aimable, d'un très-bon commerce, d'une ancienne maison; il jouit au moins de trente mille livres de rente, dont il peut disposer en faveur de qui lui plaira. Cela fait un excellent parti : il a cinquante ans, voilà le mal; mais tu es raisonnable, son âge ne lui nuira pas auprès de toi : eh bien, tu lui as donc dit que tu m'en parlerois? — Oui, madame, lui répondis-je. — C'est à merveille, tu as bien fait, continua-t-elle; mais que penses-tu, mon enfant? je te devine; tu aimes encore mon fils, te voilà bien loin d'en aimer un autre; songe que Valville ne mérite guère tes sentiments; consulte-toi cependant : n'as-tu aucun espoir de le ramener? te sens-tu la force de le quitter sans retour? peux-tu prendre assez sur toi-même pour le laisser là? — Ah! madame, lui dis-je, il le faut bien; je ferai cet effort, oui, je le ferai? je sens que je le dois, et j'y suis résolue : mais en me déterminant à oublier M. de Valville, en me promettant de ne plus chercher à le voir, je ne me suis jamais condamnée à cesser de voir sa mère, à me priver pour toujours du plaisir sensible de lui marquer ma reconnaissance; quoi, madame, je vivrois dans le monde, et j'y vivrois sans vous! »

« Eh! pourquoi donc sans moi? interrompit madame de Miran, qui t'empêchera d'être mon amie? Le comte de Saint-Agne sait tout ce qui s'est passé. — Madame, repris-je, il le sait! que penseroit-il de moi, si j'allois chez vous, si je conservois les liaisons qui pourroient lui faire croire que je n'aurois point oublié mes premiers engagemens? il faudroit renoncer à vous, madame, et c'est à quoi mon cœur ne consentira jamais. »

« Tu ne te démens point, ma chère enfant, s'écria cette tendre mère ; mais tu ne dois pas craindre les soupçons du comte, il connoît ta vertu. Je sens mieux que toi ce qui te fait rejeter les offres de ce galant homme ; on a mille sujets de se plaindre d'un amant ; on veut le quitter, n'y plus penser ; malgré cela on ne l'oublie pas tout d'un coup : il faut du temps ; tu n'as demandé que huit jours, ce n'est pas assez, j'en prendrai davantage ; il ne faut pas refuser tout à fait : cela deviendra ce que cela pourra ; j'en fais mon affaire : une autre me presse, je te quitte, je te reverrai dans peu, nous irons chez madame d'Orsin. Adieu, ma fille, tâche de te dissiper, ne te livre point à tes chagrins, cela ne sert à rien. — Adieu donc, ma mère, mon aimable mère, adieu », lui criai-je en pleurant ; car ces bontés me pénétroient ; et de ce parloir, je cours à ma chambre où, loin de lui obéir, je me mets à pleurer plus fort que jamais.

Il me semble vous entendre me dire : « Mais je ne vous reconnois plus, qu'est-ce que c'est donc que cette Marianne qui pleure toujours? Vous voilà d'un grave, d'un pathétique ! qu'avez-vous fait de votre coquetterie ? ne vous souvenez-vous plus que vous êtes jolie, que vous le savez ? je suis épouvantée de votre sérieux, peu s'en faut qu'il ne m'endorme : allons, finissez donc, qu'est ce que cela signifie ? »

Patience, madame, ne vous fâchez pas ; ma coquetterie n'est pas perdue, elle se retrouvera. Elle a changé d'objet pour un temps, j'ai laissé là mon visage, mes agrémens sont à l'écart ; mais je sais bien où les prendre, je m'en servirai quand il le faudra.

Quoique l'amour-propre semble quelquefois négliger ses intérêts, il n'en est pas moins ardent à les soutenir. Il est l'âme de tous nos mouvemens, il agit en secret ; nous ne l'apercevons seulement pas, et souvent nous lui sacrifions intérieurement dans l'instant même où nous croyons l'immoler ou l'anéantir. Poursuivons, je m'écarte de temps en temps ; c'est une habitude prise, elle est un peu contraire à mon caractère ; une paresseuse devroit conter vite, se hâter de finir, afin de se rendre à son oisiveté naturelle : mais ma paresse n'est que pour les faits, les réflexions ne me coûtent rien, tant que je raisonne, ma plume court, je ne m'aperçois pas que j'écris.

Où en étois-je ? Ah! dans ma chambre. Je vous disois donc que je m'affligeois. Cela ne dura pas, car on vint m'avertir que madame

www.ingramcontent.com/pod-product-compliance
Lightning Source LLC
Chambersburg PA
CBHW070438170426
43201CB00010B/1144